ミクロ経済学
講義

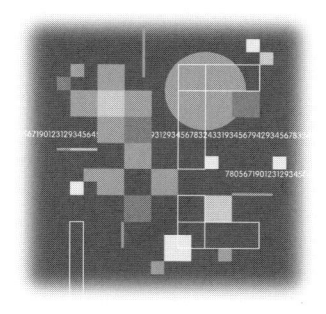

入谷 純　篠塚友一

日本経済新聞出版

はじめに

　今日，書店に行けば，書棚には多くの良質なミクロ経済学の教科書が並んでいる。これらの教科書は「わかりやすい教科書」と「技術的に高度な教科書」に大別される。われわれ著者二人はミクロ経済学を大学で担当して，多くの学生の反応を見てきた。その経験から，初・中級レベルの新たな教科書の必要性がまだなお存在していると感じるようになった。

　第一に，わかりやすい教科書は，豊富な実際の例をピックアップし，経済学がそれらをどう理解するかを解説することを主眼とした「読者に近い」スタンスをとっている。これは優れた点である。しかし，まさにその長所のゆえに，面倒な定義や難解な論理展開を避け，言葉による説得に重点を置くという側面も見られる。このため，やさしい教科書を講義に用いた場合に，学生の理解を確かめようとすると，しっかりとした理解に至っていないという難点が散見されることがあった。

　第二に，技術的に高度な教科書においては，学生の努力が技術の習得に払われ，その現実における意味や経済学での役割を見失う傾向が見受けられた。また，定義や定理の内容を理解するときに，数式による表現に幻惑され，内容を見失うことも少なくなかったように思われる。加えて，学生たちが経済学のある高度な表現を知ってはいても，それに近接する技術的な表現との関係が理解できず，その結果，知識がひとつのストーリーにまとまっていないという点も見受けられた。一例ではあるが，

(i)　　無差別曲線や予算線は十分わかっている。
(ii)　　効用の最大化という作業も知っている。しかし，
(iii)　　それらの操作と需要関数とがつながっていることは意識していない，

ということが多くあった。

　第三に，ミクロ経済学には昨今多くのテーマが加わり，それらをカバーするために大部の教科書が準備されるようになっていることがある。実際，最近加えられているものとしてはゲーム理論，不確実性，情報の経済学，行動

経済学などの現代的で魅力的なテーマがある。しかし，これらをすべて一冊の教科書の中に取り上げようとすれば，ますます議論の見通しを失っていくという点もある。

われわれが新しい教科書を提供する意味があると感じるに至った理由は以上の三点にある。

本書はこれらに鑑みて，「わかりやすい教科書でありながら高度な教科書にあるしっかりとした知識を提供する」ことを狙って書かれている。そのために，検討しているテーマが何につながっていくのかという見通しを持つことができるようにした。すなわち，ミクロ経済学が目指している流れを明瞭にしながら，定義をおろそかにせず，経済学の概念をその流れの上に順序よく並べ，解説しようとしたものである。

さらに，現代的な経済学のテーマを含むものとして，不確実性と情報の経済学を取り上げた。

本書の見通しのよさは「均衡理論」を焦点に置くということによって与えられている。あるテーマがなぜ必要であるかは，読み進んでいけば自然と理解できるように工夫されている。そのさい，微分のような高度な数学をほとんど用いることなく，ほとんど四則演算で理解できるようにしている。また，計算が面倒であると思われるところには，途中の計算過程を明示するとともに，どのような作業をしているかのコメントも付けている。さらに，多くのコラムを準備し，経済学上の概念と現実との関わりとを十分意識できるようにしている。これらのコラムはそれだけでも楽しんでいただけるだろう。

もちろん，わかりやすくしっかりとした教科書の提供という本書の目的が，すべての読者を満足させるレベルで達成されているわけではない。しかし，本書はあくまでも初・中級レベルの入門書の読者を対象にしたものであるということを留意いただきたい。そのため本書では，たとえばゲーム理論など，むしろ専門性の高いレベルでじっくり学んだほうがよいと考えられるものについては敢えて割愛している。最近のミクロ経済学において，ゲーム理論の果たす役割はきわめて大きい。幸いにして，ゲーム理論には優れた教科書が多く存在している。学生諸君がゲーム理論を学習するには，初級レベルのミクロ理論をひと通り学び終えたあと，他の教科書を参考にされることをおすすめする。

本書を構想し始めた時点から，日本経済新聞出版社の増山修氏は，この企画に多くの助言，書くべき章の提案，そして，書かれたものへのコメントを労を惜しまず与えてくれた。また，筆のおそい著者たちが原稿を完成するのを辛抱強く待ってくれた。

　さらに，本書の草稿段階の原稿には，著者相互間ではもちろんであるが，多くの方々からご意見や助言を頂いた。神戸大学准教授の藤井隆雄さん，福山大学講師の岡谷良二さん，筑波大学大学院人文社会科学研究科研究生の佐東大作さん，大学院生の坂本信介さん，そして神戸大学経済学研究科の大学院生の林史明さんと林裕仁さんは丹念に原稿を検討してコメントを下さった。これらの方々のご助力がなければ，本書は現在のかたちにはならなかったであろう。深くお礼を申し上げたい。

　2012年2月

入谷　純
篠塚友一

目　　次

序　章　ミクロ経済学とは何か……………………………1

1　経済問題と市場 —— 2

　　経済問題／経済現象／市場／見えざる手／競争とインセンティブ／市場の守備範囲／市場のパフォーマンス／本論に戻って／本書のプラン

2　ミクロ経済学の枠組み —— 12

　　経済主体，需要，供給／財とサービス／フローとストック

第Ⅰ部　家計の行動

第1章　消費者と経済 —— 標準的枠組み……………19

1　需要を決定するもの —— 20

　　3種の要因／需要曲線

2　効　　用 —— 22

　　財空間／効用関数／限界効用／無差別曲線／効用の序数性

3　予　算　制　約 —— 32

　　所得／予算制約／貯蓄と負債／労働と余暇／労働と余暇の選択における特殊事情

4　需要関数の導出 —— 40

　　需要関数／基礎的な仮定

◎　コラム1　家計とローン —— 37
◎　コラム2　働く時間と余暇の選択 —— 41

第2章　需要関数の様々な性質　………………… 45

1　限界効用の均等 —— 46
    限界効用均等の法則／限界代替率と価格比率／限界効用と需要曲線
2　需要関数のゼロ次同次性 —— 54
    ゼロ次同次性／ゼロ次同次性からわかること
3　所得効果と代替効果 —— 59
    所得消費曲線／価格消費曲線／価格変化が引き起こす2つの効果
4　需要における財と財のつながり —— 66
    代替関係の優越性／需要法則と粗代替性

◎　コラム3　秘訣（方程式，恒等式，定義式） —— 51
◎　コラム4　ニュメレールと金本位制の豆知識 —— 57
◎　コラム5　物価指数——ラスパイレスとパーシェ —— 65
◎　コラム6　物価指数の実際 —— 67

第3章　需要理論をどう使うか　………………… 73

1　労働と貯蓄 —— 74
    労働の供給／貯蓄／年金
2　消費者余剰 —— 82
    個別需要曲線と限界評価／消費者余剰——ひとつの数値例／市場需要曲線／超過負担
3　間接効用関数 —— 91
4　価格弾力性 —— 94

◎　コラム7　年金——賦課方式と積立方式 —— 81

第 II 部　企業の行動

第 4 章　企業の理論 —— 第一歩 …………………… 99

1　供給を決定するもの —— 100
　　生産／いろいろな供給曲線／利潤最大化
2　企業の生産技術 —— 104
　　生産要素，フローそしてストック／Ⓐ 生産関数／限界生産力／Ⓑ 等量線／Ⓒ 生産可能曲線
3　供 給 関 数 —— 113
　　生産者の行動／生産関数による説明／供給関数と要素需要関数／供給と要素需要の振る舞い／費用関数による説明／費用曲線，限界費用そして利潤最大化／限界費用曲線と供給曲線／平均費用曲線と限界費用曲線

◎　コラム 8　CSR と慈善事業 —— 103
◎　コラム 9　生産者は生産技術やコストを知っているか？
　　　　　　 —— 115

第 5 章　企業の理論 —— 発展編 …………………… 127

1　基礎事項の復習 —— 128
2　生産計画と生産集合 —— 129
　　(1)　生産集合と生産関数　129
　　(2)　規模に関する収穫　132
　　(3)　企業理論の課題　134
3　費用最小化問題と費用関数 —— 135
　　費用最小化問題／等費用線と等産出量曲線／限界費用と平均費用／利潤最大化の論理／限界費用と供給曲線／長期と短期／短期費用関数の形／生産者余剰／供給の価格弾力性

- ◎ コラム 10　米作 —— 130
- ◎ コラム 11　鉄鋼メーカー —— 153

第Ⅲ部　「均衡」する世界

第6章　市場均衡がもたらすもの …………… 157

1. 「市場が均衡している」とは —— 158
   均衡／市場のはたらき
2. 市場のパフォーマンス —— 163
   価格の変動／市場のどこがよいか／自由貿易の利益／間接税の影響／効率性と公平性／相互に影響し合う市場
3. 1家計1企業2財経済 —— 172
4. エッジワースの箱 —— 175
   エッジワースの箱のつくり方／ワルラス法則／パレート効率性／契約曲線／第二命題／均衡の存在と一意性
5. 効率性についての2つの見方 —— 189
   経済の想定／総余剰／すこしの補足

- ◎ コラム 12　ザラ場：価格のつくり方1 —— 160
- ◎ コラム 13　板寄せ：価格のつくり方2 —— 162
- ◎ コラム 14　米価：管理から市場へ —— 171

第7章　市場の欠陥，独占そして寡占 ………… 193

1. 市場が機能するには —— 194
   競争的であること／市場が揃っていること／情報が揃っていること／外部性がないこと／その他：失業，物価の不安定性，そして所得分配の不平等
2. 独占企業の行動 —— 201
   ARとMR／独占企業の利潤最大化／総余剰／ラーナー

の独占度
3 複占企業の行動 —— 210
　　クールノー・ナッシュ均衡／ベルトラン均衡／シュタッケルベルク均衡

◎ コラム 15　排出量取引：新たな市場の開設と外部性 —— 200
◎ コラム 16　独占禁止法 —— 209
◎ コラム 17　競争と独占：アクセルとブレーキ —— 219

第 IV 部　不確実性と情報の経済学

第 8 章　不確実性下の経済行動 ……………… 227

1 確実な世界と不確実な世界 —— 228
2 経済における様々な危険 —— 228
3 危険の下での選択：くじの効用 —— 229
　　くじの「効用」の測定法／【連続性】を満たさない個人について／大当たりの確率は高いほうがよい／くじの効用の測り方の続き／効用の原点と単位の決め方に関する注意／賞品の数とNM効用関数に関する注意
4 危険に対する態度 —— 239
5 リスク・プレミアム —— 242
　　期待効用仮説と無差別曲線の形状／保険／競争的保険市場の均衡／弱大数法則と保険／競争的保険市場の均衡の効率性／条件付き財と厚生経済学の基本定理

◎ コラム 18　確率論の諸概念 —— 233
◎ コラム 19　住宅ローンの証券化 —— 240
◎ コラム 20　なぜ保険がビジネスとして成立するのか：弱大数の法則 —— 250

◎　コラム 21　　株式会社の誕生 —— 253

第 9 章　情報の経済学 ………………………… 255

　1　情報の非対称性 —— 256
　　　　　情報が非対称な状況の例 1：レモンの市場／情報が非対称な状況の例 2：労働市場／情報が非対称な状況の例 3：保険市場
　2　逆選択とは —— 259
　　　　　保険市場における逆選択／ベンチマークとしての完全情報均衡／一括均衡の非存在／分離均衡を探す／完全情報均衡の修正／分離均衡の非存在／分離均衡の非効率性
　3　シグナリング・モデル —— 267
　4　現代の株式会社とエージェンシー問題 —— 269
　5　エージンシー理論：完全情報のケース —— 270
　6　危険とインセンティブ：危険中立的な代理人の場合 —— 277

　◎　コラム 22　　アメリカの中古車市場 —— 258
　◎　コラム 23　　フランチャイズ契約 —— 272

参考文献 —— 281
索　　引 —— 283

装　丁・**渡辺　弘之**

序　章

ミクロ経済学とは何か

　講義を進めていくにあたって，まず，ミクロ経済学が何を目指しており，また，経済をどのように表現する分野であるかをみておきたい。そのために，本格的なミクロ経済学の紹介は次の章以降に任せ，この章ではミクロ経済学の鳥瞰図を提供する。これによって，読者がミクロ経済学のいろいろなテーマの全体における「位置」を確認できることを期待している。それとともに本書のプランを示しつつ，基礎となる用語も準備する。

1 経済問題と市場

「経済学とは何か」という問いには，さまざまな答え方がある。どのような社会や時代であっても解決すべき経済的課題がある。それは次のようである。

社会にはすべての資源が豊かにそろっているわけではなく，多くのものには限りがある（希少である）。そのため，社会が必要とする様々なものを得るために各資源のどれだけを割り当てるとよいか，という問題がある。

たとえば，労働者のすべてを鉄の生産に充てることは，われわれにとって望ましくない。つまり，社会に存在する労働力は限られており，社会のニーズは多様である。その限られた労働力を各ニーズのためにどれだけ割り当てるかは一つの経済問題である。

この種の問題は労働に関してだけではなく，土地や鉱物等の他の様々な資源についても同じく存在する。この問題に付け加えて，いかなる生産方法を用いるのか，また，生産されたものをどのように配分するか，という問題もある。これらを総称して経済問題という。これらは，自給自足経済であろうと，社会主義経済であろうと，また，市場経済であろうと，時代や体制の如何にかかわらない共通した経済問題である。

経済問題　このようにみると，経済問題は，"何をどれだけ生産するか""どのような生産方法を用いるか"最後に，"生産されたものを誰にどれだけ与えるか"という3つの問題に分かれる。これらの経済問題を社会がいかなる仕組みで解決しているかを考察すること，そして，その仕組みが持つ特徴や性質を研究するのが経済学だということになる。

経済現象　視点を変えて，経済学が説明を与えようとする対象を念頭に置いて「経済学とは何か」に答えるとすれば，それは「経済現象を説明する学問分野」ということになる。経済現象とは，「価格」「景気の変動」「貨幣」「失業」等々である。「価格が経済現象である」という表現に「どういうことか？」とかすかな疑問を感じる読者もいるかもしれない。経済の歴史をみると，ほとんどのモノに価格（値段）が付くという事態は，近世になってからである。歴史上の多くの時代では，ほとんどの財に価格が存在しない状態が常であっ

表 J.1：国内企業物価指数

（平成 17 年＝100）

年度	化学製品	石油石炭	鉄鋼	電子部品	農林水産	電気ガス水道
昭和 55 年	116.4	100.5	93.8	416.5	120.6	124.5
平成 20 年	111.6	153.8	132.1	88.6	110.8	110.8

データ出所：『日本の統計 2010』（総務省統計局，編集総務省統計研修所）。

た。したがって，価格自体がきわめて近年の現象であるといわねばならない。現在でもきわめて有用であっても価格の付かないもの，たとえば主婦の家事や育児ための労働などがある。また，北米のイヌイット族では 20 世紀の半ばまでは，モノは共同体が所有しており，価格が付くものはまれであったといわれている。経済発展に伴って「モノに価格が付く」という現象が出現したのである。同様に，歴史的には貨幣のない経済があったことを考えると，貨幣も経済現象である。

　いろいろな経済現象の中で，価格の変動をも含めて「価格という経済現象」（以下，価格現象と呼ぶ）を説明することが，ミクロ経済学の主たるテーマである。たとえば，日本の物価指数のデータは表 J.1 に示される通りである。表からは 30 年の間に，電子部品の価格が急激に下落していること，それに反して鉄鋼の価格は緩やかに上昇していることなどが読み取れる。この表は日本経済の時間的動きを価格という側面から示しており，興味深い事実である。単に興味深い現象であることを超えて，そもそも価格とは何かと思いを巡らせるならば，ここでいう「価格という経済現象を説明する」ということになる。ちょうどアイザック・ニュートンが落ちてくるリンゴを見て「落下をどのように説明できるのか」と考え，万有引力の構想に至ったという逸話と同じである。

　また，これまでに取り上げた経済問題「労働力を各産業にどのように割り当てるか」について，日本のデータが表 J.2 に示されている。この表を見て，なぜ日本の就業者の分布がこのようになったのかを考察することは，やはり，「経済現象の説明」に含まれる。

　経済現象は時代や体制に応じて変化する。たとえば，表 J.2 に示されているサービス産業（情報通信，卸売小売業，金融業，医療福祉，教育，宗教，公

表 J.2：産業別就業者数

(単位：万人)

総数	農林水産鉱業	建設製造	電気ガス水道	情報通信	運輸	卸売小売
6,150	299	1,603	28	162	313	1,101

金融保険	不動産	飲食・宿泊	医療福祉	教育学習	サービス	公務
153	86	322	535	270	920	209

出所：『日本の統計 2010』（総務省統計局，編集総務省統計研修所）より作成。表中の「サービス」は複合サービス事業とサービス業であり，必ずしもサービス産業（第三次産業）ではない。

務等）に従事している労働者の多さは現時点に特有の経済現象である。

市場　「価格という経済現象」は**市場**（market，"いちば"ではなく"しじょう"と読む）に深くかかわっている。経済学では市場を今日の経済におけるキーであると考えている。さらに，現在の経済が**私的所有経済**（private ownership economy）であることももうひとつのキーである。経済に与えられている資源は，基本的には個人の所有になっている。そのために，ある経済活動による利益や便益はその経済活動をした個人に帰するのである。

　多くの場合，商品（以下，財と呼ぶ）の価格は生産者の思った通りになるとか，消費者の指し値（消費者が指定する価格）で決まるということはない。個々の経済主体の思惑とはかかわりなく，価格はその財の過不足に応じて市場で決定される。価格が高い財は生産者にその財を生産する誘因を与え，品質がよい財は消費者の購入意欲を刺激する。買い手に人気のある財の価格は上昇し，そうでない商品の価格は下がるだろう。生産者は人気のない商品の生産をやめて，より高い価格の，つまり，より儲けのある財の生産に移るであろう。このようにして，価格の高低によって売りと買いが誘導され取引が成立していく。その結果，財の売り買いに過不足のない状態に至れば，望まれるモノを多く生産販売する仕組みが自然と生成されることになる。そしてわれわれはこのようなことが発生するのを，爆発的に人気のある新製品の登場において，また，株式市場や商品市場の値動きにおいて日々に観測しているのである。

　言い換えると，価格は市場で決まり，経済の構成員に対してゴー・ストッ

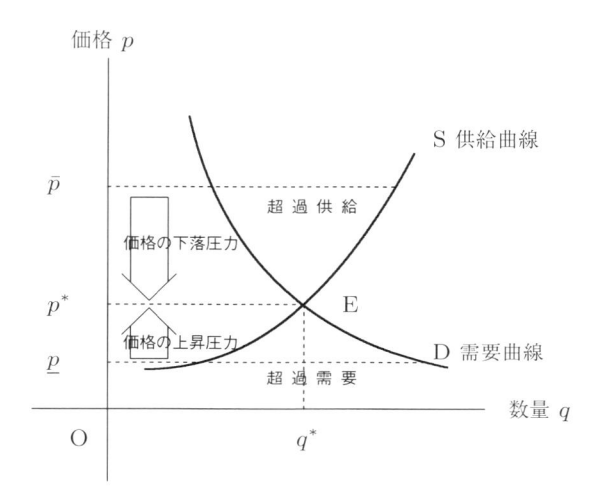

図 J.1：需要曲線と供給曲線

プのサインを出す交通信号機のように機能している。つまり，生産者は価格に応じて最も都合のよい生産方法を選択し，生産量そして労働や原材料のような生産要素の量を決める。また，消費者は賃金や財の価格をみて，購入量を決定する。言い換えると「何をどれだけ」「どのような手段で」「誰にどれだけ」という3つの経済問題は市場による価格に導かれて解決されている，ということになる。「自然発生的な市場」が経済問題を解決する装置として働いているのである。

「市場において価格が決定される」という直感にとどまらず，もう一歩，価格の決定をもたらす諸力について考察をすすめてみよう。経済学は，**需要** (demand) と**供給** (supply) が価格を決めるものであると考えてきた。需要とは購入計画，そして，供給とは販売計画であり，「価格に応じて変化する」という意味で計画という言葉が付されている。

いま，ある財に着目する。図 J.1 にあるように，縦軸に価格を横軸に財の数量をとる。右下がりの曲線が需要曲線，右上がりのものが供給曲線である。図にあるような価格 $\bar{p}$ が市場で決まったとしよう。価格 $\bar{p}$ が高いとすれば，この財の販売者は多くを販売したいと感じるであろう。一方，購入者は，それに応じるほどの購入意欲はないであろう。また，価格 $\underline{p}$ のように低い価格

に対しては，販売者は多くの販売を計画せず，購入者は大量に買いたいと思うであろう。このような自然な状況が，図 J.1 にある右上がりの供給曲線と右下がりの需要曲線によって描かれている。

図 J.1 に描かれている価格 $\bar{p}$ では販売者が販売したい量が購入予定量を超過している。これは「売れ残り」を発生させる。そのような場合，販売者の中にはより安価な価格でも販売したいという者が現れるであろう。ある特定の販売者がということではなく，この財にかかわる販売者全般にこの傾向が生じるであろう。このようにして，市場全体で，$\bar{p}$ の価格を下げようという圧力が発生する。

同様に，図 J.1 の $\underline{p}$ では販売者が販売したい量が購入予定量を下回っている。このようなことがあれば「財の不足」を発生させる。そして，購入者の中に，より高価であっても購入したいと思う者が現れるであろう。このようにして，市場全体で，$\underline{p}$ より高い価格への上昇圧力が発生する。

このようにみると，図 J.1 の需要曲線と供給曲線の交点 E は特別に良好な性質を持っている。すなわち，点 E は

売買にバランスがとれていて，財に過不足がなく，そして価格に変動する要因のない状態を表す価格と取引量の組

である。見方を変えて，以上を「需要と供給の一致する点 E で取引量と価格が決まる」と理解すれば，点 E はより興味深いものとなる。つまり，

「需要＝供給」の等式を「価格を未知数とする方程式」であると考え，その解として価格がある

ということになる。点 E に特別な意味を付与して**均衡** (equilibrium) と呼ぶ。特に，p^* を均衡価格，q^* を均衡取引量と呼ぶ。このような理解の仕方が有用であるのは，価格が外から与件として与えられるのではなく，需要と供給の一致ということにより，つまり，内生的に得られる点にある。このような理解が「価格とは何か」という問いへの経済学からの回答である。

見えざる手 単一の財について図 J.1 は，きわめて見通しのよい説明をわれわれに与えてくれた。ここで，視野を広げて，あるいはより実際的に，複数の財についてみてみよう。

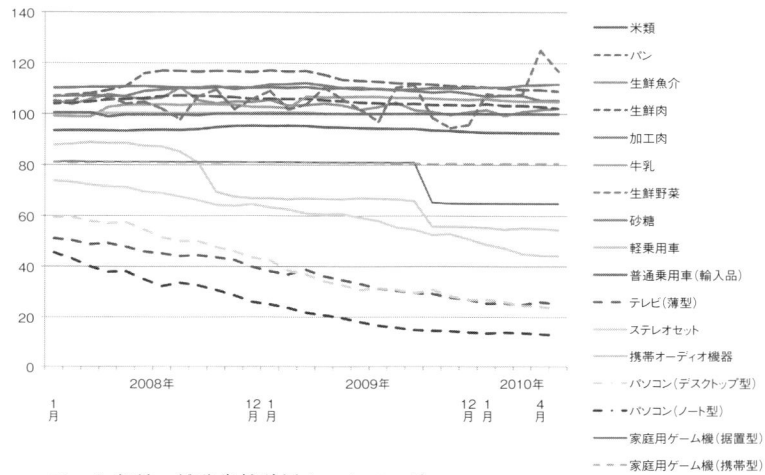

データ出所：総務省統計局ホームページ。
http://www.stat.go.jp/data/cpi/historic.htm

図 **J.2**：刻々と生成される価格

　市場では膨大な数の財が取引されている．取引される財のそれぞれについて価格が決定されている．市場における価格形成の例として，図 J.2 に消費財の物価指数（2005［平成 17］年 1 月の総合物価指数を 100 とした月次データ）を示した．市場において刻々と価格が決定されていることが観察できる．ある財価格は激しく変動し，また他の財価格はあまり変動していない．価格変動が，販売者と購入者の供給と需要の総量を反映して経済を誘導していくわけである．

　図 J.2 は 20 品目に満たない財について価格変化を表示しているだけである．2010 年の日本において消費者物価指数を計算するために考慮されるものは 584 品目ある．さらに，百貨店で日常的に取引される消費財の数は 10 万を超える．これらに工業用品や半製品を加え，さらに，株式市場や債券市場における膨大な数の金融商品に対しても，価格形成がなされている．このように膨大な数の商品について，市場は価格を生成し，需要と供給を導いているのである．このような人為の及ばない市場の価格を変動させる力を「見えざる手 (invisible hand)」と呼んだのがアダム・スミス (Adam Smith, 1723 – 1790) である．

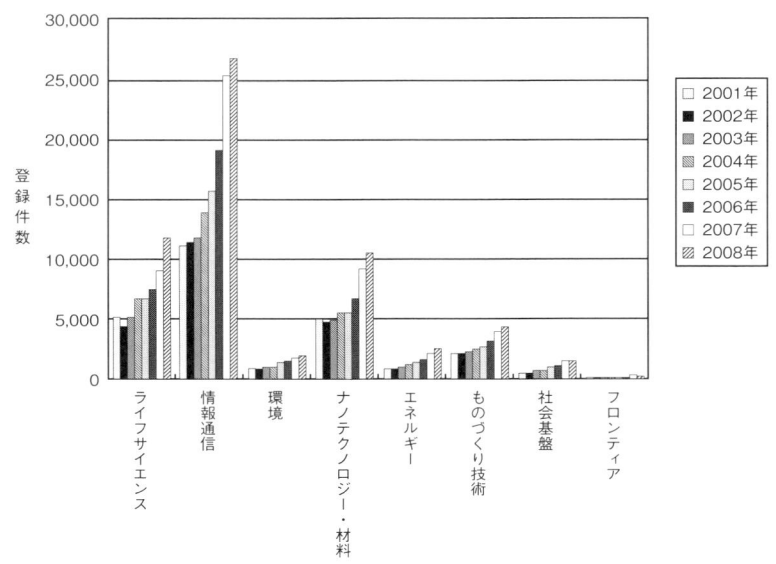

図の出所：特許庁ホームページ。http://www.jpo.go.jp/shiryou/index.htm
注：フロンティアとは，宇宙と海洋関係の技術である。

図 J.3：しのぎを削る競争（特許登録件数）

　これまで「需要 ＝ 供給」は価格を未知数とする方程式であると説明した。複数の財に関する需要と供給についても同様に方程式であるとすれば，経済学ではそのように考えるのだが，未知数の数が 10 万をはるかに超える。このように各方程式が複雑に絡み合った連立方程式となると，人為的に解を見出すことは不可能である。

　一方，市場は何らかのかたちで解法を与えている。このようにして，ワルラス (L. Walras, 1834 – 1910) は経済を巨大な連立方程式で表現し，市場がそれを解く装置となっていると考えたのである。

競争とインセンティブ　図 J.1 にあるような需要と供給の一致へと経済を動かしているもの，あるいは，図 J.2 に示されたような価格の変化をもたらしてきたものは何であろうか。それは，市場が競争という原動力を有していることにある。個々の企業が利益を得ようとしのぎを削って競争をし，価格変化に反応して販売計画を再編成する。また，企業は新製品や新しい技術の開発

競争をする。そうしなければ，早晩取り残されることになり，ビジネスチャンスを失うからである。

その競争を2001年から2008年の間に登録された各年の特許の数で見てみると，図J.3にある通りである。これからの経済をリードするであろうと考えられているライフサイエンスや情報通信，そして，ナノテクノロジーにおいて特許の数がきわめて大きくなっている。つまり，ビジネスチャンスが多くあると思われる産業できわめて激しい競争がなされているのである。

市場において競争が発生するには，ある社会的条件が備わっている必要がある。第一に，「取引によって利益を得ることが社会的にタブーとなっていない」ことが必要である。マックス・ウェーバー (Max Weber, 1864 – 1920) は，営利活動や富の蓄積を肯定する倫理があって初めて資本主義経済は発展したと考えた。第二に，得られた利益がその事業を支えた者にもたらされる必要がある。これらの条件が満たされなければ，そもそも企業活動を推進するインセンティブ（誘因）がなくなるであろう。これらの強力なエンジンによって，経済はダイナミックに発展していくのである。私的所有経済にはその前提条件が備わっている。市場経済によって経済を運営している現在の国々では，私的所有制度が前提とされている。さらに，法律に反しない限りの自由な経済活動が可能であり，取引や契約に関する法的な制度が完備していることも必要である。

市場の守備範囲　市場で取引される財はどれだけあるだろうか。現時点で利用できる財についてはもちろん市場で取引されている。それだけでなく，将来財についても市場取引がなされている。すなわち，基礎的な食料品や希少金属については将来市場（先物市場という）がある。また，金融を考慮すると，10年にわたるような債権債務について価格がつくられている。

さらに，不確実な事態，たとえば火災を取り上げてみよう。1年に火災が発生する確率が1/1000であるとすれば，1000人が火災保険に年間1万円の掛け金で加入すれば，1000万円の収入と1000万円の火災保険金の支給ができる。1人では対処のしようがないものが，保険によって対処可能になる。

不確実な事態は，火災にとどまらない。交通事故の発生，農産物の出来不出来，円とドルの為替レート（交換比率）も確率的な動きをする。さらに，様々な金融商品の利子率や価格も確率的に変動している。これらの不確実性

に対応して，市場では数多くの「商品」がつくられているのである．

市場のパフォーマンス　市場においては，個々の販売者や購入者はもっぱらみずからの利益をインセンティブとして行動している．消費者が社会全体のためにある財をこれだけ消費せよと指示されたり，生産者が社会のためにこれだけを生産せよと指令を受けているわけではない．もしそのようなことがあれば，消費者や生産者は不満足な状態になり，市場の活力は急速に失われるであろう．すなわち，集権的にではなく，分権的に個々の経済主体がみずからのインセンティブに従って選択を行い，それが競争を引き起こすのである．さらに，競争のもたらす利益が経済主体にインセンティブを与えるのである．

　このように，市場は自律的なシステムに支えられている．読者は1989年以前には旧ソ連や東欧諸国が社会主義という経済体制をとり，主に「計画」によって経済を運営していた，という事実を思い起こすかもしれない．社会主義経済では，国の「計画」に従った生産の指示があり，新たな製品の開発やよりよい商品の提供を推進するインセンティブが希薄であったといわれている．

　さて，「需要＝供給」によって達成される均衡はいかなる性質を持つであろうか．図 J.1 の均衡点では，販売者も購入者もともに満足して取引をしている．一方，均衡点以外では，販売者が望む量を売ることができても購入者は不満足であり，また，購入者が買いたいだけの量を手に入れることができても販売者は不満足なままに残される．この意味で，均衡点だけがよい性質を持っている．

　以上から，次の予想が可能である．それは，市場は優れたパフォーマンスを持っている，あるいは，市場による経済問題の解決はきわめて効率的にできている，というものである．これは，個別的な利益が，社会全体の効率性と調和するということを主張するものである．すなわち，市場における取引はもっぱら私的な自己利益によってリードされるが，社会的にも望ましいものになるという予定調和的な予想である．

本論に戻って　ミクロ経済学とは何かという本論に戻ってみよう．ミクロ経済学は，これまで取り上げた様々なテーマにかかわる分野であり，特に，市場による経済問題の解決について考察する学問であると理解できよう．

　市場による経済問題の解決は「需要と供給が一致する均衡」によってなされ

るから，均衡理論がミクロ経済学のメインであるということになる。均衡理論はミクロ経済学のかなりの部分をカバーしているが，ミクロ経済学は均衡理論だけから成っているわけではない。均衡理論に加えて，ゲーム理論はミクロ経済学の大きな部分である。さらに，ミクロ経済学には年々新たなテーマが付け加わり，多くの研究者を引きつけている。このため，ミクロ経済学とは何かに律儀に答えるとすれば，「ミクロ経済学者が研究しているもの」といういささか循環的な表現になる。

本書のプラン　本書の最初の課題は需要という概念にしっかりとした基礎を与えることである。それは，第 I 部「家計の行動」でなされる。第 I 部（1，2，3 章）では，需要関数がどのようにして得られるか，そして，得られた需要関数にいかなる性質があるかを解説する。需要の対句である供給は第 II 部「企業の行動」（4，5 章）で解説される。その主たる目的は供給関数の導出とその性質を知ることである。

　第 III 部「『均衡』する世界」（6，7 章）そして第 IV 部「不確実性と情報の経済学」（8，9 章）では，需要と供給の一致，つまり市場均衡とそれがもたらすものについて考察する。第 6 章において，需要と供給の一致する状態「均衡」がたしかに存在すること，その均衡が外的な変化に応じてどのように反応するかを解説する。第二は市場均衡のパフォーマンスについてである。いくつかの方法で市場均衡がきわめて効率的になることが説明される。それらは第 6 章 4 節の **厚生経済学の基本定理** に集約される。

　さらに，市場がうまく価格を決定することができない，あるいは市場が機能しない事態に着目する。それらの一つは，価格が市場で自由に動かず，ある経済主体（独占者）が決定する力を持つという価格支配力があるケースである。また，「不確実性」と総称される選択した結果が確率的に変動するケースがある。さらに，経済行動にとって必要な情報が偏在して「ある経済主体には多くの情報があり，他の経済主体にはあまり情報がない」という事態，情報の非対称性がある。

　独占や寡占のような価格支配力があるケースを第 7 章 2 節で取り上げる。独占や寡占においてどのように価格や生産量が決まり，それらが競争的な場合とどのように異なるかが解説される。

　次の第 8 章では，不確実性下の経済行動を解説する。この議論のためには，

確率的な様々な事態に経済主体がどのような態度をとり，どのような選択をするかについて基礎的な議論が必要となる．それが，**期待効用理論**である．

 第9章では，2種類の情報の非対称性について考察する．その一つは，不確実性が存在する保険市場において，その確率について情報の非対称性が存在する場合である．たとえば自動車保険を取り上げてみよう．自動車保険の契約者は自身が安全運転をするかどうかを知っているが，一方，保険会社はそれがわからない，という非対称性がある．

 いまひとつの情報の非対称性として，株式会社が経営者を雇用する場合を第9章で取り上げる．つまり，株主はその経営者の努力を知ることができないが，経営者は自分の努力水準を知っているという情報の非対称性である．

 最後に，本書はミクロ経済学の広範な教科書ではなく，均衡理論に焦点を置いたものであることを断っておかねばならない．特に，本書ではゲーム理論を説明する予定はない．ゲーム理論では他に優れた教科書があるので，それらを見ていただかねばならない．

2 ミクロ経済学の枠組み

 前節でミクロ経済学がどのようなものであるかをほぼ理解できたであろう．この節では，以下の各章で共通に使われるミクロ経済学の基本的な枠組みや用語を準備する．

経済主体，需要，供給 ミクロ経済学の特徴は，最小の構成単位の経済行動から経済を説き起こすことにある．最小の構成単位とは，消費者と生産者である．さらに，個々の消費者や個々の生産者の経済行動をそれぞれ考察し，その後で，それらの結果を合算して経済全体を把握するのである．このような方法の特徴から，ミクロ（微視的）経済学と呼ばれてきたわけである．

 ある時間の長さ(1期間)を決めておく．通常，1年あるいは半年を採用する．いま，経済主体（消費者と生産者）がある期間のはじめに，その期間の諸財に関する購入計画と販売計画を立てるとする．その購入計画が**需要** (demand)である．また，販売計画が**供給** (supply) である．消費者は家計（あるいは個人）と呼ばれ，財を需要（財を購入）し，労働等の生産要素を供給する（生産要素を販売する）主体である．生産者は企業とも呼ばれることもある．生産

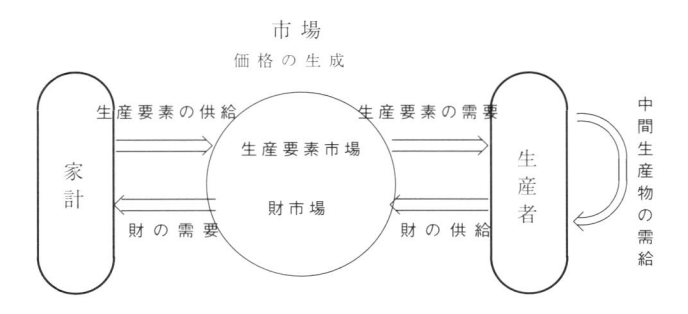

図 J.4 : 経済循環図

者は生産要素を需要（労働力等を雇用）し，生産物を供給（財を販売）する。

これらの関係を，図式的に，図 J.4 にあるようなかたちで表現することができる。図 J.4 の矢印の方向は財の動きを示している。図中の「中間生産物」とは最終的に消費される財を生産するために用いられる原材料や半製品などのことである。また，家計も生産者も，1 人ではなく複数人である。

次に，複数家計の財の需要を合計して，財の総需要が得られる。これを**市場需要** (market demand) という。同様に，複数生産者の財の供給を合算して，財の総供給が得られる。これが**市場供給** (market supply) である。生産要素においても同様である。市場では，市場需要と市場供給の一致から均衡価格と均衡取引量が決まるということになる。

需要と供給の一致は，したがって，ある期の期初に決まることになる。これは，需要と供給が一致する均衡において「取引の契約がなされる」ことを意味する。その意味で，需要と供給そして均衡は財の引き渡しの前のものであり，**事前的** (ex ante) であるという。それに対して，ある期の期末の時点に立って，すでに過ぎた 1 期を眺めたとき，販売量と購入量は必ず等しくなっている。このような経済諸量は**事後的** (ex post) である。均衡によって契約がなされるという考え方は，事前的なものによって事後的なものを説明するということである。

財とサービス　次に，今まで当然のように使ってきた，財について詳しく述

べておこう。**財** (goods, commodity) とは，人間が生存するために不可欠なニーズや，よき生活を送る上で有用で，食欲のような様々な欲求を直接的あるいは間接的に充足するための手段のことである。「直接的に充足する」とは，米やパンのように，直接的に人の欲求を満たすものを意味している。「間接的に充足する」とは，消費者は直接には必要としないが，結果として必要となるものを意味する。たとえば，ガソリンは家計の満足には直接には寄与しない，つまり，ガソリンを食用にすることは考えられないが，消費者が自動車を利用しようとすれば必要となる。つまり，ガソリンは直接必要とされないが，人間に間接的には必要になっている。経済学でよく用いられる**資源** (resource) という用語は，ここで約束した財と同じ意味で使われる。

　空気は，人間の生存のためには是非とも必要だが，取引されることはめったにない。空気は価格がゼロの財である。空気のようなものを**自由財** (free goods) であるという。将来において，宇宙での人間の活動が大規模に行われるようになるなら，そのときには空気は自由財ではなくなるであろう。また，あらゆる財が豊かに存在して自由財である社会は，もはや経済問題自身が存在しないある種のユートピア，桃源郷となる。

　財のうちで，特に，無形のものを**サービス** (service) と呼ぶ。「無形のもの」とは，具体的に物質的な形を持たない，「輸送」「教育」そして「労働」のようなものである。たとえば，ある大学生が下宿の引越しをするとしよう。その際には，輸送用の車や荷物を運ぶ人が必要である。引越しをしたとき，何かを利用し消費したのは確実であるが，輸送車や人自体を消費したのではない。この「消費した何か」をサービスと呼んでいる。「引越し」の例では，輸送車や人が提供したサービスを消費していることになる。

　本書では，往々にして，財とサービスを必ずしも区別しない。しかし，経済学では財とサービスを区別することもよくあり，その場合には，財は鉛筆や食料のように具体的な有形のものと約束される。

　さらに，財は物理的化学的性質，時間，場所によって異なる財と扱われる。財が物理的化学的性質によって異なることには異論はないであろう。ところが，同じ小麦であっても，今期と来期あるいは現在と将来の小麦は異なる財と取り扱われる。実際，小麦の先物市場（将来の財を取引する市場）では現在のものと異なる価格が付けられている。また現在の財を将来に利用するために保蔵することは，現在の財から将来の財を作るという生産にほかならな

い。このように，物理的化学的性質が同じでも時間が異なれば異なる財とみる。また，畑で小麦を作ること，収穫した小麦を製粉すること，そして，それを町に運ぶこと，これらはすべて生産である。

フローとストック　通常の消費財は，1期間（1年）内に消費されて，なくなってしまう。一方，1期間を超えて存在するものもある。たとえば，建物，工場，設備等である。これらを**ストック** (stock) あるいは存在量という。たとえば資産，技術，知識や労働はストックであり，ある期間に大きく変えることはできず，ほとんどの場合に期間内では一定であると想定される。

これに対して，1期間内に新たに付け加わったり，利用可能になるものを**フロー** (flow) という。フローは流量とも呼ばれる。消費はフローであるが，その期間にその量が決定されることになる。また，貯蓄とはフローのうちで資産の増加分となるものをいう。フローである貯蓄を通じて，資産が期間ごとに蓄積されていく。

したがって，ミクロ経済学には議論の前提として，次のようなストーリーが想定されている。まず，ある期間のはじめに，生産設備や労働者数といったストックが与えられている。それらを前提として各経済主体が需要と供給を決め，そして市場で生成される価格に導かれて，均衡価格と均衡取引量が決まる。その均衡には，その期の貯蓄や投資の決定が含まれる。それらが生産設備に付け加わる。そして，次の期の新たな生産設備が決定される。さらに，新たな労働力の流入があって，次の期のストックが決まる。このようにして，新たな期間が始まる。経済の時間的経過は，このように継起する1期ごとの「均衡のシリーズ」として把握される。経済の時間的経過を**動学** (dynamics) という。

第Ⅰ部

家 計 の 行 動

第1章
消費者と経済
── 標準的枠組み

　経済学は需要と供給という概念を鍵にして構築されている。需要と供給を理解できれば，初級の経済学はほとんど修了といってよい。この章では鍵 概念(キー・コンセプト)の一つである需要がどのように得られるかについて考察する。

　財を需要する主体は主に消費者あるいは家計である。消費者の選択の結果として，需要が価格と所得の関数となることが示される。

　この章は，消費者の理論について標準的枠組みを解説し，続く2つの章の基礎となる。

1 需要を決定するもの

3種の要因　人がある財を購入しようとするとき，どのようなものが購入を決めるものになるだろうか。大学の近くで下宿をしているA君が今月の生活をどうするか，という想定で彼の購入計画を考えてみよう。

　いま，A君がパソコンの購入を考えたとする。A君には支出可能な総金額がある，つまり，仕送り，アルバイト代，そして銀行預金である。彼はそれをもとに下宿代を払わないといけないし，食費も必要である。パソコンにはきわめて多くの機種があるだろうが，彼にとって高価すぎるものを選択することはできない。言い換えると，A君の「支出可能な金額」とパソコンの「価格」は彼の購入決定に重要である。

　また，機種の選定のために，A君はパンフレットや雑誌を見て情報を集め，そして友人に助言を求め，十分な知識を得ようとするだろう。収集した情報には，デザインがよいか，販売している会社に信頼性があるか，持ち運びが容易か，Webに接続できるか，拡張可能性があるか，画面の大きさ，そしてアフターサービスのよさ，そして，ソフトウエアの豊富さなどもある。

　このようにして，A君はどのパソコンが「彼の好み」に合っているかを考えるだろう。そして機種の決定に至るわけである。

　以上のように，A君のパソコン購入には，価格，支出できる総金額，パソコンへの好みなどが重要な役割を演じることになる。

　以上は一人の大学生A君のパソコンの購入についてであった。しかし，その内容はA君に限らずどの消費者であっても，また，他の消費財の購入についても同様に適用可能であろう。したがって，ある消費者のある財への購入決定にかかわる要因は，

　　価格，支出可能な金額，消費者の好み

という3種のものに帰着する。以下では消費者のことを**家計**あるいは**個人**とも呼ぶ。

　以下の第2節では，家計の好みを「効用」として表し，第3節では価格と支出可能な金額がまとめられて「予算制約」となる。これらをまとめて，最後の第4節において，家計の購入計画がどのように決まるかを解説する。

需要曲線 序章で紹介した需要曲線は，ある財の購入予定を価格と数量の関係によって図示したものである。読者の中には消費者の行動を需要曲線で十分説明できるのだから，「価格」と「支出可能な金額」そして「消費者の好み」にまで戻って考える必要があるのか，と思う方もいるだろう。ここで，なぜこの3つの要因に戻る必要があるのかについて考えておこう。

通常，需要曲線は右下がりに描かれる。しかし，右下がりの曲線なら何通りにも書くことができる。ある特定の曲線が需要曲線になるのはなぜであろうか。さらに，需要曲線は必ず右下がりになるのであろうか。これらの疑問に答えるには，需要曲線自身がどのようにして得られるかを考察する必要がある。これが3つの要因に戻る理由の一つである。

さらに，これは経済学を組み立てるときに，経済学自身が説明しなければならないものから出発することはあまり健全ではないということがある。つまり，需要曲線が一つの「経済現象」であるなら需要曲線が何かを考える必要がある。そのための基礎的な用具が「価格」，「支出可能な金額」そして「消費者の好み」である。

図 1.1 には3本の需要曲線が描かれている。再び大学生の A 君に登場を願って，今回はパソコンではなく，彼の好物であるフライドチキンの購入について考える。図 1.1 の右下がりの曲線 D が A 君の需要曲線とする。彼は価格が高いと，フライドチキンの消費を少なくして，他の安価なもの，たとえばホットドッグを多く消費する。一方，価格が低いときにはその逆の行動をとっている。この性質が「需要曲線が右下がりになること」によって表現されている。

A 君に加えて，B 子さんに登場してもらおう。B 子さんは，フライドチキンへの好みはそんなに強くなく，彼女は安ければ購入したいと感じていたとしよう。A 君と B 子さんのフライドチキンへの需要曲線 D と D′ は図 1.1 にあるように，価格が p から p' に上昇したときに，A 君は購入を z から y へ減少させ，B 子さんは z から x へ大きく減少させることになる。仮に，フライドチキンなしでは生活できないという「好み」を持つ C 君がいるなら，C 君の需要曲線はほとんど垂直に描かれることになる。つまり，「好み」の違いによって需要曲線が異なることになる。

また，A 君が叔父さんから思わぬお小遣いをもらったとしよう。すると A 君の所得が増え，彼はフライドチキンだけでなくいろいろな消費を増加させ

価格 p

p'

p

A君の需要曲線（高所得の場合）
D'：B子さんの需要曲線
D：A君の需要曲線

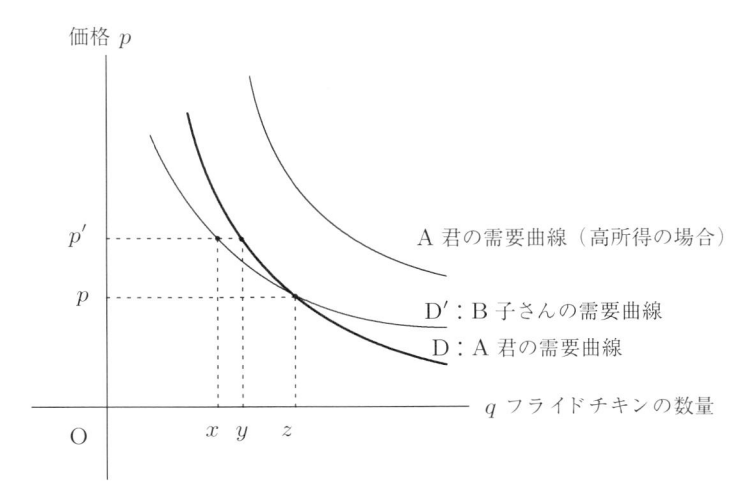

q フライドチキンの数量

O x y z

図 1.1：3本の需要曲線

るだろう．つまり，図 1.1 にあるように，需要曲線は，所得が高くなると，もとの曲線の右上方に位置することになる．

2　効　用

前節でみた購入計画の決定要因である「好み」を取り上げてみよう．ミクロ経済学では，家計の好みを前提として議論を組み立てる．「好み」自体は基本的には心理学の研究対象であろう．これを前提として，需要理論を構築するのである．この節では，「好み」にどのような性質を想定するかを解説する．好みには様々な表現がある．たとえば

(i)　ミカンよりリンゴが好き
(ii)　（財1が x_1 単位，財2が x_2 単位）より
　　（財1が y_1 単位，財2が y_2 単位）が好き
(iii)　（財1が x_1 単位，財2が x_2 単位，…，財 n が x_n 単位）より
　　（財1が y_1 単位，財2が y_2 単位，…，財 n が y_n 単位）が好き

がある．これ以外にも色彩への好みとか宇宙探検の好みなど，いろいろある

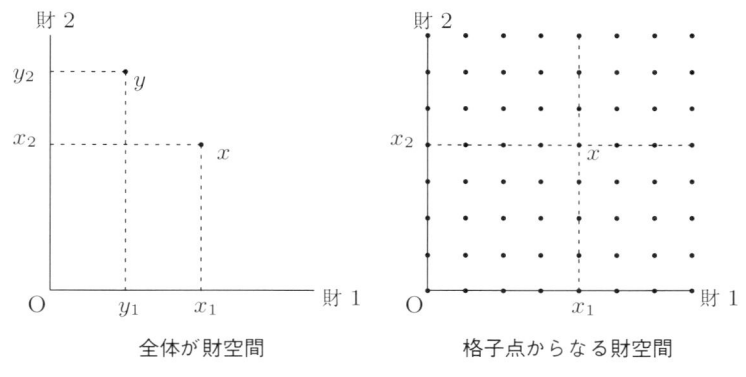

図 1.2：財空間

（左図：全体が財空間　右図：格子点からなる財空間）

が，ここでは考慮せずにおこう。しかし，(i) は単純すぎるし，(iii) は複雑すぎて入門には向かない。本書では，図に描くのが容易な (ii) のタイプの好みを取り上げる。

財空間　(ii) のタイプでは，財の数量を組（財1の量，財2の量）で書いている。これを平面の座標であるとみれば，2財の組を二次元平面上の点で表すことができる。家計の選択対象となる2財の数量のあらゆる組を**財空間**と呼ぶ。

図 1.2 を見てみよう。図 1.2 の左図にある点 x は財の量の組（財1の量，財2の量）$=(x_1, x_2)$ を書き表している。財の量が負値でないとすれば，2財の量の組は二次元の負でない象限に位置する。逆に，二次元の負でない象限にある任意の点 y をとると，その座標 (y_1, y_2) によって，2財の数量の組み合わせを表現できる。このようにすれば，2次元の負でない象限と財空間が一致して，経済学に用いるのにおおいに便利な用具となる。

二次元の正の象限を財空間とすれば，$\sqrt{2}$ 個のリンゴとか $\pi/3$ 個のスイカを選択の対象とできると想定していることになる。これは現実にはあり得ない状況である。砂糖は十分に小さく分割が可能であるが，無限に分割するのは無理である。通常，財の数量は1個，2個，…と離散的である。この場合，図 1.2 の右側の図にあるように，2次元の正象限に並んだ点が財の可能な組

み合わせである．これに対して，図 1.2 の左側を想定すれば，財の数量を徹底的に分割できると考えることになる．本書では，

分割可能性の仮定：財は無限に分割可能である

と想定する．これは非現実的な仮定であるが，経済現象を説明することにおいて，力を発揮するものである．非現実的であるのに力を発揮するとはどういうことかと感じるであろう．しかし，理論では頻繁に発生することである．物事をできる限り単純に，あるいは，理想的に捉えることによって，それが非現実的であっても，現象の説明には役立つことが多くある．たとえば，古典物理学では，物体の運動を説明するときに，質点（質量があって，大きさがない）を前提にするが，これも非現実的な仮定である．しかし，物体の運動を説明するにはきわめて有力な仮定となっている．

効用関数 以上で「好み」の考察に入る準備が整った．財空間の上の点 x をとって，ある家計がその点の表す財の組を消費するときに，どれだけ満足を感じるかについて考える．ミクロ経済学では「満足」という言葉ではなく，**効用** (utility) という用語を用いる．つまり，財の組 $x = (x_1, x_2)$ には，ある実数値の効用 $u(x_1, x_2)$ があり，また別の組 $y = (y_1, y_2)$ にも別の数値の効用 $u(y_1, y_2)$ があると考える．そして，

$$u(x_1, x_2) > u(y_1, y_2)$$

であれば，x のほうが y よりも満足が高い（x のほうが y よりも好き），つまり「効用が高い」と考える．ここで効用は，

財空間上に $x = (x_1, x_2)$ を定めれば，効用水準 $u(x_1, x_2)$ が決まる

という意味で関数となっている．これを**効用関数** (utility function) と呼ぶ．効用関数がこれまで家計の「好み」と呼んできたものである．

効用関数は，たとえば図 1.3 のように三次元的に図示できる．効用関数のグラフは三次元の曲面となる．図では，消費量が増加すれば効用が上がること，関数の曲面にはジャンプや途切れのような非連続な点はなく 1 つの曲面となっている．また，1 つの消費財の量がゼロになれば最悪の状態となり，効

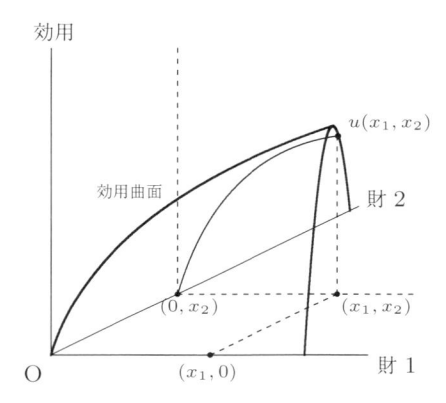

図 1.3 : 効用関数

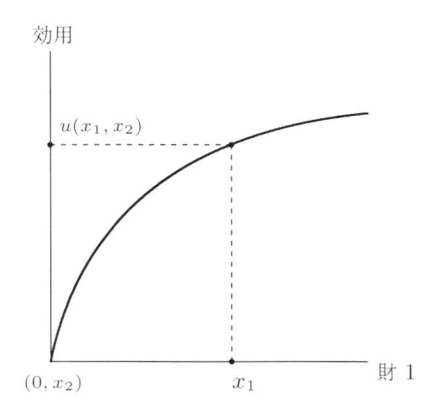

図 1.4 : 財 1 だけの関数とみた効用

用の水準はゼロとなるように描かれている。

　図 1.3 の効用曲面を線分 $(0, x_2) - (x_1, x_2)$ を通って縦軸と平行な平面で切った切り口が曲線で描かれている。それを取り出したものが図 1.4 である。これは財 2 の量 x_2 を一定にしたまま財 1 の数量 x_1 を増加させるとどのように効用が増加するかを示した図である。

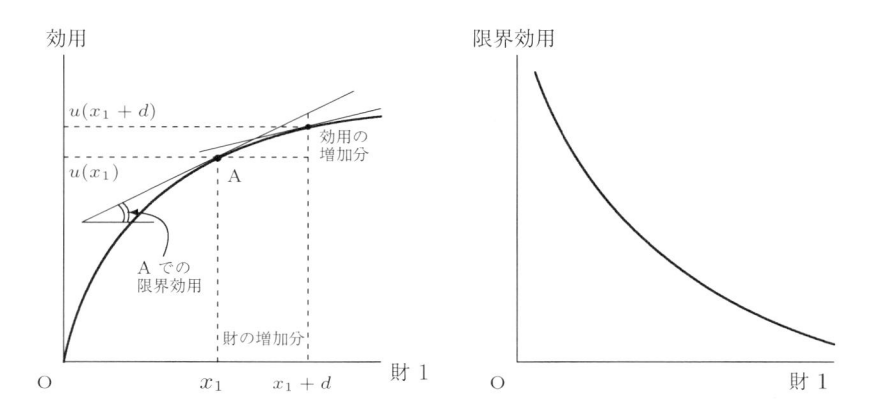

図 1.5: 限界効用

　図 1.4 で，曲線が上に向かってふくらんでいる（上に凸である）のは，財 1 の数量が小さいときには，少しでも財 1 が増加すると満足が急激に増加し，一方，財 1 の数量が多いときには財 1 の消費が増加しても満足がそんなに増加しないという性質を反映している。

限界効用　効用曲面において，財 2 の量を特定の値 $\bar{x}_2$（"エックス・ツー・バー"と読む）で固定したとき，効用と財 1 の量 x_1 との関係を図 1.5 の左側に再現した。これは図 1.4 と同じである。「$\bar{x}_2$」という書き方は財 2 の量が固定されていることを表現するためである。図 1.5 や以下では，$u(x_1)$ と書くが，これは $u(x_1, \bar{x}_2)$ のことである。同様に，さらに，$u(x_1+d)$ は $u(x_1+d, \bar{x}_2)$ である。これは財 2 の量が $\bar{x}_2$ に固定されているので，書き表す必要がないためである。

　さて，図 1.5 の曲線上の点 A に着目する。A では財 1 を x_1 だけ消費して，$u(x_1)$ だけの効用を得ている。ここで，財 1 の消費量を d だけ増加させると，効用は $u(x_1)$ から $u(x_1+d)$ に増加する。ここで，比率

$$\frac{\text{効用の増加分}}{\text{財 1 の増加分}} = \frac{u(x_1+d) - u(x_1)}{d}$$

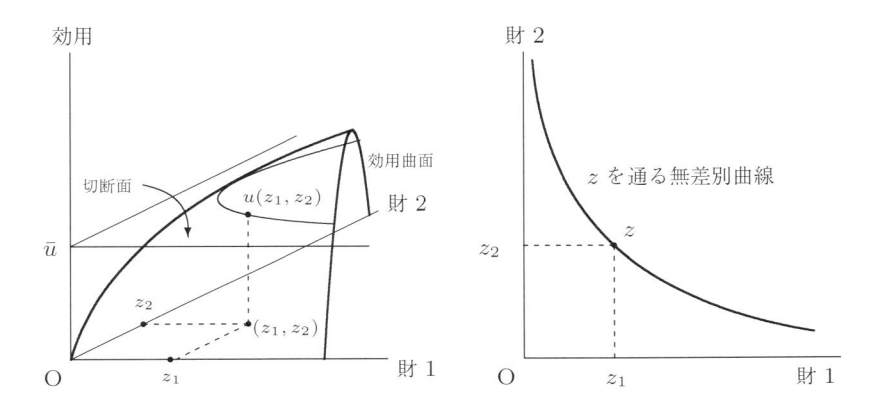

図 1.6：無差別曲線 1

に着目してみる。これは「財 1 が 1 単位増えたとき，どれだけ効用が増加するか」という平均変化率を表している。いま，財 1 の増加分 d を正値のままゼロに近づけてみると，平均変化率は接線の傾きに近づいていく。この接線の傾きを財 1 の消費量が x_1 のときの**限界効用** (marginal utility) と呼ぶ。

限界効用は消費する量によって変化することに注目すべきである。たとえば，財 1 の消費量が $x_1 + d$ のときの曲線への接線は A 点でのそれよりも傾きは緩やかである。したがって，財 1 の消費量が増加すると，限界効用が逓減（"ていげん"と読む）するという性質を持っている。これは，財 1 の消費量と効用の表す曲線が上に凸であるということから得られる事実である。この性質を**限界効用逓減** (decreasing marginal utility) と呼ぶ。

限界効用を図に描けば，図 1.5 の右側のように描かれる。限界効用逓減は，通常の財には成立するように感じられるが必ずしもそうではない。財によっては消費するともっと欲しくなるものがある。たとえば，ビールを飲み始めてもっと欲しくなるという経験をしている人は少なからずいるであろう。このような場合，限界効用は逓増している。

無差別曲線 財空間を二次元の非負の象限にしているので，図 1.3 に描かれ

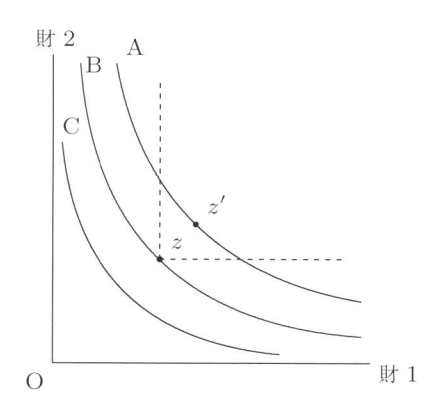

図 1.7: 無差別曲線 2

ているある家計の効用曲面を，財空間の上に地図として描くことができる。図 1.6 の左側に描かれているように，ある水準の効用 $\bar{u}$ ("ユー・バー" と読む) がつくる平面と効用曲面との切断面をつくる。その切断面を財空間に射影すると，図 1.6 の右側にあるような曲線が得られる。この作業は平面上に地図を描くときに，等高線を書き入れる作業と同じである。このようにして得られる曲線は**無差別曲線** (indifference curve) と呼ばれる。

この曲線を無差別曲線と呼ぶのは，この曲線上にあるどの点も同じ水準の効用 $\bar{u}$ を家計にもたらすからである。無差別曲線が点 $z = (z_1, z_2)$ を通るもの以外にもいろいろ描くことができる。図 1.7 には，数本の無差別曲線が描かれている。家計の無差別曲線は数本に限られることがないのはもちろんである。

図 1.6 の左側にあるように家計の効用の曲面が描かれるとする。すると，より高い効用水準での切断面でつくられる無差別曲線は，低い効用水準での無差別曲線の右上に位置することになる。つまり，図 1.7 において描かれている 3 つの無差別曲線 A は B や C より高い満足を持つ消費の組を表している。さらに，図 1.7 の点 z の右上に位置する点 z' をとれば，より効用の高い無差別曲線上にある。これは，

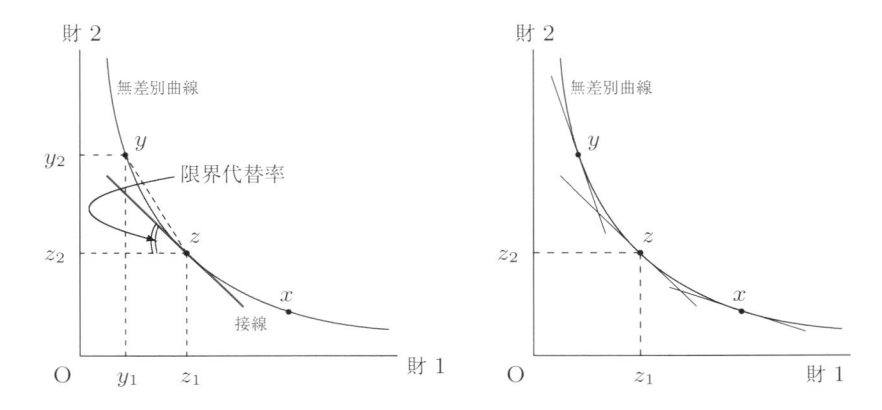

図 1.8：限界代替率逓減

単調性 (monotonicity)：$x_1 > y_1$, $x_2 > y_2$ であれば，$u(x_1, x_2) > u(y_1, y_2)$ が成立する

という性質である．

本書では効用の単調性を仮定するが，単調性が成立しない場合もある．すなわち，ある水準以上の消費はもはや効用の増加をもたらさないという，いわば「満腹」の状態がある．このような消費の水準は**飽和点** (satiation point, saturation point) と呼ばれる．

次に，図 1.8 の左の図にある無差別曲線に着目する．その曲線上に，ある消費の組 $z = (z_1, z_2)$ と他の消費の組 $y = (y_1, y_2)$ をとる．z と y は同じ無差別曲線上にあるので，家計にとってはどちらの組も同じ満足をもたらす．そこで財 1 を減らして，z_1 から y_1 の水準にしたとする．そのとき，財 2 を z_2 から y_2 の水準に増加させれば，この家計の満足は元に戻る．つまり，$(z_1 - y_1)$ 単位の財 1 が，$(y_2 - z_2)$ 単位の財 2 と心理的に同じ価値を持っている．言い換えると，この無差別曲線を持つ家計は，z において $(z_1 - y_1)$ 単位の財 1 を $(y_2 - z_2)$ 単位の財 2 に代替可能あるいは交換可能である．この心理的な交換比率

$$\frac{y_2 - z_2}{z_1 - y_1}$$ （これは正値。一方，線分 yz の傾きは負値であることに注意）

を代替率と呼ぶ。

z を基準とした代替率は y の位置によって変わっていく。いま，y が無差別曲線上をどんどん z に近づいていくとしよう。すると，代替率は z において無差別曲線に対する接線の傾きに近づいていく。この率は財 1 の財 2 に対する**限界代替率** (marginal rate of substitution) と呼ばれ，MRS_{12} と書く。MRS_{12} は z において，家計が 財 1 をどれだけ評価しているかを財 2 で測ったものとなっている。

ここで，1 つの無差別曲線上（図 1.8 の右側の曲線）を左上から右下に，つまり，y から z を通って x に向かって移動していくとする。y では財 1 の量が少なく財 2 が多い財の組み合わせである。一方，x では財 1 が豊富にあって財 2 が少ない。このため，第 1 財の評価（限界代替率）は y におけるほうが x でのものよりも高いであろう。そしてその間にある z では財 1 の財 2 に対する限界代替率は中間の値となろう。このような事態が連続的に発生するならば

限界代替率逓減 (decreasing marginal rate of substitution)
：財 1 の財 2 に対する限界代替率は，同一の無差別曲線上において
財 1 を増加させると，減少する

と考えることができる。本書では，限界代替率逓減が成立すると仮定する。この仮定の下では，どの無差別曲線も原点に向かって凸となる。これを**選好の凸性** (convexity) の仮定と呼ぶ。

効用の序数性　この章では，家計の好みを 1 つの効用関数で表現した。効用関数を持っているということは，ある財の組に対して，それを消費したときの効用（満足）をある数値として表せるということである。これを効用の基数性と呼ぶ。

それに対して疑問がある。すなわち，人の好みにおいて「ある財の組と別の組のどちらがよいか（好きか）の比較」は可能であるが，その度合いを数値化することはできない，という立場から発生する疑問である。「比較が可能である」ということを，順序付けが可能であるという意味で「効用の序数性」

と呼ぶ。本格的に上級のミクロ経済学を学ぶ場合には，効用の序数性を前提とすることが通常である。

効用の序数性を前提とする場合，(i) 何を家計の好みを表すものとして採用すべきか，(ii) 効用関数を使うことはできないのか，という一連の疑問が発生する。

(i) への解答は，無差別図表を用いることである。これまでは効用関数から無差別曲線を導出したが，無差別図表が最初にあると考えるのである。無差別図表とは，図 1.7 にあるような，財空間に描かれた「同程度に好ましい財の組を表す曲線の集まり」である。これが与えられると，より高い無差別曲線上にある財の組は低い無差別曲線上のものより「より好まれる」という**選好** (preference) を表現することになる。したがって，従来のように満足の数値化は必ずしも必要ではない。人の好みを数値ではなく，「比較」によって明瞭に表すことができている。

無差別図表によって選好を表現する場合には，この節で説明してきた選好の凸性や限界代替率逓減がミクロ経済学の基礎的な用語となる。さらに，無差別曲線で家計の好みを表現するときには，次の注意も必要である。

A 君の無差別図表において，2 財の量の 3 種類の組 (x_1, x_2), (y_1, y_2), (z_1, z_2) において，

前提 1 (x_1, x_2) と (y_1, y_2) では，(x_1, x_2) のほうが (y_1, y_2) よりよい
前提 2 (y_1, y_2) と (z_1, z_2) では，(y_1, y_2) のほうが (z_1, z_2) よりよい

があるとする。このとき，A 君が「(x_1, x_2) と (z_1, z_2) とを比べて，(x_1, x_2) が (z_1, z_2) より悪い」と言うことがあれば，A 君の好みは，いわゆる「じゃんけん」のようになっており，順番を付けることができないということになる。このような事態が発生せず，前提 1 と前提 2 が成り立つときに，「(x_1, x_2) と (z_1, z_2) とを比べて，(x_1, x_2) が (z_1, z_2) よりよい」が成立するときに，A 君の好みは「推移的である」という。

効用関数によって家計の好みを表現するときには，推移性は自動的に成立したが，無差別図表で議論をするときには，推移性の要求が必要になる。

(ii) の疑問に移ろう。この詳細を紹介することは初級の経済学向きではないので，結論だけを示せば，「効用関数を使うことは可能である」が回答である。ただし，1 つの効用関数 $u(x)$ を用いても，

$au(x) + b$, a, b は定数で,$a > 0$,

$\{u(x)\}^\alpha$,　　α は正の定数

のような関数も，同一の無差別図表を表す。つまり，複数の効用関数が1つの無差別図表に対応していることに注意が必要である。

また，多くの経済学の内容において，効用関数を用いた分析が無差別曲線でのものと結果として大きく違わない，ということもある。さらに，初級の経済学では，効用の序数性に注意を払って議論を過度に難しくしないようにすることは妥当であると思われる。そのため，本書でも，効用関数を前提にして解説する。

この節の最後に，家計が効用関数を持っていることの意味を考えておきたい。通常，かつて利用したことのある消費財について消費者にはその財に対する知識がある。つまり，財に対する情報があるわけである。ところが，実際には，財に対する知識があやふやであったり，購入したあとで事前に思っていたものと微妙に違ったりする。

このような事態は，この節で紹介した効用関数や無差別図表では考慮されていない。「不確かなもの」がある場合に効用をどのように考えるかは，不確実性の経済学のテーマであるが，本書では，第IV部の2つの章で扱われる。

3　予算制約

この節のテーマは，購入決定の要因であった価格と支出可能な総金額がどのようにまとめられるかについてである。財1と財2の価格をそれぞれ，p_1とp_2と書く。支出可能な総金額は「所得」と呼ばれIで表現する。価格については，理解が容易である。1単位の財1をp_1/p_2単位の財2と交換できることを示している。

所得　一方，所得にはいくつかの定義があって混乱することもある。標準的な所得の定義は次のようなものである。まず，ある期間（多くの場合1年）を想定する。ある家計の所得とは，

> 家計の期首（1月1日）と期末（12月31日）の資産の価値額を同一にして**消費できる最大の金額**

であると定義される。これ以外にもサイモンズによる**包括的所得** (comprehensive income) という概念があり，消費額と貯蓄との和として所得を定義するものである。貯蓄を重点的には取り扱わない場合には，最初のものを所得として考えるのが普通である。詳論は避けるが，これらの定義は同一のものであることを注意しておく。

サラリーマンの S 氏の「所得」について考えてみよう。年初に彼には資産が 500 万円あるとする。1 年間に資産価格が上昇して，資産総額が 600 万円になり，5 万円の利子があるとする。さらに，彼の年収が 400 万円とする。このとき，彼の「所得」は $(600 - 500) + 5 + 400 = 505$ 万円だということになる。

また，場合によっては，所得が負の値になり得ることに注意しなければならない。S 氏の上司の U 氏が，1 年の年収が 700 万円であり，利子配当所得が 100 万円あり，資産が年初に 2000 万円，年末に 1000 万円となるとしよう。U 氏の所得は -200 万円である。マイナスの所得が発生するケースは，日本のバブル崩壊以降や米国のリーマン・ショック以降の資産価格の下落で実際に発生したことである。

定義上の所得がゼロまたはマイナスであっても，消費がなされるということがある。この背後には，家計は賃金や利子収入だけでなく，資産を取り崩して消費をすることができるという事実がある。つまり，家計は総収入に加え，資産をも考慮して購入計画を立てている。言い換えると，厳密な意味では，需要が依存すべきなのは，資産額と収入の合計額だということになる。

第 1 節で大学生の A 君がパソコンの購入計画を立てるときに，銀行預金までも含んだ支出可能な総額を念頭に置くだろうと考えたのは，まさしくこれであった。A 君だけでなく，サラリーマンの S 氏が車やマイホームの購入を考えるときにも，これまでに彼が蓄積してきた貯蓄総額を考慮するであろう。日常生活で家計が生計を立てていくときに，念頭に置く金額は資産額込みの「支出可能な総金額」なのである。ミクロ経済学では，特に断らない限り，資産をも含んだ支出可能な総金額を所得と呼ぶ。この所得概念は，上で挙げた標準的な所得や包括的所得ではないことに注意が必要である。以上で本章で用いる価格と所得が明らかになった。

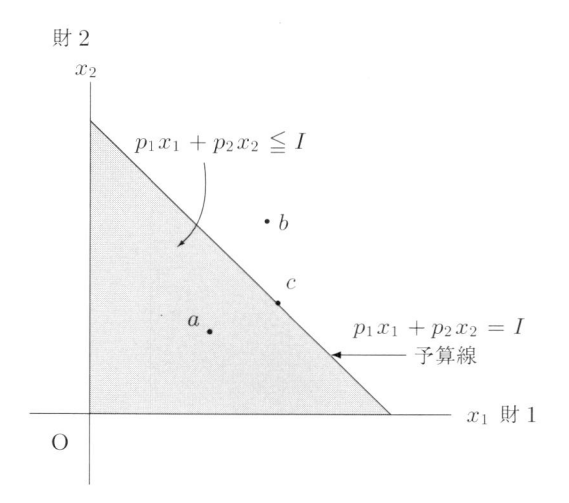

図 1.9：予算制約

予算制約　価格と所得 (p_1, p_2, I) が与えられると，家計の消費可能性はどのように表せるかを考えよう。次の式を見てみよう。

$$p_1 x_1 + p_2 x_2 \leqq I, \quad 0 \leqq x_1, \quad 0 \leqq x_2 \tag{1.1}$$

この式を満たすどのような財の組 (x_1, x_2) も購入可能である。この条件を**予算制約** (budget constraint) という。これは，「ない袖は振れぬ」という制約を表すものである。(1.1)式は図 1.9 において影のついた領域で示されている。財の組 b は購入できないが，a, c は購入可能である。c は図の直線の上にあるので，直線の方程式

$$p_1 x_1 + p_2 x_2 = I \tag{1.2}$$

を満たす。この直線と財空間との共通部分を**予算線** (budget line) と呼ぶ。財の組 c では所得をすべて使い切っていることになる。

　一方，財の組 a は予算制約を満たし購入可能であるが，予算線上にない。財の組 a を選択した場合には，所得のすべてを使い切らず，「使い残し」が発生している。通常の生活感覚からすれば，これが普通である。また，家計の理論で用いる所得は支出可能な総金額である。資産をすべて使い切る c のように予算線上の財の組を選ぶことは，まずない。むしろ，貯蓄をして資産

を増加させるのが普通であろう．つまり，家計は通常 a のような組を選択するように感じられる．

また，貯蓄を考慮するのであれば，その反対であるローン，つまり負債をどのように考慮するかという疑問が自然と生まれる．つまり b のような財の組も負債を負うことを考えると，購入可能である．これでは，a も b も c も購入可能であり「(1.1) 式が購入範囲を制約している」ということにはならない．これは貯蓄や負債を予算制約においてどのように扱うかという問題につながっている．

貯蓄と負債 貯蓄に焦点を合わせて，予算制約との関係を考えてみよう．本来，貯蓄は将来の消費のために，負債は今期の財の購入のためになされる．したがって，貯蓄や負債を考慮するには，複数の期間を想定する必要がある．そのための最小限の想定をして，家計が今期と来期の 2 期間にわたって購入計画を考えるとしよう．そのために，現在と将来の財の価格 p_1, p_2 や各時期の収入 I_1, I_2 がわかっているとする．現在の消費財の量を x_1，将来の消費財の量を x_2 とする．すると，今期と来期の間には，

$$\begin{cases} 今期 & p_1 x_1 + s = I_1 \\ 来期 & p_2 x_2 = (1+r)s + I_2 \end{cases} \tag{1.3}$$

の関係が成立する．今期の式の左辺の s は貯蓄である．今期の所得 I_1 の一部 $p_1 x_1$ を消費し，残り s を貯蓄することになる．貯蓄は資産を持つことにほかならない．資産の利子率を r とする．その結果，貯蓄された s は来期に元利合計 $(1+r)s$ になる．元利合計と来期の所得 I_2 を受け取って，来期の消費 $p_2 x_2$ に支出することになる．特に，来期の収入 I_2 が小さく，今期の収入 I_1 が十分ある場合には，貯蓄によって購買力を来期に移すことが発生するであろう．以上が，2 本の式の内容である．

(1.3) 式を見て，貯蓄は理解可能だが，負債はどうなっているのかがわからないと思う読者がいるかもしれない．実は，負債を扱う場合には，$s<0$ としておけばよい．すると，今期の式の左辺の s を右辺に移項してやれば，今期の収入を超えて負債を負った分だけ多く消費が可能になっている．しかしそれは来期になって，その元利合計を I_2 から返済し，残りの金額で来期の消費をすることになる．

以上2本の式によって「予算の制約」が表現されているが，(1.1)式や(1.2)式のように1本ではないことに疑問を感じるかもしれない。この疑問に答えるために，上述の2本の等式に共通にあるsの項を消去すると，

$$p_1 x_1 + \frac{p_2 x_2}{1+r} = I_1 + \frac{1}{1+r} I_2$$

が得られる。ここで，新たな記号 $\hat{p}_2$ と $\hat{I}$ を導入して，$\hat{p}_2 = p_2/(1+r)$，$\hat{I} = I_1 + I_2/(1+r)$ とする。文字 p や I の上に∧（ハット）印をつけているのは，特定の値であることを表すためである。$\hat{I}$ は "アイ・ハット" と読む。$\hat{p}_2$ も同様である。

得られた1本の式は，

$$p_1 x_1 + \hat{p}_2 x_2 = \hat{I} \tag{1.4}$$

となって，これは以前に見た (1.2) 式と同じ形式である。しかも，(1.3) 式を満たす (x_1, x_2) は (1.4) 式を満たすことは明らかである。逆に，(1.4) 式が先にあって，(x_1, x_2) を (1.4) 式を満たすように選んだとき，$s = I_1 - p_1 x_1$ と約束してやると，(x_1, x_2) は (1.3) 式を満たすことも明らかである。したがって，(1.3) 式と (1.4) 式とはまったく同じ内容となっている。

以上のことから，貯蓄や負債を考慮する場合においても，(1.1) 式や (1.2) 式で考察できていることになる。

(1.3) 式では2期間だけを考えているので，簡単にすぎるかもしれない。しかし，この考え方や手続きは，多くの期間にわたっていても適用可能である。すなわち，各期の貯蓄残高を順次消去していけば，1本の予算式に集約することができる。

労働と余暇　次に，所得の1つの源泉である賃金，そして，それをもたらす労働を予算制約でどのように表現するかを考えよう。労働に対する対価である賃金は所得の一部なので，予算制約 (1.1) 式の右辺の所得 I の中に入る。しかし，I の中に賃金を入れるだけでは不十分である。「労働時間と余暇との選択」を考慮することが重要である。つまり，家計に与えられる可能な労働時間には限りがあり，1年を考えるなら365日が上限である。もし，300日働くならば，他方で休日を65日取るという選択になる。

コラム1：家計とローン

庶民が生活をしていく上できわめて重要なものに，ローンがある。また，2008年に世界的な金融不況のきっかけとなった米国のサブプライムローンから受ける印象のように，ローンには「危険なもの」という印象もある。しかし，住宅ローン，車のローン，就学補助・教育ローン，日常の買い物でのカードローンなどにおいて，われわれは短期から長期に至る様々な形態のローンのお世話になる。

表1.1に，日本の世帯の2008（平成20）年時点での貯蓄残高と負債残高を示した。"残高"とは，ストックを表す言葉で，たとえば貯蓄残高は各年に蓄積してきた貯蓄の総額である。

表1.1を，ある世帯の時間的な進行として見てみよう。20代からローンが始まり，60歳代で返済がほぼ終わっている。なかでも30歳代では，貯蓄残高よりも負債残高のほうが大きく，40歳代で最も大きな負債総額になる。つまり，若い時点でローンを組み，それを生涯をかけて返済していくというストーリーが読み取れる。「借りたものを返す」というのは，予算制約にほかならず，日本の世帯では，予算制約が40年という時間で成立するのである。

これには注意が必要である。つまり，表1.1は平成20年の様々な世帯のデータで，いわば，ある時点での切り口であり，代表的な日本の世帯がたどる時間経路を正確に表すものでは必ずしもないのである。

表1.1：2人以上世帯の貯蓄と負債

（単位：万円）

項目	平均	－29歳	30－39歳	40－49歳	50－59歳	60－69歳	70歳－
年間収入	637	453	589	766	824	565	456
貯蓄残高	1,680	272	635	1,179	1,675	2,288	2,415
負債残高	498	364	813	954	525	217	124
（土地・住宅のため）	444	329	765	873	452	178	96

出所：総務省統計局調査部消費統計課『家計調査年報 貯蓄・負債編』平成20年より作成。

いま，サラリーマン S 氏の余暇の総量（1 年なら 365 日）を H として，もし彼が ℓ 日の休日を取るなら，働く時間は $H-\ell$ 日である．1 日の賃金が w であり，他の財の数量と価格を x, p で表すと，彼の予算制約は

$$px \leqq w(H-\ell)$$

ということになる．これを書き換えて，

$$px + w\ell \leqq wH \tag{1.5}$$

と同じであることは了解可能であろう．(1.5) 式は，(1.1) 式とまったく同じかたちになっている．したがって，労働や余暇を考慮しても，(1.1) 式で考察できることになる．

労働と余暇を (1.5) 式のかたちに書けば，ひとつの興味深い論点が浮かび上がる．それは，

(1.5) 式では右辺において，総時間数 H を労働として提供し，同時に，自由時間 ℓ を買い戻している

という点である．読者の中には，これを最初に読んだときには，そうかもしれないが，過剰な解釈であると感じる方もいるだろう．しかし，これが重要な考え方であることがもう少し読み続ければ明らかになる．

通常，ただのボーっとしている時間，つまり余暇に費用が発生しているとは感じないかもしれない．しかし，この時間を労働に振り向けると，賃金が得られたはずである．ある人が賃金を犠牲にして余暇に振り向けたとすれば，その余暇に賃金に見合うだけのものを見出していたということになる．

別の例を挙げてみよう．たとえば大学生の A 君が大学をさぼって，ゲームセンターで遊んで，2000 円を使ったとしよう．たしかに A 君が「支払った費用」は 2000 円であるが，「ゲーセンで遊ぶ」という選択が何らかの追加的費用を発生させている．つまり，その時間帯に講義を受けて得たであろう便益を放棄している．

そのサービスの価値を授業料で測ってみると，単純計算（国立大学を前提として，1 日に 2 科目，1 年間に 40 単位を受講するとする）で，3400 円程度になる．この額は授業料（52 万円）から計算したもので，国からの大学への補助を入れていない．この部分を入れると講義のサービス価値はもっと大

きい。つまり，A 君はこれらを放棄したことになるわけである。

一般に，ある機会を選択することによって生じる費用，つまり，そのために放棄した価値を**機会費用** (opportunity cost) と呼ぶ。様々な経済行為は機会費用を伴う。機会費用を消費者が意識することは少ない。しかし，この例のようによく考えると，たしかに存在している。

本題に戻って，「余暇を楽しむ」ことによって放棄している価値，すなわち，余暇の機会費用，が賃金であることが (1.5) 式に表現されている。

労働と余暇の選択における特殊事情　ここで，労働者は労働契約において労働時間の長さを自由に選択できるとは限らない，ということに注意をしておきたい。たとえば，大学生の A 君が就職活動の面接において「この賃金を考えますと，私は貴社に 1 日に 4.5 時間の労働を提供したい」というような主張をしたとしてみる。つまり，A 君は労働基準法（1 日 8 時間以内の労働を規定している）を知っていたので「4.5 時間は 8 時間を超えていない」から，この主張をしたというわけである。面接員は面白い学生だと思っても，労働時間 1 日に 4.5 時間の採用を出すことはできず，A 君は内定をもらえないだろう。つまり，通常の雇用契約では労働時間はある時間に制約されているのである。これを考慮するには，q を規定された労働時間とすると，(1.5) 式に追加的な制約

$$H - \ell \geqq q \quad \text{または} \quad H = \ell$$

が必要である。$H - \ell = q$ とせず，"$H - \ell \geqq q$" としているのは，規定の労働時間以上に働く選択（残業）ができることを表している。"$H = \ell$" はまったく働かないということである。「規定の労働時間 q より少ない時間を働くこと」は，サラリーマンのように企業で雇用されている人には選択できないことである。実際，現在の日本の雇用者数は 5400 万人程度であり，労働時間の選択が制約されている人口は大きい。一方，自営業や農家では労働時間の選択は可能であろう。(1.5) 式にあるような余暇・労働の量的選択が可能であるのは，パート労働者や自由業の人々である。

このように，大部分の人にとって規定の時間 q より少ない労働時間を選択することは現実的ではない。これに加え，失業，非正規雇用や，雇用における男女差について，労働には様々な現実問題がある。これらの諸問題は労働

経済学における主要なテーマとなっている。

本書では，労働の時間選択における追加的な制約を考慮しないで，余暇と労働の選択を他の財やサービスの選択と同じ形式で取り扱うことにする。これによって，「A 君は 4.5 時間働きたいが，それができない」ということが何をもたらすかを考えることができる。

4 需要関数の導出

需要関数 これまでの節で，家計の好みを表す効用関数と，選択の範囲を限定する予算制約が準備された。これらをもとにして，家計の行動を次のように想定する。

> **効用最大化仮説：家計は，与えられた予算制約の下で，効用を最大にするように諸財の購入を予定する。**

効用関数を $u(x_1, x_2)$，財 1 と財 2 の価格を p_1, p_2，そして所得を I とする。購入できる範囲内で，つまり予算制約を満たすように，言い換えると，

$$p_1 x_1 + p_2 x_2 \leqq I, \quad x_1 \geqq 0, x_2 \geqq 0$$

を満たすいろいろな (x_1, x_2) の中から，効用 $u(x_1, x_2)$ を最大化する財の購入予定量 (x_1^*, x_2^*) を決めると仮定する。ここで，x_1^* は"エックス・イチ・スター"，または，"エックス・イチ・アスタリスク（星印という意味）"と読み，最大効用をもたらす特別の値であることを示している。

この問題は，**家計の選択問題**あるいは**消費者の選択問題**と呼ばれ，次の形式で書かれる。

$$\begin{cases} u(x_1, x_2) \text{ を 予算制約} \\ p_1 x_1 + p_2 x_2 \leqq I, \quad x_1 \geqq 0, x_2 \geqq 0 \\ \text{を満たすように } (x_1, x_2) \text{ を選んで最大化する} \end{cases} \quad (1.6)$$

消費者の経済行動をこのように表現することによって，経済学における重要な概念である**需要**が次のように導かれる。所与とされている価格と所得の組 (p_1, p_2, I) が与えられると，1 つの「家計の選択問題」ができ，その解 (x_1^*, x_2^*)

コラム2：働く時間と余暇の選択

労働契約において，労働者が時間の長さを選択する自由度は小さい。日本の労働基準法第 32 条には，

> 第 32 条 使用者は，労働者に，休憩時間を除き一週間について四十時間を超えて，労働させてはならない。
>
> (2) 使用者は，一週間の各日については，労働者に，休憩時間を除き一日について八時間を超えて，労働させてはならない。

がある。この法律はいわゆる正規雇用に関するもので，ほとんどの企業は，この法律に基づき，1 日に 8 時間そして 1 週間に 40 時間を正社員に要求している。上の規定にかかわらず，企業が労働者にそれを超える労働を求めることができると労働基準法第 36 条に定められている。労働時間の延長や休日労働について，(i) 労働者を代表するものと使用者が合意して協定書を作成し，(ii) それを労働基準監督署に届ける，という二つの条件が満たされるとする。そうすれば，労働時間の延長や休日労働をさせることも可能になる。この協定は法律の条番号から，36 協定と呼ばれている。

企業が労働者に要求する労働時間についてのこれらのルールからみると，正社員には労働時間を選択する自由度はあまりない。

一方，労働時間を比較的自由に選択できるのはパート労働と残業である。パートタイム労働法（「短時間労働者の雇用管理の改善等に関する法律」）の対象である「短時間労働者（パート労働者）」は，「1 週間の所定労働時間が同一の事業所に雇用される通常の労働者 (正社員) の 1 週間の所定労働時間に比べて短い労働者」とされている。2010（平成 22）年 4 月–6 月期では，雇用者数は 5453 万人にのぼる。この中に，非正規雇用 1743 万人（内女性 1214 万人）が含まれる。

が得られる。また別の価格と所得の組 (p'_1, p'_2, I') が与えられると，同じ種類であるが別の「家計の選択問題」ができ，その解 (x_1^{**}, x_2^{**}) が得られる。この操作をどんどん続けると，

価格と所得の組	$\longrightarrow$	(1.6) 式の解
(p_1, p_2, I)	$\longrightarrow$	(x_1^*, x_2^*)
(p'_1, p'_2, I')	$\longrightarrow$	(x_1^{**}, x_2^{**})
(p''_1, p''_2, I'')	$\longrightarrow$	(x_1^{***}, x_2^{***})
$\vdots$		$\vdots$

のような対応関係を得ることができる。このように，価格と所得の組が1つ与えられるごとに，それに応じる (1.6) 式の解が得られることになる。このような関係は，数学でいう独立変数と従属変数の関係である。ここでは，独立変数が価格と所得の組であり，従属変数が (1.6) 式の解となっている。この関係を関数のかたちで表し，

$$x_1(p_1, p_2, I), \ x_2(p_1, p_2, I)$$

と書き，これを**需要関数** (demand function) という。

このように，需要関数は，与えられた価格と所得に対して，各財について家計が最も購入したい量を対応させる関数となっている。経済学では，需要関数をこのようにして得られるものと考える。

第1節の図 1.1 に描かれている A 君や B 子さんの需要曲線 D, D' は当該の財の価格だけの関数であった。これらも需要関数のひとつの表現である。たとえば上で得られた需要関数のうちで第1財のものを取り上げる。需要関数 $x_1(p_1, p_2, I)$ の変数 (p_1, p_2, I) のうちの p_2, I を一定と考え，p_1 だけが変化可能として図示したものが第1財の需要曲線となる。

以上で需要関数と需要曲線が導かれたが，ひとつだけ注意を促しておきたい。それは**事前** (ex ante) と**事後** (ex post) という考え方である。経済学の概念は，事前の概念と事後の概念に分かれる。たとえば，需要関数は事前の概念で，取引をする前にいろいろ計画をしている段階でのものである。一方，取引が済み財の引き渡しと支払いが終わった時点での価格や数量は事後のものである。事前と事後の数量や価格はともに，予算制約を満たすであろうが，

これらは異なるものである可能性がある。

基礎的な仮定　以上のように効用最大化仮説から，需要関数という重要な概念が構築される。この仮説には別名があって，家計が合理的な経済行動をするという意味で，**合理的経済人** (homo-economicus) **の仮定**とも呼ばれる。合理的であることには，「価値判断（効用関数で与えられるもの）が合理的であること」と「最大化をすること」の二重の意味が付与されている。

さらに，家計が購入対象の諸財について知識を持っている必要がある。もし財について十分な知識がなければ，そもそも効用最大化をすることは不可能であろう。つまり，(1.6) 式に表される家計の行動が可能であるためには，諸財について完全な知識がなければならない。これを**完全知識の仮定**という。

これらはともに強い主張であり，人がパーフェクトにこれらに従って行動すると考えるのは無理であろう。大学生の A 君が，授業に出席しないといけないと思いながらゲームセンターに行ってしまうのは，機会費用を意識せず合理的でないからであろう。また，おそらく，彼は完全知識も有していないであろう。つまり，買ってきたものを異なるものと誤解していたり，期待通りでなかったりすることがあろう。

また，(1.6) 式では家計は価格を与件として受け取る**価格受容者** (price taker) であるという前提もある。ほとんどの場合，家計は財の価格を左右できると思わず，店頭の価格をそのまま受け入れ購入をするであろう。したがって，価格受容者の仮定は成立しているケースはほとんどであろう。しかしながら，大学生の A 君はパソコンの購入で，販売店の店員に「もう少し安くならないの？」とパソコン価格の値下げを交渉するかもしれない。このとき，彼はもはや価格受容者ではない。さらに，A 君があるパソコンを「これを 5 万円で売って下さい」と要求するなら，彼は価格設定者 (price setter) になっている。

さらに，次の点にも注意をしておきたい。それは，効用関数である。この章で説明した効用関数では，ある家計の効用を決めるものは，彼自身の消費する財の量のみであった。通常，人々は他の人がどのような消費をしているかに影響を受ける。必ずしも富んでいない人がお金持ちの消費を見て，自身の生活に不満を感じる場合がそれである。また，自身の消費が他の人にアピールするのを楽しむという「見せびらかし消費」もそれである。大学生の A 君が特別なパソコンを購入して友人に見せて自慢したいと思うなら，まさに見

せびらかし消費である。このようなケースを表現するには，ある家計の効用関数の変数に他の家計の消費や効用水準が入るということになる。

現実の経済では，人々は合理性も限定的で，完全知識を必ずしも持たず，さらに，価格受容者でない可能性もある。また，他の家計の消費を気にしたりするであろう。しかし，経済学は，これらを十分意識しながら，家計の行動に効用最大化仮説を置いて出発する。

このような理念型から出発することには，第一に，これから外れるものは存在するが，限定的であるので，大部分が効用最大化仮説によって説明できるということがある。第二に，物事を単純に把握でき，理解しやすいという利点がある。さらに，このような理想的なかたちで出発して得られたものが，前提条件を満たさないケース（非合理的な個人の行動など）を研究することにも資するということも期待できる。

第2章

需要関数の様々な性質

　序章でみたように、経済のバランス（均衡）は「需要と供給の一致」によって表現される。ミクロ経済学では、均衡がどのような性質を持つかが最も大きな関心事である。そのためには、需要や供給の性質を十分知っておく必要がある。第1章において、需要関数が導出されたので、そのための準備は整っている。

　需要関数には成立すると期待される性質がある。たとえば需要曲線を描けば右下がりであることや、需要は所得が増加すれば増加することなどがそれである。しかし、これらの性質を需要関数が満たすことが示されているわけではない。この章ではこれらを巡って、需要関数の性質を探究する。

1　限界効用の均等

限界効用均等の法則　前章の需要関数の導出においてキーとなったものは，効用関数，予算制約，効用最大化仮説であった。つまり，家計が予算制約に従って効用を最大化することから需要関数が導出された。それを再述すれば，

$$\begin{cases} u(x_1, x_2) \text{ を 予算制約} \\ p_1 x_1 + p_2 x_2 \leqq I, \quad x_1 \geqq 0, x_2 \geqq 0 \\ \text{を満たすように } (x_1, x_2) \text{ を選んで最大化する} \end{cases} \tag{2.1}$$

である。「消費量が負にならない」という条件は明らかな要求なので，以下では必ずしも表示しない。また，p_1, p_2, I はそれぞれ第 1 財と第 2 財の価格そして所得である。価格や所得は正値であるが，必要なときをのぞいて，必ずしも明示しない。

この (2.1) 式を理解するために，ピアノとダンスが趣味である大学生の B 子さんに登場してもらって，ピアノとダンスのレッスンの選択を考えてみよう。ピアノやダンスのレッスンには，時間決めで指導を受けることができる，その時間はいくらでも細かく分割できる無限分割可能性があるものとしよう。B 子さんの好み（効用関数）は前章でみたように，

　連続性：B 子さんのピアノとダンスの量が描く無差別曲線は途切れのない一本の曲線を描く

　単調性：彼女はピアノとダンスのレッスン量が増えると嬉しい

　限界代替率逓減：彼女の無差別曲線は原点に向かって凸である（満足を一定に保つとき，ダンスのピアノと比較した評価はダンスの時間が減ると増加する）

という性質を持っていると想定する。

さて，B 子さんの選択は，ピアノとダンスのレッスンの時間当たりの価格 p_1, p_2 と支出可能な金額 I から，ピアノのレッスン x_1 とダンスのレッスン x_2 の需要は (2.1) 式の解として決定される。まず，B 子さんの決定（(2.1) 式の解）(x_1^*, x_2^*) に，予算の「遣い残し」があるかどうかを考えよう。もし遣い残しがあれば，少しでも多くレッスン時間の欲しい B 子さんの気持ちに

反している。したがって，彼女は予算を使い切るだろう。したがって，

$$p_1 x_1^* + p_2 x_2^* = I \tag{2.2}$$

となる。一般的に考えている読者の中には，「貯蓄はどうなっているのか」と感じる読者がいるだろう。その方には第1章の第3節を読み直して，再確認することを勧める。

次に彼女の決定が持つ性質について考察してみよう。ピアノとダンスの量が (x_1, x_2) のときのB子さんのピアノとダンスの限界効用をそれぞれ $MU_1(x_1, x_2)$ と $MU_2(x_1, x_2)$ とする。この消費の組 (x_1, x_2) において，

$$\frac{MU_1(x_1, x_2)}{p_1} > \frac{MU_2(x_1, x_2)}{p_2} \tag{2.3}$$

となったとしよう。この式の両辺には限界効用を価格で除したものが入っている。つまり1円当たりの限界効用である。したがって，この式は，

ピアノの1円当たりの限界効用 > ダンスの1円当たりの限界効用

となっている。そこで，次のような消費の変更：

(†) 　ピアノのレッスンを1円分だけ増加させる
(‡) 　ダンスのレッスンを1円分だけ減少させる

をしてみよう。レッスン時間を無限に分割できると想定しているので，このような作業は可能である。

読者の中には，B子さんが何と細かな計算をしているのだと感じる方もいるだろう。しかし，これはB子さんが持っている「レッスン量を最良に選択したい」という彼女の気持ちを，処理しやすいかたちで表現するためのものである。このような作業の成果は以下で (2.4) 式が得られることから明らかになる。

(†) と (‡) の変更では1円の支出が増加すると同時に1円の支出が減少するので，支出総額は変わらない。つまり，B子さんは新しい消費の組を購入可能である。一方，ピアノの量の増加がもたらす効用の増加分（式の左辺）のほうがダンスの量の減少（式の右辺）による減少分よりも大きいので，効用は増加することになる。(†) と (‡) の変更をするとより大きな効用をもた

らすことになる。したがって，(x_1, x_2) の組では B 子さんは満足しないだろう。(2.3) 式の逆の不等式が成り立つケースも同様にして B 子さんは満足しないだろう。したがって，ある特定の組 (x_1^*, x_2^*) において B 子さんが満足しているとすれば，

$$\frac{MU_1(x_1^*, x_2^*)}{p_1} = \frac{MU_2(x_1^*, x_2^*)}{p_2} \tag{2.4}$$

が成立することになる。

一般に，B 子さんに限らず他の人でも，また，ピアノとダンスのレッスンだけでなくいろいろな財の選択においても，1 円当たりの限界効用が一致するように購入することが最も満足の高い購入の仕方である。これを**限界効用均等の法則** (law of equi-marginal utility) と呼ぶ。

以上の作業には大切な前提がある。限界効用は数学でいう「微分をする」という作業によって得られる。ところが，たとえば $(x_1, x_2) = (0, 3)$ のような財空間の境界にある消費の組では微分操作は行えない。したがって，限界効用均等の法則が成立するには (2.1) 式の解が財空間の境界ではなく内部にある必要がある。本章ではこれを仮定する。この仮定を**内点解の仮定**と呼ぶ。

以上をまとめると，価格と所得の組 (p_1, p_2, I) が与えられたときの需要 (x_1^*, x_2^*) は (2.2) 式と (2.4) 式の両者を満たす。これらを再述すれば，

$$p_1 x_1^* + p_2 x_2^* = I \tag{2.2}$$

$$\frac{MU_1(x_1^*, x_2^*)}{p_1} = \frac{MU_2(x_1^*, x_2^*)}{p_2} \tag{2.4}$$

である。

これらの等式を次のように考えてみよう。購入したい財の組み合わせ (x_1^*, x_2^*) は必ずこの 2 つの式を満たすのであるから，(2.2) 式と (2.4) 式を連立方程式と考え，それを未知数 x_1^*, x_2^* について解けば，価格と所得が (p_1, p_2, I) であるときの需要量 (x_1^*, x_2^*) が得られるということになる。

需要関数：通常，連立方程式の解は所与とされている定数によって決まる。ここでの連立方程式 (2.2) 式，(2.4) 式の解も p_1, p_2, I によって決まるから，需要は $x_1(p_1, p_2, I), x_2(p_1, p_2, I)$ のように (p_1, p_2, I) の関数で表現される。

これは，前章でのものに加えて，二つ目の需要関数を得る方法である．

限界代替率と価格比率　これまでに得られた限界効用均等の法則は「式による考察」であったが，ここでは図解によって (2.1) 式を考えてみよう．

図 2.1 には斜線をつけた領域がある．これは予算制約を満たす領域である．その境界では予算制約が等号で成立し，予算線となる．ここに無差別曲線を重ね書きしてみる．無差別曲線は数多くあるが，図には 3 本の無差別曲線だけを描いている．一番下に描かれている無差別曲線は購入可能な点 A を通っている．点 A で表される消費財の組を購入することはないであろう．なぜなら，効用の単調性から A よりもよくて購入可能な消費財の組が存在するからである．

次に消費財の組 B を見てみよう．B は A よりも無差別曲線が上にあり，高い効用をもたらすが，購入できない．したがって B 点の消費の組も選ばれることはない．購入可能なものの中で最も効用が高いものは，無差別曲線と予算線が接する点である．すなわち

　　(2.1) 式の答えは図 2.1 の E 点である

ということになる．

限界効用均等の法則で前提とした「内点解」の仮定は，点 E が横軸上や縦軸上の D や C を除いた予算線上にあるという内容を持っていたのである．本章では考えないが，価格や無差別曲線が異なると，C や D の点で効用最大化が発生する場合もある．このような解を内点解に対して，**端点解** (corner solution) という．

点 E が効用最大化問題 (2.1) 式の解であることからわかることをさらに追求してみよう．以下，式の見やすさのために，必要な場合を除いて，限界効用を消費量 (x_1^*, x_2^*) を表示せず単に MU_1, MU_2 と書く場合もある．限界効用均等の法則 [式 (2.4)] は価格ベクトル (p_1, p_2) と限界効用のベクトル (MU_1, MU_2) とが同じ方向を向いていることを示している．つまり，ある正の数 λ (「ラムダ」と読む，ギリシャ文字) があって，

$$(MU_1, MU_2) = \lambda \times (p_1, p_2)$$

となる．この状況は次の図 2.2 に描かれている．つまり，価格ベクトルと限

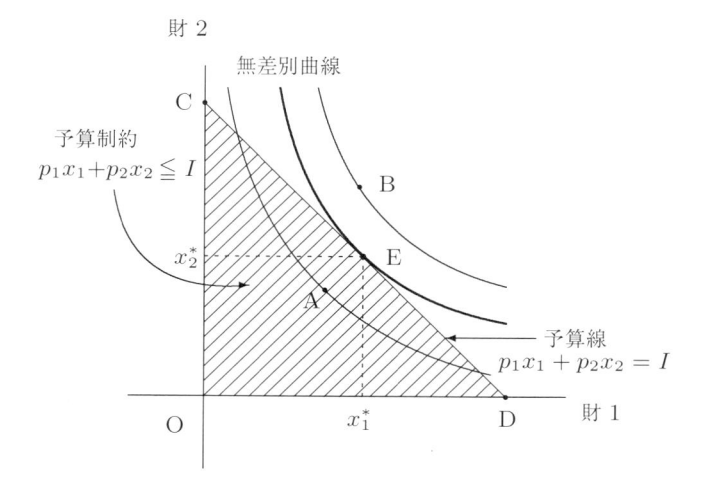

図 2.1：効用最大化の図解

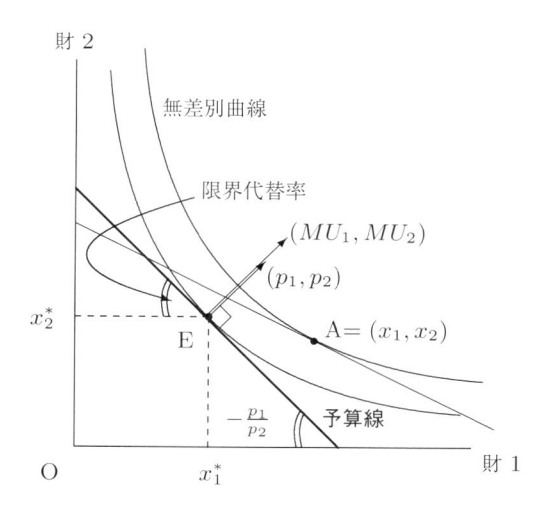

図 2.2：限界代替率と価格比率

界効用のベクトルは同じ方向を向いている。

さらに，点 E で成立している限界効用均等の法則 (2.4) 式を書き直すと，

コラム3：秘訣（方程式，恒等式，定義式）

経済学では多くの等式を用いる。等式には，たとえば

$$\begin{cases} x = 1 & : 方程式 \\ x = x & : 恒等式 \\ y = x \text{ とする} & : y \text{ の定義式} \end{cases}$$

の3種類のものがある。方程式は「ある特定の x の値でしか等号が成立しないもの」であり，恒等式は「どのような x についても等号が成立するもの」である。定義式は「新しい変数または関数を約束するため」に使われる。経済学で用いる等式がこのどれに当たるかを十分意識しておくことが理解の早道である。

ある等式が方程式か恒等式かがわからなくなると，突然議論が雲をつかむように感じることが多い。逆に，ある式がわからなくなったときには，どの種類の等式であるかを考えると理解できることが多い。たとえば，予算線 (2.2) 式はある特定の数量でしか成立しないので，方程式である。限界効用均等の法則 (2.4) 式もそうである。つまり，これらは連立方程式になっている。

方程式に微分法を適用することはできないことにも注意が必要である。これは上の最初の等式を x で微分して，$1 = 0$ とすることができないことからもわかる。一方，恒等式を微分することや定義式によって導関数を得ることは可能である。

うまく準備すれば，方程式を恒等式に変換して微分法を適用できる。たとえば (2.2) 式と (2.4) 式の解である需要関数 $x_1(p_1, p_2, I), x_2(p_1, p_2, I)$ が得られたときに，等式

$$p_1 x_1(p_1, p_2, I) + p_2 x_2(p_1, p_2, I) = I$$

を考えるならば，これは p_1, p_2, I に関する恒等式である。したがって，需要関数が微分可能であるなら，微分作業を施しても等号は保存されることになる。

$$\frac{MU_1(x_1^*, x_2^*)}{MU_2(x_1^*, x_2^*)} = \frac{p_1}{p_2} \tag{2.5}$$

である。次の課題は、この等式と図 2.2 との関連を考察することである。そのために第 1 章第 2 節で学んだ「第 1 財の第 2 財に対する限界代替率 MRS_{12}」を思い起こそう。点 E での第 1 財の第 2 財に対する限界代替率は点 E で接する直線の傾きであった。図 2.1 の点 E では、限界代替率は予算線の傾き（正確には、傾きに -1 を掛けて正値にしたもの）、すなわち、価格比率（p_1/p_2）と一致している。さらに、(2.5) 式は点 E において、価格比率と限界効用の比率が一致することが示されている。このようにして、点 E での限界代替率 MRS_{12} は $MU_2(x_1^*, x_2^*)/MU_1(x_1^*, x_2^*)$ であることがわかる。したがって、(2.5) 式は

$$\mathrm{MRS}_{12} = p_1/p_2$$

となる。つまり、財 1 の財 2 で表現した限界的な評価（MRS_{12}）が価格比率に一致していることが限界効用均等の法則から得られるのである。

限界代替率が限界効用の比率であることが点 E 以外でも成立することを確認しておこう。任意の消費の組み合わせ (x_1, x_2) をとってみる。図 2.2 に描かれている点 A がそれである。点 A を通る無差別曲線を描くと、点 A を通ってその無差別曲線への接線を描くことができる。その接線を予算線とするような所得と価格を想定することができる。その所得と価格を利用して、点 E での議論を繰り返すことができる。すると、点 A での限界代替率を消費量 (x_1, x_2) を明示して $\mathrm{MRS}_{12}(x_1, x_2)$ と書けば、

$$\mathrm{MRS}_{12}(x_1, x_2) = \frac{MU_1(x_1, x_2)}{MU_2(x_1, x_2)}$$

となる。

限界効用と需要曲線　以上は限界効用均等の法則 (2.2) 式と予算線 (2.4) 式から需要関数を得る方法である。前章でも需要関数を得る方法を学んだが、前章のものは「効用最大化の解」であるのに対して、今回のものは「方程式の解」となっている。本章のものがより具体的な方法となっていることを解説しておこう。

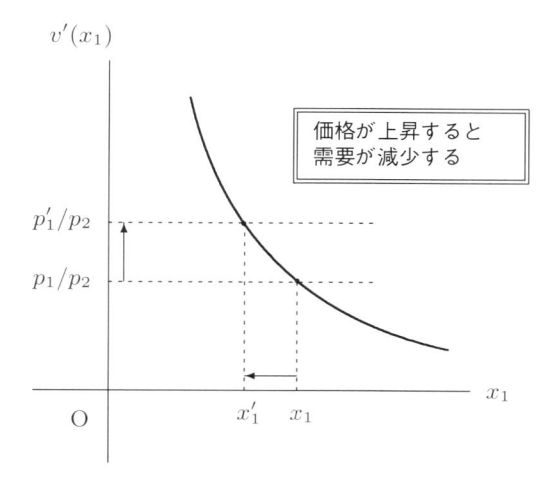

図 **2.3**：限界効用と需要

いま仮に，B子さんの効用関数 $u(x_1, x_2)$ が

$$u(x_1. x_2) = v(x_1) + x_2, \quad v'(x_1) > 0, \quad v''(x_1) < 0$$

であったとする。このようなかたちの効用関数を**準線形**であるという。v' は v の一次導関数，v'' は二次導関数である。$v'(x_1) > 0$ であることは，第1財の消費を増やすことが効用を増加させることを示している。$v''(x_1) < 0$ は「限界効用 v' が x_1 の増加とともに減少すること」，つまり，第1財について限界効用逓減が成立していることを示している。この効用関数と限界効用均等の法則を用いて需要関数を導出する作業を繰り返してみる。

このような準線形の効用関数を用いるとき，第2財が一定の限界効用を持っているので，第2財1単位がいつでも同じ効用（一定値1）をもたらすことになる。このとき，限界効用均等 (2.4) 式を限界代替率の形で書くと，

$$v'(x_1) = \frac{p_1}{p_2}$$

となる。この式は限界代替率と価格の等式と同じになっていることに注意が必要である。この式の左辺を x_1 の関数とみてグラフを 図 2.3 に描いてみる。限界効用逓減（$v''(x_1) < 0$）であるので，図のように右下がりの曲線となる。縦軸上に価格 p_1/p_2 をとって，横軸に平行な破線を引けば，交点で上

の等号が成立する。つまり，x_1 が限界効用均等を満たす消費量である。x_1 がこのようにして決まれば，(2.2) 式から残りの x_2 が決まる。いま，p_1 だけが上昇して $p_1'(> p_1)$ となったとすれば，限界効用均等を成立させる第 1 財の量は x_1' へと減少することになる。これは，「需要は価格が上昇すれば減少する」ことを示している。

ここで，たまたま $p_2 = 1$ という特別の状況が成立したと想定してみよう。このとき，図 2.3 の縦軸を価格軸と読み替えてやれば，図 2.3 は価格と需要との関係を表し，描かれている限界効用の曲線がそのまま需要曲線となる。つまり，効用関数が準線形であるときには，限界効用の示す曲線と需要曲線とがきわめて近いものとなる。需要曲線が右下がりであるという性質は**需要法則** (law of demand) と呼ばれる。効用関数がここで想定されているようなものであれば，需要法則は成立する。

2　需要関数のゼロ次同次性

この節では，需要関数の基本的な性質である「ゼロ次同次性」を導き，その意味を考察する。

ゼロ次同次性　まず，価格と所得の組 (p_1, p_2, I) が，すべて 2 倍されて，$(2p_1, 2p_2, 2I)$ になったとしてみよう。つまり，B 子さんの例では，これまでの倍の所得を持っているが，ダンスとピアノのレッスンの価格も倍になったということである。価格と所得が 2 倍されて彼女が選択可能な組 (x_1, x_2) は

$$2p_1 x_1 + 2p_2 x_2 \leqq 2I$$

を満たす。これは，2 倍になる前の制約

$$p_1 x_1 + p_2 x_2 \leqq I$$

をも満たしている。逆に，2 倍になる前に購入可能な財の組は 2 倍になってからも購入可能である。つまり，彼女のダンスとピアノのレッスンを選択できる範囲，つまり予算制約，は 2 倍される前と同じだということになる。すると，彼女は以前と同じ選択をすることが最良だということになる。

上にあるのとまったく同様の考察が「すべての価格と所得が $k(> 0)$ 倍さ

れたとき」に対しても適用できる．すると，需要関数では，任意の $k > 0$ に対して

$$x_i(kp_1, kp_2, kI) = x_i(p_1, p_2, I), \quad i = 1, 2 \tag{2.6}$$

が成立するということになる．この性質を需要関数の価格と所得に関する**ゼロ次同次性**という．

　この事実を，前節の限界効用均等の方程式 (2.2) 式と (2.4) 式から再確認しておこう．k を正の定数とする．両辺に k を掛けても（あるいは割っても）等号は成立するので，

$$\begin{cases} kp_1 x_1 + kp_2 x_2 = kI \\ \dfrac{MU_1(x_1, x_2)}{kp_1} = \dfrac{MU_2(x_1, x_2)}{kp_2} \end{cases} \Leftrightarrow \begin{cases} p_1 x_1 + p_2 x_2 = I \\ \dfrac{MU_1(x_1, x_2)}{p_1} = \dfrac{MU_2(x_1, x_2)}{p_2} \end{cases}$$

は自明に成立する．ここで記号 "⇔" はこの記号の右と左が同様の内容であること，つまり「同値」を表す記号である．したがって，左を満たす解 (x_1^*, x_2^*) は右の等号をも満たし，かつ，逆もまた成立する．これは限界効用均等の法則からも，需要の価格と所得に関するゼロ次同次性が同様に成立することを意味している．

　需要関数にはゼロ次同次性が成立するという事実(2.6)式は，大変重要な意味を持っている．すなわち，さきの (2.6) 式において，k は任意の正の数でよいので，$k = 1/p_2$ とすることもできる．つまり，

$$x_i(p_1, p_2, I) = x_i(p_1/p_2, 1, I/p_2), \quad i = 1, 2$$

が成立する．右辺の p_1/p_2 は相対価格（第 2 財価格で測った第 1 財価格）であり，I/p_2 は実質所得（第 2 財で測った所得，所得が第 2 財何単位に相当するかを表すもの）である．これは，需要を決定するものは，価格と所得の組であるが，いっそう限定できて相対価格と実質所得の組だということである．すなわち，

相対価格と実質所得が需要を決める：需要は本質的に，実質所得と相対価格によって決まる．

ということになる．あらゆる価格と所得が同じ率で上昇するということは，

需要を変動させる本質的な変化ではないということである。

実質所得に対して，価格で割る前の所得を**名目所得** (nominal income) と呼ぶ。たとえば国民所得のデータは，物価上昇などを考慮せずに名目値がまず得られ，その後物価の変動を考慮して実質所得が得られることになる。実際には，あらゆる価格と名目所得が同じ率で上昇したときに，「所得が増加した」と錯覚をすることが発生する。これを**貨幣錯覚** (money illusion) という。

需要関数の「ゼロ次同次性」に基づくと，需要の決定には相対価格が重要なのであるから，財2の価格を1 ($p_2 = 1$) にできれば好都合である。現在得られた知識からみて，どの財価格を1と想定してみても不都合はないように思える。これは「実質所得を得るには，ある財の価格で名目所得を割ればよい」ということであるが，さらなる議論が必要である。すなわち，実際には価格の変動が激しい財の価格を1とすれば，実質所得も，相対価格も大きく変動することになって，必ずしも適切ではない。価値が安定した財の価格を1とするのがよさそうである。そのような財は安定した価値の尺度となり得るので，そのような財を**価値尺度財**（Numéraire, ニュメレール）と呼ぶ。あらゆる財の価値を測ることのできる安定した価値尺度財があれば，それを「貨幣」として用いることが便利である。

ゼロ次同次性からわかること　需要関数が価格と所得に関してゼロ次同次であることは，需要関数を考察する上で重要である。たとえば

$$x_1 = \alpha I - \beta p_1^\gamma + \delta, \quad \alpha, \beta, \gamma \text{ は正の定数}, \delta \text{ は定数}$$

$$x_1 = \alpha \frac{I}{\sqrt{p_1}}, \quad \alpha \text{ は正の定数}$$

のような関数は，ともに価格に関して減少的ではあるが，需要曲線であるということはできない。必ずしもゼロ次同次性を満たさないからである。

価格と需要との関係を知るために，データを集め統計的手法を用いたとしよう。多くの場合，上の最初の式にあるようなかたちで推定される。これでは，推定されたものがゼロ次同次性を満たさないことになる。しかし，推定に意味がないということではない。推定作業によって，需要曲線の部分的な姿（局所的な概形）が得られ，その概形が必ずしもゼロ次同次性を満たさな

コラム4：ニュメレールと金本位制の豆知識

「需要の価格と所得に関するゼロ次同次性」からみると，「どれかの財の価格を1にする」という作業にどの財を採用しても問題ないようにみえる。しかし，価値尺度財（ニュメレール）が年ごとに変更される極端な制度は望ましくないだろう。価値が長期的に安定した単一の財をニュメレールとすることが望ましい。

「価格を1とすること」と「価値が安定していること」は同義的に響く。しかし，ニュメレールを定めその価格を1とすれば，物価は「平均的な財」1単位がニュメレールの何単位に相当するかを示す。物価が高ければ（低ければ），相対的にニュメレールの価格は低い（高い）のである。つまり，物価がニュメレールの価格の逆数と考えることもできる。物価水準の変動はニュメレールの価格の逆方向の変動を表すことになる。

経済の歴史では，金がそのような価値の基準として用いられた時代がある。金本位制の時代である。その前半はイギリスのポンドを中心とする金本位制で，第一次世界大戦前の1914年まで継続した。イギリスにおいて1816年に1ポンドを金0.2568オンス（金1オンスは3ポンド17シリング10と1/2ペンス，1オンスは約31.1035g）とする法律が制定された。ドイツが1871年，オランダが1875年，フランスが1878年，アメリカが1879年に金本位制を採用し，1880年には国際的に金本位制が確立する。

後半は，第二次世界大戦後から始まる，いわゆるブレトンウッズ体制と呼ばれる金（きん）と米ドルの二本立ての時代である。その骨子は，(i) 金だけを国際通貨とする金本位制ではなくドルを基軸通貨とする，(ii) 金とドルの交換比率を金1オンス＝35ドルと定める，(iii) 各国もドルとの交換比率を固定する（固定為替相場制）というものであった。このように、各国の通貨価値が間接的に金に連動したのである。

その後，1960年代以降のアメリカの国際収支の悪化のため大量のドルが海外に渡り，金の準備量をはるかに超えた多額のドル紙幣の発行に至る。その結果，金との交換を保証できなくなる。1971年8月15日，当時のニクソン大統領がドルと金の交換停止を発表した。ニクソン・ショックと呼ばれる。金本位制の実質的終焉である。

いということである。

　さらに，需要関数がある点で奇妙な振る舞いをすることがわかる。たとえば価格と所得がすべて比例的にゼロに近づいていくというきわめてまれなケースである。

　B子さんに登場してもらってそれを考えてみよう。B子さんは，ピアノとダンスの時間当たりレッスンの価格がそれぞれ100円，200円であるときに，10時間と5時間のレッスンを需要していたとしよう。つまり，第1財をピアノのレッスン，第2財をダンスのレッスンとすると，

$$x_1(100, 200, 2000) = 10, \quad x_2(100, 200, 2000) = 5$$

である。支出の合計は，$100 \times 10 + 200 \times 5 = 2000$ 円である。

　いま，B子さんの需要関数にはゼロ次同次性が成立しているので，B子さんは価格と所得が $(10, 20, 200)$ になっても同じレッスン量を需要するだろう。もちろん，$(0.1, 0.2, 2)$ となっても同じである。すると，

$$\begin{aligned}
10 &= x_1(100, 200, 2000) = x_1(10, 20, 200) = x_1(0.1, 0.2, 2) \\
&= x_1(0.001, 0.002, 0.02) = \cdots \\
5 &= x_2(100, 200, 2000) = x_2(10, 20, 200) = x_2(0.1, 0.2, 2) \\
&= x_2(0.001, 0.002, 0.02) = \cdots
\end{aligned}$$

ということになる。これを続けていくと，$x_1(0, 0, 0) = 10$, $x_2(0, 0, 0) = 5$ となるように感じられる。またB子さんが，価格と所得が $(200, 100, 3000)$ のときに，ピアノを8時間，ダンスを14時間という選択をするなら，

$$\begin{aligned}
8 &= x_1(200, 100, 3000) = x_1(20, 10, 300) = x_1(0.2, 0.1, 3) \\
&= x_1(0.002, 0.001, 0.03) = \cdots \\
14 &= x_2(200, 100, 3000) = x_2(20, 10, 300) = x_2(0.2, 0.1, 3) \\
&= x_2(0.002, 0.001, 0.03) = \cdots
\end{aligned}$$

が成立するであろう。上の右辺は，それぞれ，$x_1(0, 0, 0) = 8$, $x_2(0, 0, 0) = 14$ と同じになるように見える。しかし，以前の結果と比べると，$10 = 8$, $5 = 14$ というとんでもないことになる。これは，価格や所得がすべてゼロのところ

では，需要関数は連続的でない，ということである．あるいは，需要関数は価格や所得がすべてゼロの場合に定義されていないということになる．この事実は，前出 (2.1) 式に示される問題において，価格と所得がすべてゼロの場合に解を与えることができないことからもわかる．

3 所得効果と代替効果

多くの経済学の分野において，需要が価格や所得に対してどのように振る舞うかに関していろいろな前提が置かれることが多い．たとえば，

(i) **所得の変化** 所得が増えると需要は増加する．
(ii) **自己価格の変化** 価格が上がるとその財の需要は減少する．
(iii) **他の財価格の変化** 二つの財がライバル関係（競争的な関係）にあるとき，一方の財価格の上昇は他方の財への需要を上昇させる．

というような性質である．この節では，これらを議論するための準備をする．まず，所得の変化を，次に価格の変化に関する説明をする．

所得消費曲線 価格には変化がなく所得だけが変化するときに，需要がどのように変化するかについて考えよう．所得が I から I' に上昇するとき，予算線は

$$\text{変化前：} \quad p_1 x_1 + p_2 x_2 = I$$

$$\text{変化後：} \quad p_1 x_1 + p_2 x_2 = I', \quad I < I'$$

となる．これらは図 2.4 に描かれているように，平行な予算線となる．いっそう高い所得 I'' に対して図 2.4 の左側の一番上にあるように予算線をもう一つの平行線として描くことができる．

図 2.4 の右側には価格が同一で所得が I, I', I'' であるときの予算線に接する無差別曲線が描かれ，それぞれ，E, E′, E″ で財の需要量が決まる．ここで，所得をバラバラ（離散的）にではなく，連続的に変化させたときに，需要される点の軌跡を考えることができる．それが**所得消費曲線**（エンゲル曲線とも呼ばれる）である．これは，需要関数 $x_1(p_1, p_2, I), x_2(p_1, p_2, I)$ の価格 p_1, p_2 を固定して，所得 I だけが変化するものと考えて，需要がどのよう

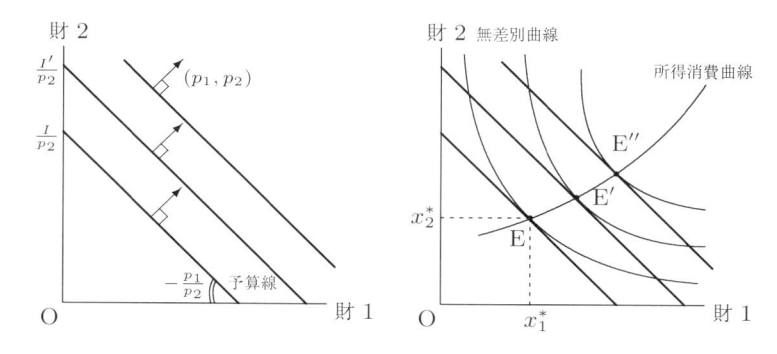

図 2.4：所得の増加と需要の変化

に変化するかの軌跡を財空間に表現したものである。

図 2.4 では所得の増加によって財 1 だけでなく財 2 も需要が増加するように描かれている。これはきわめて自然な状態と思われる。このように，所得の増加がある財の需要を増加させるときに，その財を**正常財** (normal goods) あるいは**上級財** (superior goods) であるという。

無差別曲線の形状によっては，所得の増加がある財の需要を減少させる可能性がある。そのような財を**劣等財** (inferior goods) と呼ぶ。具体的な劣等財の例はあまり多くないが，たとえば馬鈴薯（ジャガイモ）を取り上げてみよう。所得の増加があるとき，家計は豊かになったと感じ，他の消費財，たとえば牛肉の需要を増加させて，馬鈴薯の需要を減少させることがあろう。このようなとき，馬鈴薯は劣等財となっているわけである。

ここで，次の二点に注意が必要である。ひとつは，正常財や劣等財は，ある財が他の財と比較してよりよいとか劣っているという意味で約束されているのではなく，その財自身の性質として定義されている点である。つまり，われわれが日常的にするような「鮨ネタのトロはイカよりも上等である」という意味での比較をしているのではないのである。

もうひとつは，正常財や劣等財が所得や価格の水準に依存して定義されていることである。つまり，ある所得やある価格では正常財であっても，別の所得や価格で劣等財となり得る。さらに，大学生の B 子さんには劣等財であっ

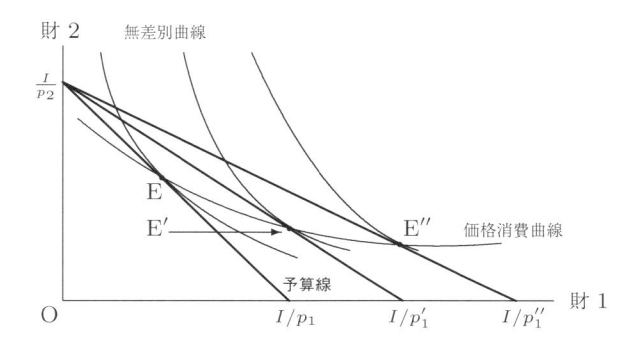

図 2.5: 価格の下落と需要の変化

ても，A 君には正常財であることも発生しうる。つまり，正常財であるか劣等財であるかは人（具体的には，無差別曲線の形状）によっても変わり得るのである。

価格消費曲線　次に，価格の変化が需要にどのような影響を及ぼすかを考察する。所得 I と第 2 財の価格 p_2 は一定のままで，第 1 財の価格 p_1 が下落した，つまり，$p_1 > p_1' > p_1''$ と想定する。それぞれの場合における予算線は，図 2.5 にあるように，縦軸との交点 I/p_2 は変わらず，横軸との交点は $I/p_1, I/p_1', I/p_1''$ と増加する。

それぞれの予算線に接する無差別曲線が描かれている。この結果，点 E, E′, E″ で需要が決まる。価格が連続的に下落すると，それぞれの所得に応じて需要が決定される。それが一つの曲線を描くであろう。それが図 2.5 の**価格消費曲線**である。

需要関数 $x_1(p_1, p_2, I), x_1(p_1, p_2, I)$ の p_2, I を固定して p_1 のみが変動するとき，需要の組が描く財空間上の軌跡が価格消費曲線ということになる。

図 2.5 において，価格消費曲線が右下がりになるように描かれている。つまり，

> 第 1 財価格が下落すれば，第 1 財の需要は増加し，第 2 財の需要は減少する

という性質である．これは，第 1 財の価格が安価になるので，相対的に高価となる第 2 財の消費を抑え，第 1 財の消費を増加させるという性質を示している．つまり，第 1 財と第 2 財は競争的な，言い換えると，代替的（「だいたい」と読む）な関係にあるようにみえる．これは，第 1 財と第 2 財との間の関係を示しているように解釈できる．財 1 の価格が上昇（あるいは下落）したときに，財 2 の需要が増加（あるいは減少）する場合，財 2 は財 1 の**粗代替財** (gross substitute) であるという．

また，価格消費曲線がある箇所では右上がりになる可能性もある．この場合には，財 1 の価格下落とともに，財 1 と財 2 の需要が増加することになる．代替的な財の間では相対的に高価となる財の需要が伸びることは考えにくい．しかし，互いに補い合う 2 つの財については，この現象が発生する可能性がある．たとえば，大学生の B 子さんがケーキの価格下落とともに，ケーキと紅茶の需要を増やす場合がそれである．第 1 財価格の下落が第 2 財の需要を増加させるとき，第 2 財は第 1 財の**粗補完財** (gross complement) であるという．

これまで，財の数を 2 としてきたが，財の数が多くなれば，諸財の間には粗代替的なものと粗補完的なものが同時に見られるようになり，諸財の需要にさまざまな関連が現れる．ある財価格の変動はその財の需要だけでなく，粗代替や粗補完関係を通じて他の財の需要を変動させるのである．

価格変化が引き起こす 2 つの効果　これまでに学んだ粗代替財や粗補完財には"粗"という接頭辞が付いていた．この理由を説明しよう．粗代替や粗補完は 2 つの財の間の関連性について述べるものである．実は，純粋に 2 つの財の間の連関性を抜き出せているかといえば，必ずしもそうではない．それは，価格変化は相対価格の変化とともに実質所得の変化をもたらすからである．実質所得の変化は，所得消費曲線で見たように，正常財であるとか劣等財であるという財自身の性質による変化をもたらす．そのために，「純粋」な意味での相対価格の変化の効果を捉えることができていない．この意味でこれまで"粗"という接頭辞を用いてきたのである．

このようにして，価格変化がもたらす実質所得の変化とは何かを考える必要が発生する．価格と所得が (p_1, p_2, I) である状態から，財 1 の価格だけが下落して，(p_1', p_2, I) に変化したとする．

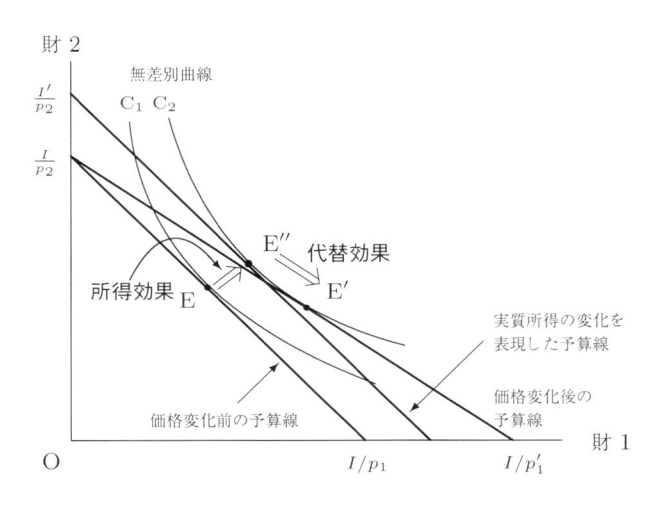

図 2.6：スルツキー分解

　図 2.6 を見てみよう。予算線は図にあるように，縦軸の切片は変化しないまま，財 1 の消費が多くできるように変わる。その結果，2 財の需要は点 E から点 E′ へと変化する。

　2 つの予算線はそれぞれ，無差別曲線 C_1 と C_2 に点 E と点 E′ で接している。この無差別曲線 C_2 を利用して，価格変化のもたらす実質所得の変化を考えてみる。この無差別曲線を持つ消費者は C_2 上のどの点で生活しても同じ満足であるから，消費者の効用という観点からすれば，C_2 で生活できるだけの実質的な所得の変化があったとみればよい。すなわち，2 つの財の価格に変化がないときに，どの水準の所得があれば C_2 上で消費できるかということである。その所得を I' とすれば，それは変化前の予算線に平行で（同じ価格で所得が異なる），かつ，C_2 に接する直線が予算線となるような水準 I' である。

　図 2.6 ではその平行な予算線は点 E″ で C_2 に接している。E″ と E′ とは同じ満足を消費者にもたらすから，実質所得の変化は $I' - I$ であると考えることができる。このようにして，第 1 財価格が p_1 から p_1' に変化したときの影響は，二つの効果

所得効果：実質所得が変化したことによる効果，E から E″ への変化

代替効果：相対価格が変化したことによる効果，E″ から E′ への変化

に分解できる。このような分解をその発案者の名にちなんで**スルツキー分解** (Slutsky decomposition) と呼ぶ。

この分解から，代替効果においては p_1 の減少に対して，財 1 の需要は増加し，また，財 2 の需要は常に減少することがわかる。無差別曲線は右下がりに描かれるからである。そこで，価格の下落上昇を区別しなくて済むように，$p_1' - p_1$ で代替効果を除して，

$$S_{i1} = \frac{財\ i\ の代替効果}{p_1' - p_1}, \quad i = 1, 2$$

とする。S_{i1} を代替項と呼ぶ。図 2.6 を観察すれば，代替項の符号は

$$S_{11} < 0, \quad S_{12} > 0$$

と確定する。一方，所得効果 (E から E″ への変化) に関しては，上級財であるか，劣等財であるかに依存して増加または減少するので，性質を確定することができない。ただし，代替効果の性質を確定できるのは，2 財のみを考察しているからであるということに注意が必要である。多くの財が存在する経済では，任意の財 i についても $S_{ii} < 0$ は成立するが，異なる i, j について $S_{ij} > 0$ は必ずしも成立しないのである。

一般に，財 i と財 j を異なる財として，第 j 財の価格が下落したときに，第 i 財需要の変化の代替項に $S_{ij} > 0$ が成立するときには，第 i 財は第 j 財の**代替財** (substitute) であるといい，$S_{ij} < 0$ であれば，第 i 財は第 j 財の**補完財** (complement) であるという。

価格変化の全効果を書けば，

$$\frac{財\ i\ の需要の変化}{p_1' - p_1} = S_{i1} + \frac{財\ i\ の所得効果}{p_1' - p_1}$$

である。この式の右辺を眺めると，需要法則が成立しない場合があり得ることがわかる。たとえば，$i = 1$ として，あらゆる財が正常財であるとは限らないので，第 1 財が極端な劣等財となることがある。このとき，所得効果が代替項 $S_{11}(<0)$ を凌駕して全効果の符号を正値にする可能性がある。すな

コラム 5：物価指数——ラスパイレスとパーシェ

スルツキー分解では，「価格変化が実質所得の変化をもたらす」という認識が重要であった。しかし，そこで言っている「実質所得」は，単にある財の価格で所得を割ったものにすぎない。「総体的な物価の水準」がわかれば，より適切な実質所得を得ることができるであろう。ここでは物価指数について解説する。

いま，時点 1 で価格 (p_1, p_2) の下で，2 つの財が (x_1, x_2) で取引されていたとする。この時点を基準時点とする。次に，別の時点 2 で，価格 (p'_1, p'_2) の下で，各財の取引量が (x'_1, x'_2) であったとする。ここで考えたいテーマは，時点 1 からみて時点 2 の物価指数をどう測るかということである。

図 2.7 の左側に，3 本の予算線 b, b', b_P が描かれている。時点 1 と 2 の消費がそれぞれ E 点と E′ 点である。時点 1 の価格を用いて E′ を購入できる予算線は b_P である。b_P を支える所得を基準年からみた時点 2 の実質所得と考えよう。スルツキー分解では，b' に E′ で接する無差別曲線を考え，その無差別曲線に接して価格が (p_1, p_2) の予算線を得て，その予算線から実質所得を得た。ところが，この手続きを実際に行うのは困難である。国民の無差別曲線を知ることが難しいからである。

そこで，予算線 b_P を実質所得を表すものとみるわけである。したがって，b' の所得を b_P のそれで除した値（さらに 100 倍したもの）を第 1 時点で測った第 2 時点の物価指数であると考えることができる。これをパーシェ指数 (Paasche index) という。

また，図 2.7 の右側に描かれているように，時点 2 の価格を用い E 点の名目所得を知ることもできる。それは，点 E を通り b' に平行な予算線 b_L を支える所得である。基準年の所得，つまり，予算線 b の所得を実質所得とみるのが自然である。この二つの所得を用いれば，第 1 時点を基準とする第 2 時点の物価指数が得られる。それをラスパイレス指数 (Laspeyres Index) と呼ぶ。それらを式で書けば次のようになる。

$$I_P = \frac{p'_1 x'_1 + p'_2 x'_2}{p_1 x'_1 + p_2 x'_2} \times 100, \quad I_L = \frac{p'_1 x_1 + p'_2 x_2}{p_1 x_1 + p_2 x_2} \times 100$$

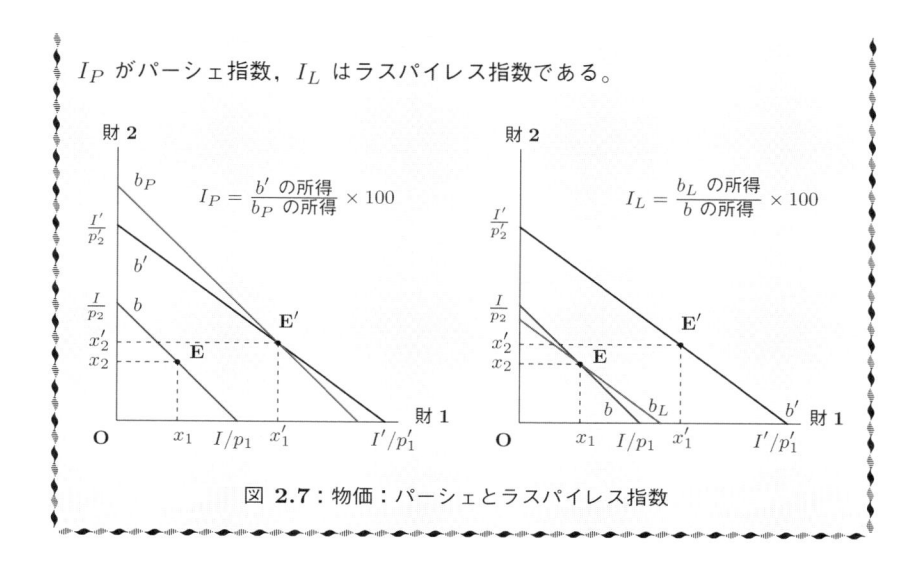

I_P がパーシェ指数，I_L はラスパイレス指数である。

図 2.7：物価：パーシェとラスパイレス指数

わち，第 1 財の価格の下落（あるいは上昇）が需要を減少（あるいは増加）させるという事態が発生し得る。このようなことが発生するとき，第 1 財を**ギッフェン財** (Giffen goods) と呼ぶ。

4　需要における財と財のつながり

　読者の中には前節で学んだスルツキー分解に恣意性を感じ，これ以外にも様々な分解が可能だろうと感じる方もいるだろう。たとえば，価格の変化がもたらす需要の変化 $x_1(p_1', p_2) - x_1(p_1, p_2)$ を $\{x_1(p_1', p_2) - 1\} + \{1 - x_1(p_1, p_2)\}$ とするのも分解の一種であるが，意味のある分解であるとは感じさせない。

　この節では，スルツキー分解は有用であり，需要の理論において重要な役割を演じることを説明する。それは代替性と補完性という財相互間の関係が，総需要の価格変化に対する変化を定める主たるものとなるという点である。代替性と補完性は，**連関性** (relatedness) と総称される。

　前節で学んだスルツキー分解は，第 1 財の価格変化に対応するものであった。これは第 1 財に限らず，どの財についても行うことができる。第 j 財価格 p_j が変化して p_j' になったとき，第 i 財の需要の変化についてのスルツキー分解を式で表現すれば，

コラム 6：物価指数の実際

何通りかの物価指数が公表されている。消費者物価指数 (CPI, Consumer Price Index)，生産者物価指数（PPI: Producer Price Index) そして，GDPデフレータ (GDP deflator) である。前の 2 つがラスパイレス指数を，最後のものがパーシェ指数を用いる。

消費者物価指数を取り上げる。その計算は次のようになされる。まず，いくつかの財を基準年に選定しておく。これを財のバスケットと呼ぶ。ちなみに 2005（平成 17）年度の財のバスケットは 584 品目から成る。選ばれた各財について基準年の支出割合（ウエート）と価格を調査しておく。物価指数を計算する目標時点の各品目の価格を家計調査を利用して得る。最後に各財の価格上昇率にウエートを乗じて合算すれば，価格指数が得られることになる。これを 2 財の例で説明しよう。基準年の数量と価格を x_1, x_2 と p_1, p_2 と書くと，2 財のウエート w_1, w_2 は $w_1 = p_1 x_1/(p_1 x_1 + p_2 x_2)$，$w_2 = p_2 x_2/(p_1 x_1 + p_2 x_2)$ となる。対象時点の価格を p_1', p_2' とすれば，消費者物価指数は

$$\frac{p_1' x_1 + p_2' x_2}{p_1 x_1 + p_2 x_2} = \frac{p_1'}{p_1} w_1 + \frac{p_2'}{p_2} w_2$$

の 100 倍である。これは正確にラスパイレス指数である。

一方，GDP デフレータではパーシェ指数が用いられる点に加えて，GDP デフレータの財のバスケットには設備投資が含まれる点で消費者物価指数とは異なる。設備投資には IT 関連製品が多く含まれ，IT 関連製品は技術進歩がめざましく，価格の下落傾向が大きいという事実がある。そのため，GDP デフレータは設備投資を含まない消費者物価指数よりも小さくなる傾向を持っている。さらに，GDP デフレータを計算する時点での販売額と価格（あるいは数量と価格）という 2 つのデータを必要とする。また，変動が激しい（季節性がある）月次データを用いることはあまりない。

新製品の登場があるので，財のバスケットの再選択が重要となるが，現在では 5 年ごとに新たに選定されることになっている。

$$\frac{i\,\text{財の需要の変化}}{p'_j - p_j} = S_{ij} + \frac{i\,\text{財の所得効果}}{p'_j - p_j}$$

となる。ここで，S_{ij} は j 財の価格変化がもたらす i 財の需要の代替項である。

前節の議論でわかったことは，

    1   2財経済では代替関係しか存在しない，$S_{12} > 0, S_{21} > 0$
    2   i 財価格の変化が i 財需要に及ぼす代替効果は負である，$S_{ii} < 0$

である。

　2種の財から成る経済を離れ，多くの財がある経済を想定すると，補完関係が存在する可能性がある。たとえばB子さんが，ピアノとダンスのレッスンに加えて，シューズを選択することを考えよう。彼女はダンスのレッスン料が安価になって，ピアノのレッスンを減らしダンスのレッスンを増加させたとする。このときに，B子さんがシューズの購入も増やしたとすれば，彼女はダンスとシューズが補完的な関係にあると感じていることになる。

　また，サラリーマンのS氏が日本酒の価格が下がったときに，ウイスキーの消費を減少させ，酒の肴の冷や奴の需要を増やしたとする。そのとき，S氏にとって日本酒と冷や奴は補完関係にあると考えられる。これらは代替効果を正確に抽出しているわけではないので正確な議論でないが，補完関係が存在するであろうと思わせる例である。

　代替関係や補完関係，あるいは粗代替関係や粗補完関係は，様々な財の需要がお互いに連関し合っていることを示すための用語である。ある財の価格が上昇すれば，その財と粗代替関係にあるいくつかの財の需要は上昇し，粗補完関係にある財の需要は減少するだろう。需要の増減が価格を変動させるなら，さらに，他の財への需要を変化させることになる。そして，このような連鎖が次々と伝わっていくことになる。

代替関係の優越性　ここで代替関係と補完関係がどちらが多いか，つまり，どちらが優越するだろうかというテーマを考えてみよう。この設問を考えるには，多くの財があるものと想定する必要がある。

　実は，n 財経済でも代替関係が優越するだろうと信ずべき理由が2つある。

その一つの理由は次のようである。n 個の財を 2 つのグループに分けて，それぞれを 1 つの架空の財（商品群）と考えてみる。そのとき，2 つの架空の財の間には代替関係しか存在し得ない。両方のグループからそれぞれ財を取ってきて組をつくったとき，どの組も補完関係であれば，2 つの商品群は補完関係となろう。これは $\boxed{1}$ に反するので，代替関係にある財のペアは少なくとも 1 組は存在する。その代替関係にある 2 つの財を 1 つのグループにし，他の $n-2$ 個の財すべてをもう 1 つのグループと考えてやれば，また 2 つの架空の財からなる 2 財経済が得られる。この 2 つの架空の財は代替関係であるから，さらに 1 つ代替関係にある新たな財の組を見つけることができる。この作業を繰り返していけば，次々と代替関係にある 2 財を見つけていくことができる。

二つ目の理由は，代替関係が持つであろうひとつの性質である。いま「コーヒーの代替財である紅茶」と「紅茶の代替財である抹茶」を想定する。このとき，抹茶はコーヒーの代替財（紅茶）の代替財であると同時にコーヒーの代替財であることがきわめて自然である。この性質は「代替財の代替財は代替財である」とまとめることができる。この連鎖はある種の推移律であるが，人間の好みには成立すると思われる。この連鎖ルールが成立すると仮定すれば，すでに見つかっている代替関係から，他にも多くの代替関係を見出すことができるであろう。

以上の二つの理由によって，財相互間の連関性においては，代替関係は補完関係に優越すると想定できる。これを**代替関係の優越性**という。

代替関係の優越性とスルツキー分解とを組み合わせて考察を進めてみよう。これまでのスルツキー分解はある一人の家計，たとえば B 子さんの第 i 財の需要の第 j 財価格変化に関するスルツキー分解であった。これ以外にも，大学生の A 君や，C 君，あるいは，サラリーマンの S 氏の需要にも同様のスルツキー分解を適用することができる。

いま，ある家計 k さんの財 i への需要であることを示すために，スルツキー分解を

$$\frac{k \text{ さんの財 } i \text{ の需要の変化}}{p'_j - p_j} = S^k_{ij} + I^k_{ij}$$

と書き表す。ただし，S^k_{ij} は k さんの第 j 価格が変化したときの第 i 財の需

要変化の代替項であり，これに続く I_{ij}^k は $I_{ij}^k = (k$ さんの財 i の所得効果$)$ $/(p_j' - p_j)$ と約束され，所得項と呼ばれる。

需要法則と粗代替性　いろいろな家計の需要の合計を**市場需要** (market demand) と呼ぶ。市場需要に対して個々の家計の需要を**個別需要** (individual demand) と呼ぶ。ここで，財 i の市場需要が第 j 財価格によってどのように変化するかを考える。そのために，各個人のスルツキー分解を合計してみる。すると，

$$\frac{\text{財 } i \text{ の市場需要の変化}}{p_j' - p_j} = (S_{ij}^k \text{の合計}) + (I_{ij}^k \text{の合計}) \tag{2.7}$$

が得られる。考えうる様々な分解の中で，スルツキー分解が重要な意味を持つのは，(2.7) 式の右辺にある S_{ij}^k の合計の符号が右辺全体の符号を決めると予想できるところにある。以下でそれを説明しよう。

いま，$i = j = 1$ と想定して，(2.7) 式の右辺について考察する。前出の 2 より，われわれは，家計にかかわらず $S_{11}^k < 0$ であることを知っている。したがって，(2.7) 式の右辺第 1 項は，負の数の家計の数だけの和となるので，絶対値の大きな負の数となるであろう。

他方，右辺の第 2 項は，家計によって，第 1 財を正常財であると感じていたり，あるいは劣等財と感じていたりして様々であろう。もし，ある家計にとって，第 1 財が正常財であれば，所得項は負値である。また，劣等財であれば所得項は正値である。全員が第 1 財を正常財と感じていれば，右辺の符号は負値であると確定する。家計全員にとって第 1 財が劣等財であれば右辺の符号は確定しないことになる。しかし，通常の場合には，第 1 財を正常財と感じている家計も存在しているであろう。したがって，所得効果は家計の数だけの合計をすると，右辺第 2 項は相殺し合って，絶対値はそれほど大きな値にはならないであろうと期待できる。

その結果，右辺第 1 項が全体の符号を決めると期待できよう。このとき，第 1 財の市場需要は，第 1 財の価格に対して減少的，つまり，第 1 財価格下落に対して増加（上昇に対して減少）することになる。これは，

個別需要ではギッフェン財となることがあっても，市場需要では正常財となること，言い換えると，需要法則が成立する可能性が高い

ことを意味している．以上は第 1 財需要の第 1 財価格に関する考察であるが，任意の財のその財価格に関する需要の変化も同じように議論できる．

次に，$i=1, j=2$ として，(2.7) の右辺の符号を考えよう．右辺第 1 項は，もし代替関係の優越性があれば，多くの家計にとって $S_{12}^k > 0$ である．それを合算すれば，やはり大きな正値と考えることができる．一方，所得項 I_{12}^k については，第 1 財が正常財であれば負値，劣等財であれば正値となる．直前の議論と同様に，家計ごとに劣等財あるいは正常財になるかは様々であるが，合算すれば，それらは相互に消し合って総計の絶対値は大きくはないであろう．その結果，以前と同様に，右辺第 1 項が符号を決めることになろう．このようなことが発生すれば，第 1 財と第 2 財との関係は粗代替関係となる．したがって，

個別需要では，粗補完となる 2 財の関係は存在しても，市場需要では，粗代替となる可能性が高い

ということになる．

経済学の様々な分野で，個々の財について需要法則，財の連関について粗代替性を前提として議論を組み立てることが多い．これらは上の議論から，是認されている．

第3章

需要理論をどう使うか

　これまでの章で，需要という考え方が導入され，その性質をみてきた。この章では，需要が多くのものをカバーできること，たとえば余暇と労働について，将来の消費と貯蓄について，需要理論からどのように捉えることができるのかを解説する。

　さらに，需要曲線から得られる消費者余剰を紹介する。消費者余剰は「ある政策がもたらす効果を測るものさし」となり，様々な政策分野で用いられている。

　また，「ある政策がもたらす効果を測るものさし」をより一般的に表現した，間接効用関数についても紹介する。

1　労働と貯蓄

第1章3節において，家計の理論が労働と貯蓄をどのように考えているかを説明した．本節では，この二つに焦点を当ててみよう．

労働の供給　ここでは，大学生のA君やB子さんよりもサラリーマンのS氏が主役である．S氏にはオペラを聴く趣味があり，余暇にはDVDを借りるか奮発をして劇場に出かける．もし労働時間を有給休暇に関係なく自由に選択できるならば，S氏は余暇と労働の選択に直面することになる．すなわち，オペラを聴くために余暇を増やせば労働時間が少なくなり，所得が減り生活が貧しくなる．ここでは，S氏に悩んで頂いて，彼の余暇の選択について考察をしよう．

これまでの章で学んできた需要理論に即して，S氏の余暇時間 ℓ と労働時間 $H-\ell$ との間の選択を考えてみよう．ここで，H はS氏の余暇の総量で，所与である．S氏の効用は消費 x と余暇 ℓ によって決まる．彼の効用関数を $u^s(x,\ell)$ と書く．効用関数の右肩にsを付けているのは，べき乗ではなくS氏の効用であること を示すための工夫である．消費財の価格を p，時間当たりの賃金を w とすれば，彼の選択問題は

$$\begin{cases} 効用 \ \ u^s(x,\ell) \ \ を予算制約 \\ px + w\ell \leqq wH + I \\ を満たす \ (x,\ell) \ を選んで最大化する \end{cases} \tag{3.1}$$

である．ここで，I は賃金所得以外の所得である．また，$x \geqq 0, \ell \geqq 0$ という条件が必要であるが省略されている．第1章でみたように，この問題からS氏の余暇への需要関数 $\ell(p,w)$ が得られることになる．その後で，

$$L(p,w) = H - \ell(p,w)$$

と約束すれば，S氏の労働の供給関数 $L(p,w)$ が得られることになる．

これはまず余暇への需要を得て，その後で労働供給を得るという手続きである．労働供給を取り扱うには，このような二段階ではなく，直接的に労働

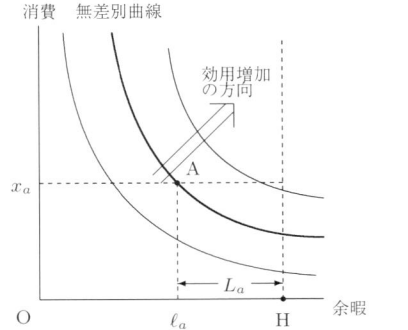

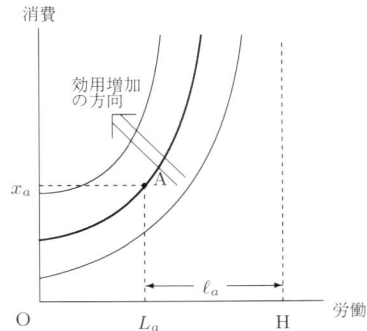

図 3.1: 労働を含む無差別曲線

供給を決定するようなかたちのほうが扱いやすい．そのために工夫をしてみよう．S 氏の新たな効用関数を，L を労働時間として

$$U^s(x, L) = u^s(x, H - L)$$

と約束してやれば，S 氏の消費と余暇に対する効用関数 $u^s(x, \ell)$ をまったく変えることなく，消費と労働に関する効用関数 $U^s(x, L)$ に転写できる．

では，S 氏の消費と労働に関する無差別曲線はどのように描かれるであろうか．

図 3.1 の右には消費と労働についての無差別曲線が描かれている．図 3.1 は 2 つの部分に分かれている．図の左には，通常の消費と余暇の無差別図表が描かれている．通常の無差別曲線のように，原点に対して凸の形をし，右上が効用の増加する方向である．これが出発点である．これから，右側にある消費と労働の無差別曲線を導いてみよう．

余暇時間の総量が一定値に与えられていて，それを H とする．これは，1 日が 24 時間または 1 年が 365 日であるように，物理的な時間として所与の余暇の総量である．S 氏の，図 3.1 の左図の太い無差別曲線に注目する．その上の点 A で表される (ℓ_a, x_a) の消費と余暇の組み合わせに着目する．点 A での労働は $H - \ell_a = L_a$ で測ることができる．それが，左の図の横軸上に H と ℓ_a の差で表されている．点 A は H を原点と見なせば，消費と労働

の組を表すように見える。いま注目している太線で描かれた無差別曲線上のどの点にも同じ作業ができる。そのようにして H を原点となるように描き直したのが図 3.1 の右側である。

このようにして，図 3.1 の左にある他の無差別曲線も右の消費と労働に関する無差別曲線に移される。消費と労働の無差別曲線が消費と余暇の無差別曲線に対して図形上で大きく異なるところは，

(i) 右下に向かって凸の形になっていること
(ii) 左上に向かって効用の増加方向があること

という点である。

次に，U^s を用いて S 氏の最大化問題 (3.1) 式を書き改めれば，

$$\begin{cases} 効用 \quad U^s(x, L) \quad を予算制約 \\ px \leqq wL + I, \ L \leqq H \\ を満たす (x, L) を選んで最大化する \end{cases} \quad (3.2)$$

ということになる。以前と同様に，$x \geqq 0, L \geqq 0$ という条件が省略されている。労働時間が所与の量を超えない $L \leqq H$ という条件も，当然の要求であるので，しばしば省略される。(3.2) 式における予算制約を書き換えれば，

$$x \leqq \frac{w}{p} L + \frac{I}{p}$$

となる。ここでの消費財は労働に対するものであるから，いろいろな消費財を代表する「標準的な消費財」であると考えられる。このとき，価格 p は物価水準と考えることができる。したがって，右辺が実質所得を表し，w/p は標準的な財で測った**実質賃金**を表す。予算線はこの予算制約が等号で成立するときの方程式で表される。労働を考慮した予算線は，右上がりとなることに注意されたい。

第 2 章の図 2.1 において家計の最大化問題の図解をしたように，現在の問題 (3.2) 式の図解をしておこう。図 3.2 にあるように，予算線と無差別曲線の接する点 E が表す労働と消費の組 (L^*, x^*) が (3.1) 式の解である。w が上昇し w' になり，実質賃金 w'/p に上昇すると，予算線は縦軸を基点にしてより高い傾きを持つようになり，S 氏の選択は点 E から点 E′ に変わるこ

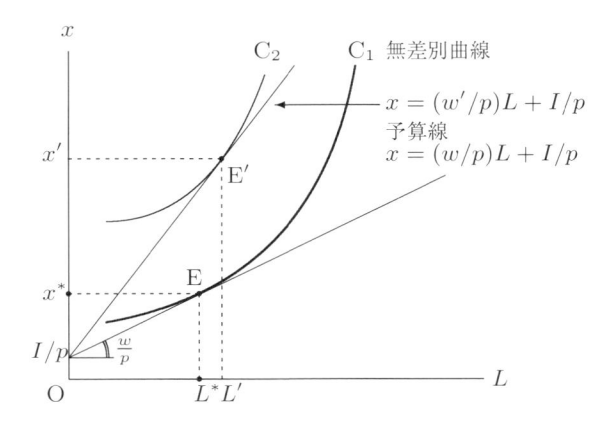

図 3.2：消費と労働の選択

とになる。

　この図にあるような変化は賃金の上昇が労働供給を増加させ，同時に消費財の需要を増加させることを表している。これは，第 2 章で学んだ「需要法則」を労働供給に適用したものに対応している。つまり，余暇が需要法則を満たすとする。このとき余暇の価格（賃金）が上昇すると余暇への需要は減少するであろう。したがって，労働の供給は増加することになる。

貯蓄　人々は，将来に備えていろいろな形態の資産を持つ。銀行預金，株式，社債，国債等々である。その貯蓄に付随するものに利子率がある。利子率は，何らかの資産を保有することが将来にどれだけの付加的な利得をもたらすかを表す率である。資産によって利子率は異なる。たとえば，電車の回数券を買うことは資産を保有することである。そして，10 枚の金額で 11 枚の乗車券が手に入る。これは 5 日間で 10 ％の利子率であるようにみえる。

　サラリーマンの S 氏が利用している 6 カ月の通勤定期券が，定期券なしで通勤する 110 日分の金額で 180 日間の利用が可能であるとしよう。これは 6 カ月で 63 ％$(= (180 - 110)/110)$ の利子率であるようにみえる。ここで，「みえる」と書いているのは，これらの計算はおおざっぱになされているためである。回数券や定期券をなくす可能性を除外するとしても，正確に計算するには，たとえば，該当する期間でどのような頻度で利用するかに関するいろ

いろな条件が必要である。

いま，サラリーマンのS氏は働いて給料を得ているが，定年後は所得を得る機会がなくなるとしよう。定年後のために彼は貯蓄をする。現実に様々な資産やそれぞれの利子率があるのは上述の通りだが，ここでは単一の資産があり，一つの利子率だけがあると想定しよう。その利子率の変動に対して，S氏は2種類の行動をとる可能性がある。つまり，

> **貯蓄行動1：利子率の上昇により，現在の財への支出を1円諦めると，将来の財への支出をこれまでより多くできる。つまり，現在財の価格が相対的に上昇したのと同じである。したがって，S氏はこれまでよりも現在財の消費を抑え，貯蓄を増加させて将来財の消費を増加させる。**
> **貯蓄行動2：利子率が上がると，S氏はこれまでよりも少ない貯蓄で将来の消費を保証される。したがって，彼は貯蓄を減少させて現在の消費を増加させる。**

である。これらは異なる結果であるが，ともに説得的でもある。

第1章と第2章で知った家計の理論を利用して，これらを考察してみよう。そのために，考えるための状況設定をしてみよう。

まず，議論を極端に単純化して，S氏の生涯を2期に分ける。第1の期間（以下，第1期）をS氏の勤労期間で，S氏は所得を得て貯蓄をする。次の期間（第2期）は彼の引退期であり，貯蓄を取り崩して生活をする。現在の消費（第1財と呼ぶ）を c_1，第2期の消費（第2財）を c_2 とする。第1財と第2財の価格をともに1とする。これは，貯蓄と利子率に注目するためには，他を固定することが事態を簡明にするからである。彼の第1期の所得を I，貯蓄を s，利子率を r とすれば，彼の生涯の予算制約は

$$c_1 + s = I, \ c_2 = (1+r)s$$

である。左の式が第1期の予算制約で，所得 I のうちで c_1 だけを消費し，残り $I - c_1$ を貯蓄している。右の式が第2期の予算制約であり，貯蓄の元利合計 $(1+r)s$ で引退後の生活をすることを示している。2つの予算式から貯蓄を消去すれば，

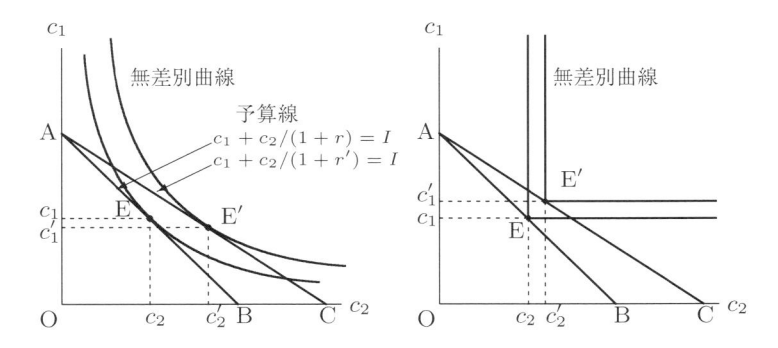

図 3.3 : 消費と貯蓄

$$c_1 + \frac{1}{1+r}c_2 = I$$

となる。これを見ると，I は生涯所得となっている。さらに，第 1 財（現在財）の価格は 1 であるが，$1/(1+r)$ が第 2 財（将来財）の価格の役割を果たしている。S 氏の生涯にわたる効用を $u(c_1, c_2)$ とすれば，S 氏の生涯の計画は

$$\begin{cases} 効用 \quad u(c_1, c_2) \quad を予算制約 \\ c_1 + \frac{1}{1+r}c_2 = I \\ を満たす (c_1, c_2) を選んで最大化する \end{cases}$$

と表現できる。これは，「生涯の予算を満たすいろいろな消費の中で，彼の満足を最も高める消費を求めよう」という問題である。このような設定はすでに第 1 章第 3 節で学んでいる。この問題による解から現在財と将来財に対する需要関数 $c_1(1/(1+r), I), c_2(1/(1+r), I)$ が得られる。

いま，利子率が r から r' に上昇したとする。つまり，$r < r'$ とする。このとき，図 3.3 にあるように，予算線が AB から AC に変化し，S 氏の選択は点 E から点 E′ に変化する。

いま，S 氏の効用が図 3.3 の左図の無差別曲線に表されるものであれば，第 1 財の消費量が減少し，第 2 財つまり将来財の需要が増加する。第 2 財価格が下落したときに第 1 財の需要が減少するという「粗代替の関係」が成立していることになる。そして第 1 財の需要の減少は，貯蓄 $s(= I - c_1)$ の増

加をもたらす。第2財需要の増加は，第2財に需要法則が成立していることを意味している。これは，上述の「貯蓄行動1」を成立させる。

一方，S氏の無差別曲線が図3.3の右側に描かれたような極端なケース（あるいは，これに近い場合）であれば，代替効果がゼロになり（小さく），所得効果が需要の変動を決める。したがって，利子率の上昇がもたらす所得効果によって，第1財と第2財の消費がともに上昇する。第1財の消費の増加は貯蓄の減少をもたらすので，上述の「貯蓄行動2」が出現するわけである。図3.3の右側は極端なケースであるが，このケースの本質は，第2財について所得効果が代替効果を上回るという点にある。

現在財と将来財が粗代替的になるか（図3.3の左側），あるいは粗補完的になるか（図3.3の右側）というS氏の好みに応じて，S氏の貯蓄行動が分かれることになる。すなわち，現在財と将来財の間に粗代替関係がみられる——言い換えると，ラム肉と牛肉のような競争的な関係なら「貯蓄行動1」がみられることになろう。一方，現在財と将来財の間が，紅茶とケーキのように，ともに必要とされる補完関係ならば「貯蓄行動2」がみられることになろう。

年金 上の枠組みを使って，年金制度がどのような効果を及ぼすかを考えてみよう。年金制度は引退期の老齢者に購買力を与えるものである。

いま，年金制度が導入されたとすると，サラリーマンのS氏の行動はどう変わるだろうか。まず，S氏は現在働いているので，年金の負担 T が課される。一方，S氏が引退したときには年金の給付 B を受け取ることができる。利子率を r として，それらが $T = B/(1+r)$ の関係にあれば，負担と給付が現時点でみて同じである。S氏の生涯所得は変化せず，年金の影響は相殺され，彼の行動は変わらないだろう。しかし，$T < B/(1+r)$ であれば，受け取る給付が負担に対して大きく，S氏の生涯所得は大きくなり，彼は満足だろう。$T > B/(1+r)$ であればその逆である。

個々の年金制度の加入者の満足が上がるか否かに加えて，年金を考察する上で重要なポイントがある。それは，現在の年金の負担が (i) 将来の年金給付のために積み立てられて貯蓄となるか（積立方式という），あるいは (ii) 現時点の老齢者の年金給付の支出に充てられるか（賦課方式）である。

もし (i) が制度として採用されているなら，制度がS氏に代わって貯蓄を

コラム 7：年金——賦課方式と積立方式

　年金制度を運営するには二つの方式がある。一つは賦課方式 (Pay As You Go Scheme)，今ひとつは積立方式 (Funding Scheme) である。前者は若い世代が年金の負担をし，それを老齢者に給付するものである。後者は若い時代に年金のための資金を積み立てていき，老齢になってから積み立てたものの元利合計を年金として受け取っていくものである。

　積立方式では，給付は利子率に応じて変化する。賦課方式では，負担は勤労者の賃金と人口に依存しているので，受給者 1 人当たりの給付は賃金と人口の成長率の和に比例して増加する。戦後には，世界的に人口増加があり，利子率よりも賃金と人口成長率の和が大きいことが観測されていた。そのため，多くの国の年金制度は賦課方式に基づいて設計されてきた。

　わが国では「国民皆年金」を謳い言葉に，1960 年代初めに修正積立方式によって年金制度がスタートした。日本の典型的な年金制度はサラリーマンが加入する厚生年金制度である。高山憲之博士は，厚生年金に関して，1980 年，1990 年の新規年金受給者が受け取る年金の中で彼らが積み立てた部分の比率が，それぞれ，13 ％と 15 ％にすぎないという計算結果を提出している。日本の年金制度は，「積立方式」の名を冠するものの，ほとんど賦課方式であったということである。また，近年の 2004（平成 16）年の公的年金制度の改革においても，賦課方式を継続することが確認されている。

　日本を含む世界の各国において，現在，人口の増加率は小さくなり，利子率，賃金成長率そして人口成長率の関係に変化が生じている。そのため，年金制度の改革の必要性が増している。特に，日本の合計特殊出生率（1 人の女性が生涯に何人の子供を持つかの率）が終戦直後には 4.7 であったものが，1975 年に 2 を下回り，2009 年には 1.37 となっている。かくして，生産年齢人口（15～64 歳人口）は 1995 年をピークに減少に転じた。これとともに高齢化が進行しており，いっそうの年金改革の必要性が論じられている。

行うことになる。年金の負担分が貯蓄されるのだから，$T = B/(1+r)$ が成立している。S氏がクールに制度をみていれば，年金は貯蓄と変わらず，彼自身の貯蓄を年金の負担分だけ減少させることになる。したがって，国民全員がS氏と同じく冷静であれば，国の貯蓄の総額には変化がないだろう。このような場合，「なぜ年金制度が必要なの？」と疑問を感じるのは自然である。

実は，国民全員がS氏のようにクールには行動するわけではないという点がある。つまり，「宵越しの金は持たねえ」という江戸っ子がいる可能性である。この表現で言われる江戸っ子は貯蓄を持たないだろう。その結果，老後になって困ることになるだろう。このとき年金は「強制貯蓄」として機能し，彼らを救うことになる。

もうひとつの年金の必要性は「不確実性」である。国民がきわめて賢明に行動していても，予想違いが発生する。たとえば，S氏が身体が虚弱で彼も医者もそれを認めているとする。しかし，彼は長寿である可能性もある。その不確実性のために，結果として彼は年金がなければ老後に困る可能性が発生している。年金はこれらに対する保険として機能することになる。

一方，(ii) が採用されているならば，S氏には現在の年金の負担があるが，将来の所得の増加（年金給付）がある。老後の彼自身の消費のためには，年金のない場合と同額の老後の貯蓄をする必要がなくなる。S氏がクールで「子孫のために美田を残さず」がよいと思い，子孫に遺産を残さないとしよう。そのときには，彼は貯蓄を減少させるだろう。他の人々も同様にクールであるなら，彼らも貯蓄を減少させることになる。しかし，このケースでは年金の負担分は貯蓄されないで老齢者の年金となり消費される。その結果，国全体の貯蓄の総額が減少することになる。国の貯蓄の減少は，資本蓄積に影響を与える可能性が発生するだろう。

2 消費者余剰

個別需要曲線と限界評価 いま，サラリーマンのS氏の需要曲線に異なる解釈を与えてみよう。前にも述べたように，S氏にはオペラを聴く趣味がある。今回はDVDを借りて聞いているとしよう。このときもし，「ヴェルディの『アイーダ』を1時間13分25秒だけ借りる」のような契約が可能であると想定しておけば，財を望むだけ分割できる。図3.4の左側には，S氏のオペ

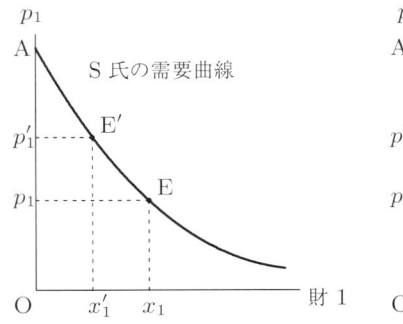

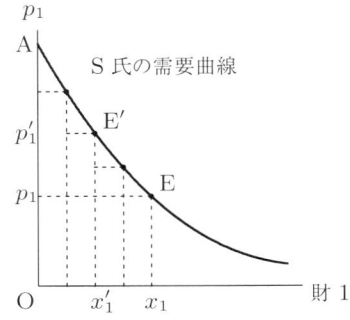

図 3.4：WTP と余剰

ラ DVD を借りることへの需要曲線を描いている。価格が p_1 のときには x_1 を，p_1' のときには x_1' だけを S 氏は借りたいと思っている，というのが需要曲線であった。これを次のように逆転した問題：

> DVD を $\boldsymbol{x_1}$ だけ借りるとき，S 氏は最高でどれだけを支払う気持ちがあるか

を考えてみよう。

ここで，第 2 章で学んだ，家計が最良の選択をしているときには価格比率と限界代替率が一致すること $[p_1/p_2 = \mathrm{MRS}_{12}(x_1, x_2)]$ を思い起こそう（第 2 章第 1 節参照）。したがって，第 2 財価格を 1 とすれば，図 3.4 の 点 E や点 E′ ではそれぞれ価格 p_1, p_1' の下でこの等式が成立している。しかも第 1 財の第 2 財に対する限界代替率とは，第 1 財の第 2 財に対する心理的な交換比率であった（第 1 章第 2 節参照）。第 2 財の価格を 1 と考えているので，限界代替率は S 氏は追加的にオペラ DVD を借りることにどれだけ評価を与えるかという限界評価でもある。すなわち，描かれている需要曲線は S 氏がオペラの DVD をどのように評価しているかを表す限界評価曲線にほかならない。つまり，上の問題に対する答えは，

> DVD を $\boldsymbol{x_1}$ だけ利用するとき，S 氏は最高で $\boldsymbol{p_1}$ だけ払う意志（WTP, Willingness To Pay）がある

ということである。読者の中には，いろいろな文献に「WTP を調査すると

××円である」のような表現を見るかもしれないが，これは x_1 を需要させる価格 p_1，あるいは，限界代替率を指している。

図 3.4 の左側を見ると S 氏は x'_1 では p'_1 を x_1 には p_1 を払ってもよいと考えている。購入が，最初の x'_1 と次の $x_1 - x'_1$ に分けてなされたとすれば，最初の x'_1 に対して p'_1 を，次の $x_1 - x'_1$ に対して p_1 を払ってもよいと考えていることになる。その合計は，

$$p'_1 x'_1 + p_1(x_1 - x'_1)$$

となる。

いま図 3.5 にあるように財 1 を x_1 だけ価格 $\bar{p}_1$ で購入したとしよう。$\bar{p}_1$ が p_1 よりも小さいので，支払い $\bar{p}_1 x_1$ は「支払ってもよい額」よりも小さな額となる。S 氏はその分だけ「儲かった」のである。図 3.4 の右側にあるように，x_1 までを四分割して，4 つの部分に分けて購入すると考えてみよう。S 氏は 4 つの小さな縦長の長方形の面積の和だけ支払うことになる。この「総支払い」は実際の支払い $\bar{p}_1 x_1$ よりも大きくなる。

さらに，分割数を徹底的に多くしていけば，彼の儲かった分は需要曲線の下の部分の x_1 までの面積から，$\bar{p}_1 x_1$ を差し引いたものである。これは，図 3.5 の斜線を引かれた $AEE'\bar{p}_1$ に囲まれた図形の面積に一致する。この面積を **消費者余剰** (consumer's surplus) と呼ぶ。ある消費者がある財のある量をある価格で購入したとき，消費者余剰とはその負担を超えて彼が得た余得，言い換えると，「効用や厚生を金額で表す金額からそれに必要な支出を差し引いたもの」である。

消費者余剰——ひとつの数値例　特定の扱いやすい効用関数を用いて，上の議論を再現してみよう。サラリーマンの S 氏の効用関数を

$$u^s(x_1, x_2) = \left(ax_1 - \frac{x_1^2}{2}\right) + x_2 \tag{3.3}$$

とする。ただし，財 1 は $0 \leqq x_1 \leqq a$ の範囲にあるとする。ここでは，第 1 財 x_1 に着目する。x_1 の価格を p_1 とする。その他の財は標準的な財として x_2 でまとめて表し，x_2 の価格は 1 であるとする。財 2 がニュメレールの役をしている。

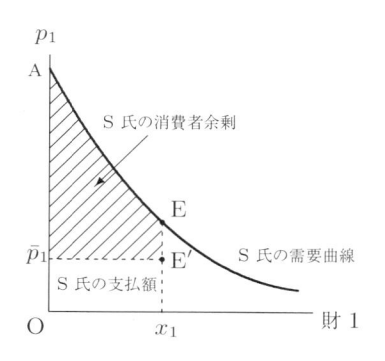

図のヒント

S 氏が支払ってもよいと思う総額
　＝AEx_1O の面積
S 氏が実際に支払った額
　＝$\bar{p}_1$E'x_1O の面積 ＝ $\bar{p}_1 \times x_1$
S 氏の消費者余剰
　＝AEx_1O の面積 $-\bar{p}_1 x_1$
　：$\bar{p}_1$ で x_1 だけを購入すると
　　きに，S 氏が余分に得た額

図 3.5：消費者余剰

さらに，u^s には右肩に s という添え字が付けられている。これは S 氏のものであることを示している。標準的な財 x_2 は「貨幣」と呼ばれる。これは，他の財をまとめて価格 1 の財 x_2 としているので，「x_2 の消費量」は「財 x_1 を除く支出合計額」（貨幣）と一致するからである。

この例で財 1 の限界効用を一歩一歩計算してみよう。財の水準が (x_1, x_2) から $(x_1 + \Delta x_1, x_2)$ に変化したとする。このときの効用の増加分を Δu とする（Δ はデルタと読む，一般に変数 y の前に Δ をつけた記号 Δy で y の増加分を表す）。すると，財 1 の限界効用 MU_1 は $\Delta u / \Delta x_1$ であり，

$$\begin{aligned}
MU_1 &= \frac{\Delta u}{\Delta x_1} = \frac{u^s(x_1 + \Delta x_1, x_2) - u^s(x_1, x_2)}{\Delta x_1} \\
&= \frac{\left(a(x_1 + \Delta x_1) - (x_1 + \Delta x_1)^2/2 + x_2\right) - \{(ax_1 - x_1{}^2/2) + x_2\}}{\Delta x_1} \\
&= \frac{a\Delta x_1 - x_1 \Delta x_1 - (\Delta x_1)^2/2}{\Delta x_1} \\
&= a - x_1 - \frac{\Delta x_1}{2}
\end{aligned}$$

となる。最後の $\Delta x_1/2$ はきわめて小さいので無視すると，

$$MU_1 = a - x_1$$

である。この「$\Delta x_1/2$ はきわめて小さいので無視をする」という作業は，数学でいう「微分をする」という作業と同じである。財 2 の限界効用を MU_2

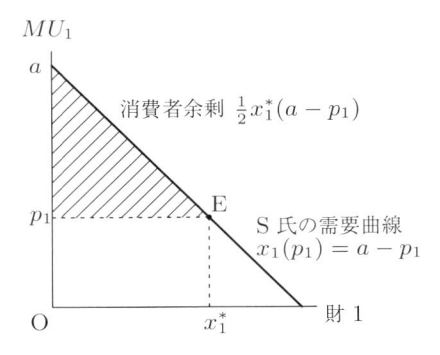

図 3.6：消費者余剰 － 数値例 －

と書けば，同様にして $MU_2 = 1$ である。

S 氏の効用最大化によって，限界代替率と価格比率が等しくなる（第 2 章第 1 節 (2.5) 式を参照せよ）。また，S 氏の予算式も成立するので，所得を I とすれば，

$$\frac{MU_1}{MU_2} = \frac{p_1}{1}, \quad p_1 x_1 + x_2 = I$$

となる。これは，x_1, x_2 を未知数とする方程式であるが，この解 x_1^*, x_2^* が価格が $(p_1, 1)$，所得が I であるときの S 氏の需要である。この連立方程式を解くと，

$$x_1^* = a - p_1, \ x_2^* = I - p_1(a - p_1)$$

となる。

上の手続きは，特定の価格 $(p_1, 1)$ についてだけでなく，他のどのような価格 $(p_1', 1)$ についても適用可能である。したがって，

$$x_1(p_1) = a - p_1, \ x_2(p_1) = I - p_1(a - p_1)$$

が需要関数となる。もちろん，$x_2(p_1) \geqq 0$ であるのが自然であるが，ここでは S 氏の所得 I は十分大きく x_1^* と x_2^* はともに正値であると考えておこう。また，この需要関数では「価格と所得に関するゼロ次同次性」が成立していないようにみえるが，財 2 の価格を 1 としているためである。

次に消費者余剰を計算してみよう。需要曲線が直線になっているので，余

剰の計算は三角形の面積の計算を利用できる。第 1 財の数量が x_1^* であるときの WTP を p_1, 実際の価格を $\bar{p}_1$ とする。一般には $p_1 \neq \bar{p}_1$ であってよいが, 議論の本質に変わりはないので, ここでは $p_1 = \bar{p}_1$ とする。このとき, 消費者余剰を CS と書けば,

$$CS = \frac{x_1^*(a-p_1)}{2} = \frac{x_1^{*2}}{2}$$

ということになる。この消費余剰を, 同じものを加えたり減じたりするという一歩一歩の計算をしてみよう。すると,

$$\begin{aligned}
CS &= \frac{x_1^{*2}}{2} \\
&= \frac{x_1^{*2}}{2} + (ax_1^* - x_1^{*2}) - (ax_1^* - x_1^{*2}) \quad : \text{同じものを加減} \\
&= \left(ax_1^* - \frac{x_1^{*2}}{2}\right) + I - (ax_1^* - x_1^{*2}) - I \quad : I \text{を加減} \\
&= \left(ax_1^* - \frac{x_1^{*2}}{2}\right) + I - x_1^*(a - x_1^*) - I \quad : \text{因数分解} \\
&= \left(ax_1^* - \frac{x_1^{*2}}{2}\right) + I - x_1^* p_1 - I \quad : x_1^* = a - p_1 \text{ だから} \\
&= \left(ax_1^* - \frac{x_1^{*2}}{2}\right) + x_2^* - I \quad : x_2^* = I - p_1 x_1^* \text{ だから} \\
&= u^s(x_1^*, x_2^*) - I \quad : \text{直前の式の最初の 2 項に注意せよ}
\end{aligned}$$

となる。ここで得られた内容はきわめて興味深い。すなわち,

消費者余剰の意味：(3.3) の効用関数では, 消費者余剰は効用から一定値（所得）を差し引いたものに一致する

である。これは, 消費者余剰が「支出額を超える満足を金額で表現したもの」であるという, これまでの理解を是認するものである。

本書ではこれ以上この内容を掘り下げることは控えるが, 次の指摘だけをしておきたい。上の「消費者余剰の意味」が成立するのは, この数値例だけではない。たとえば, 次のような効用関数,

$$u(x_1, x_2) = v(x_1) + x_2$$

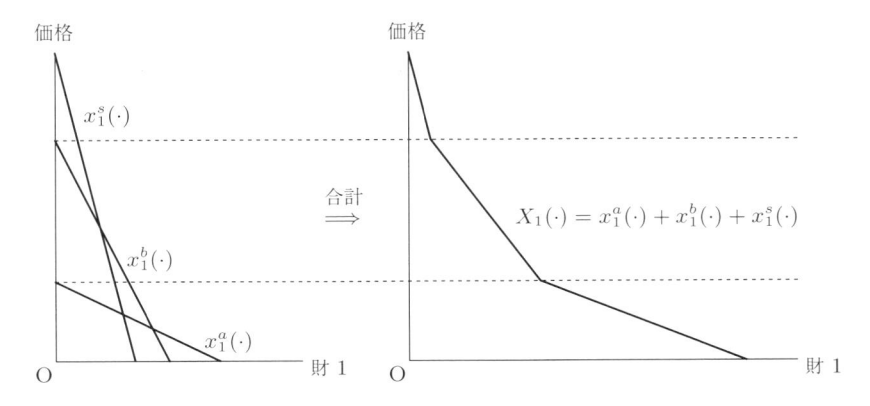

図 3.7: 個別需要と市場需要

を想定する。このタイプの効用関数を**準線形** (quasi linear) であるという。そして，このタイプの効用関数について，第1財について限界効用逓減が満たされると仮定する。このときに，上に見た内容はまだなお成立することが知られている。

市場需要曲線 第2章で個別需要関数と市場需要関数を学んだ。前者は個々の家計の需要関数であり，後者は家計の需要を合算して得られる市場での需要の総計を表す関数である。いま，大学生のA君とB子さん，そしてサラリーマンのS氏の財1への需要関数を

$$x_1^a(p_1, p_2, I^a),\ x_1^b(p_1, p_2, I^b),\ x_1^s(p_1, p_2, I^s)$$

とする。ここで，I^a はA君の所得であり，I^b, I^s はそれぞれB子さんとS氏の所得である。これらが個別需要関数であり，p_2, I^a, I^b, I^s を一定とし，p_1 だけが変動すると考えて需要関数を描いた曲線が個別の需要曲線である。市場需要関数はこれらの総計

$$X_1(p_1, p_2) = x_1^a(p_1, p_2, I^a) + x_1^b(p_1, p_2, I^b) + x_1^s(p_1, p_2, I^s)$$

と約束される。合計をする作業が，図 3.7 に描かれている。図 3.7 の左側には個別需要曲線 $x_1^a(\cdot), x_1^b(\cdot), x_1^s(\cdot)$ が，右側にはそれらの合計である市場需要曲線が描かれている。個別需要曲線は直線である必要はないが，図を描くと

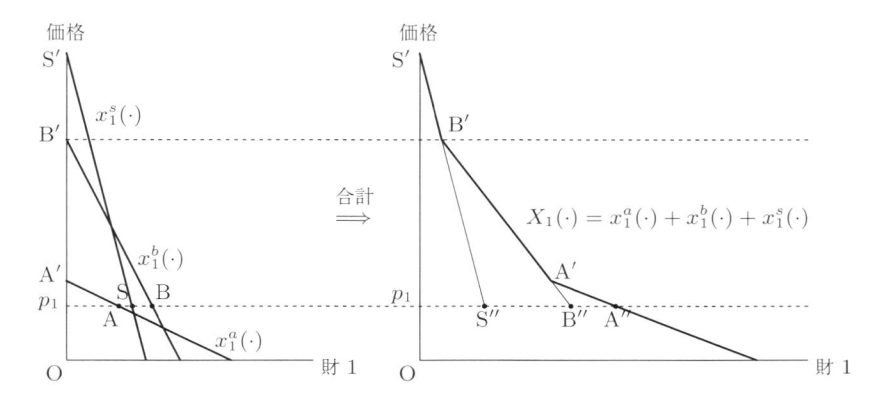

図 **3.8**：市場の消費者余剰

いう便宜上直線で描いている。図 3.7 の右側の市場需要曲線は，3 人の家計の需要の合計をしているため，折れ線となる。より多くの家計がいれば，市場需要曲線はより滑らかになっていくであろう。

図 3.7 で重要な点は「市場需要曲線の傾きが個別需要曲線より緩やかになっている」ことである。これは合計をするという作業がもたらす自然な性質である。個別需要曲線の中には，右下がり性を持たないものもあるかもしれない。しかし，多くの個別需要曲線が右下がりであれば，合計された市場需要曲線は右下がりとなろう。つまり，多くの場合には需要法則が成立するだろうと予想される。これは，「需要法則が市場需要に関して成立するであろう」という前章での説明の本質である。

次に消費者余剰の合計を考えてみよう。図 3.8 の左には，A 君，B 子さん，S 氏の需要曲線が描かれている。価格が p_1 であり，WTP と p_1 が一致すれば，A 君，B 子さん，S 氏の消費者余剰は，それぞれ図形 $AA'p_1$，$BB'p_1$，$SS'p_1$ で囲まれる図形の面積である。図 3.8 の右側には市場需要曲線が描かれている。合計するという作業の性質から，図 3.8 の左と右では，「p_1A の長さ＝ $B''A''$ の長さ」，「p_1S の長さ＝ p_1S'' の長さ」，「p_1B の長さ＝ $S''B''$ の長さ」，が成立している。したがって，A 君の消費者余剰は右の $A''A'B''$ の面積に一致する。同様に，B 子さんの消費者余剰は右の $B''B'S''$ の面積に，S 氏の消費者余剰も右の $S''S'p_1$ の面積に一致する。このようにして，

消費者余剰の合計 ＝ 図 3.8 の右の図形 S'B'A'A''p_1 の面積
　　　　　　　　 ＝ 市場需要曲線と価格の高さで囲まれる図形の面積

が得られる。この議論は，需要曲線が直線であり，三角形の面積の求め方に依存しているようにみえるが，実は，需要曲線が直線でなくとも一般に成立する。すなわち，

市場需要曲線の消費者余剰：市場需要曲線から得られる消費者余剰は，個々の家計の消費者余剰の合計である。

が成立するのである。

超過負担　経済学には，租税はその負担を超える負担，**超過負担** (excess burden)，をもたらすという認識がある。その事実をこれまでに得られた「消費者余剰」の概念によって説明できる。

いま，ある財が価格 p_1 で x_1 だけの取引がなされているとしよう。図 3.9 にあるように，市場需要曲線上の点 E で取引されている状況である。このとき，市場全体で AEp_1 の面積に相当する消費者余剰が得られていることになる。

ここで，当該の財 1 単位につき t 円の間接税が課されたとしよう。このように数量に応じて課せられる間接税を **従量税**(じゅうりょうぜい) と呼ぶ。その結果，家計は $q = p_1 + t$ の価格に直面して，消費者余剰の総額は AE'q の面積に減少する。

消費者余剰は図形 E'E$p_1 q$ の面積だけ減少する。この減少分のうち，E'B$p_1 q$ の面積は税収として回収される。したがって，取り戻せない余剰は EE'B の面積となる。この部分の面積を**死荷重**（「しかじゅう」と読む）あるいは**死重損失** (dead-weight loss) と呼び，これによって超過負担を測ることができる。t が p_1 に比して十分小さいと曲線 EE' は直線で近似できるので，超過負担は三角形の面積

$$\frac{t(x_1 - x'_1)}{2}$$

で表すことができる。これはきわめて有用である。つまり，様々な財の需要曲線の形状が推定できれば，課税が引き起こす超過負担を測ることができ，超過負担が小さくなる課税の仕方，つまり望ましい課税のあり方を求めるこ

価格

A

q は税込み価格
$(q = p_1 + t)$

死荷重

q E′
税収
p_1 E
B
市場需要曲線

O x_1' x_1 財 1

図のヒント

課税前の消費者余剰
　　　＝AEp_1 の面積
課税後の消費者余剰
　　　＝AE′q の面積
消費者余剰の減少分
　　　＝E′E$p_1 q$ の面積
　：tx_1' は税収として
　　　回収される

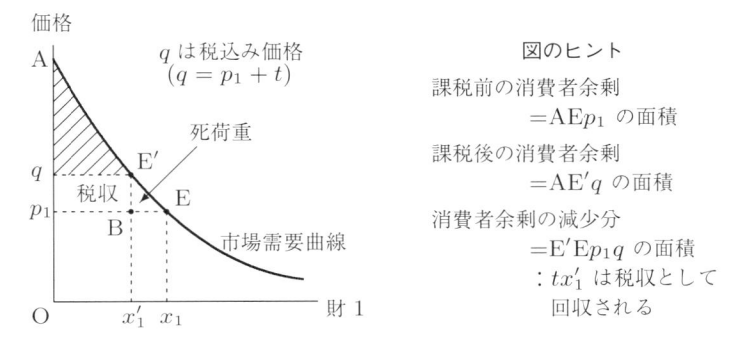

図 3.9：超過負担

とが可能となる。

3 間接効用関数

価格と所得が決まれば需要量が決定され，そして消費量（＝需要量）と価格から消費者余剰が決まる。この連鎖をまとめてみれば，価格と所得から消費者余剰が決まることになる。余剰は金額で表現される評価である。2 節で学んだ，間接税がひき起こす超過負担は，消費者余剰によって税を評価するものであった。その「金額で表現する」ということを離れ，単に「評価を与える」ことを考えると，より興味深く一般的な「評価」を与えることができる。つまり，次のように余剰に代えて効用を採用して

(*)　　（価格, 所得）$\Longrightarrow$ 需要・消費 $\Longrightarrow$ 効用

という流れを考える。ここで，記号 "$\Longrightarrow$" は左のものが右にあるものを決定するという意味で用いている。この節ではこのアイデアを取り上げる。

いま，ある家計の需要関数を $x_1(p_1, p_2, I), x_2(p_1, p_2, I)$ とする。これは上の式 (*) の最初の矢印を表している。次の矢印は効用関数 $u(x_1, x_2)$ であるから，上の式 (*) の左端と右端の関係を表現するものは，

$$v(p_1, p_2, I) = u(x_1(p_1, p_2, I), x_2(p_1, p_2, I))$$

である。このように合成して得られた関数 v は価格と所得が効用をもたらす，

という関係を述べるものであり，**間接効用関数** (indirect utility function) と呼ばれる。間接効用関数は価格と所得が効用を決めることを二段階で表している。ここでは，あくまで効用関数が前提となっている。一方，効用が財空間の上に定義されるのではなく，価格と所得の空間上に定義されていると考えて，需要理論を構築する経済学の分野もある。

間接効用は，消費者余剰と同じく，政策評価に役立つ用具である。たとえば，様々な政策は価格と所得に影響を及ぼすだろう。図式的には

$$\text{政策} \implies (\text{価格, 所得})$$

である。たとえば価格規制や租税は直接的にこの関係をつくり出し，それが家計の効用に影響を与える。政策ごとに

$$\text{政策 1} \implies (\text{価格, 所得}) \implies \text{間接効用}$$
$$\text{政策 2} \implies (\text{価格}', \text{所得}') \implies \text{間接効用}'$$
$$\text{政策 3} \implies (\text{価格}'', \text{所得}'') \implies \text{間接効用}''$$
$$\vdots \qquad \vdots \qquad \vdots$$

という具合である。すると，間接効用の値はその政策に対する評価とみることができる。そのときに，政策がもたらす効果を間接効用がどのように変化するかで評価することができよう。そのために，間接効用関数の性質について知っておくことが必要となる。そこで，間接効用関数の性質を調べておこう。この節は多少技術的である。

第2章第2節で需要関数が価格と所得に関してゼロ次同次であることを学んだ。それを用いると，間接効用はどのような正の数 k についても，

$$v(kp_1, kp_2, kI) = u(x_1(kp_1, kp_2, kI), x_2(kp_1, kp_2, kI))$$
$$= u(x_1(p_1, p_2, I), x_2(p_1, p_2, I)) = v(p_1, p_2, I)$$

となる。つまり，間接効用関数も価格と所得に関してゼロ次同次である。

いま，所得の増加 ΔI があったとする。所得の増加は需要の変化をもたらす，その変化分を $\Delta x_1, \Delta x_2$ とする。これらには，予算制約から，$\Delta I = p_1 \times \Delta x_1 + p_2 \times \Delta x_2$ の関係がある。また，需要の増加 Δx_i がもたらす効用の増加は $\text{MU}_i \times \Delta x_i$ である。すると，効用の増加分 Δv は，

$$\Delta v = \mathrm{MU}_1 \times \Delta x_1 + \mathrm{MU}_2 \times \Delta x_2$$

となる。いま，限界効用均等の法則 $\mathrm{MU}_1/p_1 = \mathrm{MU}_2/p_2$ を念頭に置いて，この比を $\lambda(=\mathrm{MU}_i/p_i)$（$\lambda$ はギリシャ文字で，ラムダと読む）とすれば，

$$\begin{aligned}\Delta v &= \lambda p_1 \times \Delta x_1 + \lambda p_2 \times \Delta x_2 \\ &= \lambda(p_1 \times \Delta x_1 + p_2 \times \Delta x_2) \\ &= \lambda \times \Delta I\end{aligned}$$

となる。最後の等号は予算制約から得られる。これは

$$\frac{\Delta v}{\Delta I} = \lambda \tag{3.4}$$

とまとめられる。(3.4)式より，λ を**所得の限界効用** (marginal utility of income) と呼ぶことができる。

次に価格の変化が需要に変化を及ぼし，それが効用にどのように反映されるかを考察しておきたい。いま，価格が p_1 から $p_1 + \Delta p_1$ に変化したとしよう。このとき，需要が Δx_1，Δx_2 だけ変化したとする。これに応じる効用の変化 Δv は $\mathrm{MU}_1 \times \Delta x_1$ と $\mathrm{MU}_2 \times \Delta x_2$ の和である。つまり，

$$\Delta v = \mathrm{MU}_1 \times \Delta x_1 + \mathrm{MU}_2 \times \Delta x_2$$

である。限界効用均等の法則から，これを変形すると，

$$\Delta v = \lambda p_1 \times \Delta x_1 + \lambda p_2 \times \Delta x_2$$

である。一方，所得の変化はないので，2つの予算制約

$$p_1 x_1 + p_2 x_2 = I, \ (p_1 + \Delta p_1)(x_1 + \Delta x_1) + p_2(x_2 + \Delta x_2) = I$$

を利用して，2式の差を取れば，

$$p_1 \Delta x_1 + p_2 \Delta x_2 = -x_1 \Delta p_1$$

であることがわかる。ここでは，$\Delta x_1 \times \Delta p_1$ はきわめて小さいので無視している（これは微分操作と同じである）。したがって，

$$\frac{\Delta v}{\Delta p_1} = -\lambda x_1$$

が得られる。これと (3.4) 式とを組み合わせると，

$$\frac{\Delta v}{\Delta p_1} = -\frac{\Delta v}{\Delta I} x_1 \tag{3.5}$$

が成立する。(3.5) 式を**ルワの恒等式** (Roy's identity) と呼ぶ（教科書によっては英語読みで，**ロイの恒等式**とも呼ばれる）。

4　価格弾力性

　この章の最後に，価格弾力性について紹介をしておきたい。価格弾力性は様々な分野で頻繁に用いられる概念である。

　次の図 3.10 の左側にある需要曲線を取り上げる。これは傾きが急に描かれていて，価格の変化に対してあまり需要が変化しないように見える。$\bar{p}$ から $\underline{p}$ に下がっても，需要は $\bar{x}$ から $\underline{x}$ に変化するだけである。一方，右に書いているものは需要曲線の傾きは緩やかで，同じ価格の変動に対して，$\bar{y}$ から $\underline{y}$ へと大きく需要を増加させる。これから，「図 3.10 の左の需要曲線に描かれた財は，右にあるもの比べて，価格の大小に依存しない必需品のような性格を持つ」という意味が読み取れるかもしれない。

　実は，需要曲線の傾き自身からはそのような解釈はできないことに注意をする必要がある。図では，縦軸に沿って価格，横軸に数量が測られている。このとき，用いられる価格と数量の単位が何であるかが問題である。1 円単位なのか，千円単位なのか，あるいは，数量もグラム単位なのかトン単位なのかによって，グラフはすっかり変わって見えるだろう。実際，図 3.10 は，価格の単位を変えずに数量の単位を 1/3 倍にした図である。つまり，単位をそろえれば，図 3.10 は同じ財の需要曲線とも理解できるのである。

　価格と数量の単位を離れて，「価格に敏感に反応するか否か」を表現する方法が，価格弾力性である。たとえば，価格が p から $p + \Delta p$ に変化したときに，需要が x から $x + \Delta x$ だけ変化したとする。ここで，需要法則が成立する「通常のケース」ならば，Δp が正（あるいは負）なら，Δx は負値

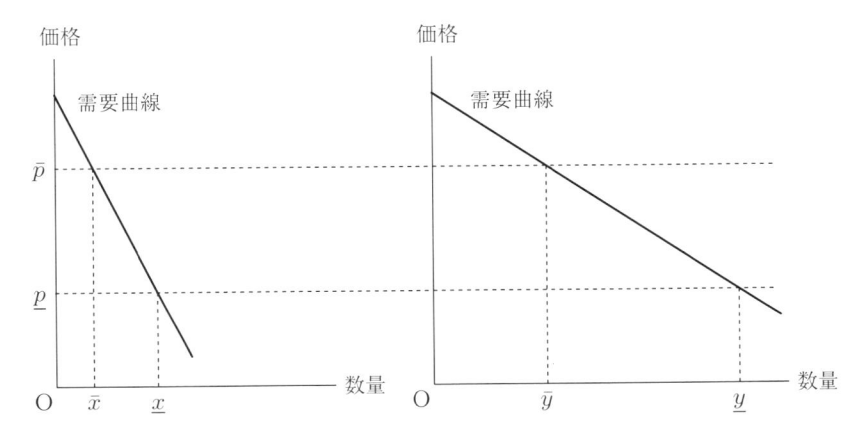

図 3.10：価格弾力性

（正値）であることに注意しておく．比率 $\Delta p/p$ は価格がどの率で変化したかを表し，価格が測られている単位が相殺される．同様に，比率 $\Delta x/x$ も数量の変化率で，数量を測る単位から独立である．そして，価格が 1 ％変化するときに数量が何％変化するかの値，**需要の価格弾力性** (price elasticity of demand) を

$$-\frac{\dfrac{\Delta x}{x}\times 100}{\dfrac{\Delta p}{p}\times 100} = -\frac{p}{x}\frac{\Delta x}{\Delta p}$$

と約束する．右辺には整理をしたかたちを示しているが，その中の，$\Delta x/\Delta p$ は需要曲線の傾きに対応している．正確には，需要曲線は縦軸が価格，横軸が数量なので，図に描かれる需要曲線の傾きの逆数となっている．さらに，最初にマイナスの符号が付けられているのは，Δp と Δx の符号が逆になるのが通常であるので，弾力性の値を正値にするための工夫である．

価格弾力性が 1 より大（小）であるとき，価格弾力的（非弾力的）であるという．これまでに説明した弾力性は，ある財のその財価格に関するものであった．ある財の需要が他の財価格の変化にどれだけ反応するかを測るときにも，価格や数量の単位による影響が出てくる．また，所得の増加に対して需要がどのように影響を受けるかについても同じである．そのため，それぞれに弾力性

が用いられる。前者は**需要の交差弾力性** (cross price elasticity of demand) と呼ばれ，後者は**需要の所得弾力性** (income elasticity of demand) と呼ばれる。i と j を異なる財の番号とする。第 j 財価格が p_j から $p_j + \Delta p_j$ に変化したときに，第 i 財需要が x_i から $x_i + \Delta x_i$ に変動したとする。このとき第 i 財需要の第 j 財価格による交差弾力性は

$$\frac{p_j}{x_i}\frac{\Delta x_i}{\Delta p_j}$$

である。通常の場合には，第 i 財の需要は第 j 財に対して増加的である（粗代替的である）から，交差弾力性は正値になる。同様に，所得が I のときのある財の需要を x，所得が ΔI だけ変化したときに，それに対応する需要の変化を Δx とすれば，所得弾力性は，

$$\frac{I}{x}\frac{\Delta x}{\Delta I}$$

である。

第 II 部

企業の行動

第4章

企業の理論 ── 第一歩

　「供給」は第Ⅰ部で解説された「需要」の対句である。この章では供給がいかに決定されるかを解説する。「需要と供給」によって，この社会を理解しようとするのが経済学であるので，この章の役割は重要である。

　さらに，供給の主体は主に企業あるいは生産者であるから，供給を取り扱う分野は企業の理論，あるいは生産者の理論といわれる。

　この章では，企業の理論についてやさしく解説を与え，次の第5章では標準的枠組みを解説する。

1　供給を決定するもの

　生産者が何かの生産・販売を計画するとき，何を前提とするであろうか。まず生産技術についての知識が必要である。生産技術とはどれだけの原材料や労働力等からどれだけの生産物が得られるかの技術的な関係である。それらだけでなく，関係する財やサービスの価格も必要であろう。

生産　生産活動は，われわれが日々の生活において観察しているものである。たとえば，生産者から消費者への農産物の流れとして

　　　農家が農産物を作る　⟶　穫れたものを各地に輸送する
　　　　　　⟶　スーパーの店頭に並び消費者に販売される

という非常に簡単に表現されたものを取り上げてみよう。この三つのステップにおける最初の「農産物を作る」は，農地や人力そして耕運機を用いて野菜やお米という農産物を作ることである。これは生産であることには疑問を感じないだろう。

　次の「穫れた作物を各地に輸送する」は，生産地の農産物を輸送先で利用可能なものにするという行為である。言い換えると，「生産地の農産物」を「輸送先で利用可能な農産物」に変換している。この「変換」は，さらに言い換えると，生産にほかならない。

　最後の「販売される」というステップでは，野菜は洗浄され，適切なサイズに分けられ，また，お米は袋詰めされ，家計に消費しやすいものにされる。これも生産である。

　さらにひとつの例を考えてみよう。それは次のような，家計から企業への資金の流れ

　　　家計が預金をする　⟶　銀行が企業に貸付をする
　　　　　　⟶　企業がその資金で原材料を仕入れ製品を作る

である。最初のステップ「家計が預金をする」は貯蓄である。貯蓄は，第一部でみたように，家計が将来に予定している消費計画の反映である。この限りでは，これは生産にはあたらない。

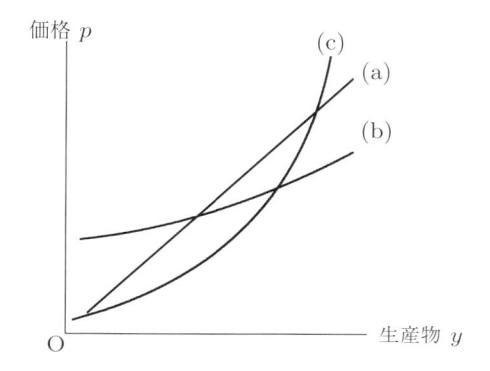

図 4.1：供給曲線

　次の「銀行が企業に貸付をする」は家計の預金を企業が必要な資金として提供する作業である．つまり，銀行は預金を，企業評価をするための人材や銀行のノウハウを利用して，企業への貸付に換えているのである．貸付はサービスに分類されるので，このステップは「サービスの生産」と理解することができる．

　最後の「企業が製品にする」というステップは「生産」に相当することには，疑問はないだろう．

　以上でみてきた「生産」という用語に共通する特性を抜き出すと

　　　財やサービスを用いて，他の財やサービスに変換する

である．上でみてきた以外の生産も，この性質を持っていることは了解できよう．経済学では，生産技術を**生産関数** (production fuction) あるいはより一般的に**生産集合** (production set) というかたちで取り扱う．生産集合は次の第 5 章で取り上げられる．

いろいろな供給曲線　序章では右上がりの供給曲線による均衡の説明を見た．一口に右上がりであるといっても，様々な可能性がある．図 4.1 には右上がりの曲線供給 (a), (b), (c) が描かれている．(a) は直線であるし，(b) は右上がりではあるがその上昇具合は大きくない．また，(c) は曲率が大きく，ある価格から急激に曲率が上昇している．

これらの供給曲線の差は何によって生じるのであろうか。また，財の販売者が価格が高い場合には多くの量を販売したいというのは直感にアピールするが，何に起因するのであろうか。これを考察するためには，供給曲線が何によって得られるかを考える必要がある。それらは

(i)　生産者が何を目的に生産を行うのか
(ii)　生産者が用いている生産技術

という二つであろう。以下でまず，(i) について考察し，次の節において (ii) について考える。

利潤最大化　企業の目的について考えてみよう。企業は日本では「会社」と総称される。会社は何を目的にするかについては諸説ある。最もポピュラーなものの一つとして『広辞苑 第六版』（新村出編，岩波書店）を探せば，会社とは「商行為またはその他の営利行為を目的とする社団法人」とある。営利行為とは利益や利潤を求めることである。したがって，企業の目的は利潤の獲得にほかならないことになる。最も単純に企業を考察するならば，企業の目的は**利潤の最大化** (profit maximization) であるということになる。

　実際の企業には企業ごとに社是があり，実に様々な目標が掲げられている。コラム 8 に挙げた CSR や慈善事業に加えて，企業の存続，売上の最大化，役員・従業員の利益増大，企業規模の拡大，地域社会の発展促進などが挙げられよう。これらは，第一に，利潤の追求と矛盾しないことを指摘しなければならない。

　さらに，企業の典型的な例として，株式会社を取り上げてみると，株式会社は株主（出資者）が組織する有限責任の会社で，いわば，株主の組合である。したがって，株式会社の目的は自然と「株主利益の極大化である」という理解に至る。株主利益が株の配当であることを考慮すれば，利潤の最大化は「株主利益の極大化」である。

　最後に，利潤の獲得以外の企業の目標は，企業ごとに実に多様である。したがって，そのどれかを取り上げて「企業共通の目標」と理解することには困難がある。

　以上のような理由で，企業の目的を簡明に表すならば，利潤の最大化であるということになる。

コラム 8：CSR と慈善事業

　江戸時代の近江商人は商売の理念を「三方よし」としていた。「三方よし」とは，商いが本人にとってよいこと「売り手よし」，相手にとってもよいこと「買い手よし」，さらにその商売が世の中にとってもよいものになること「世間よし」，の三つを満たすべきだというのである。18 世紀の近江商人中村治兵衛宗岸の文章に，

　　　たとへ他国に商内に参り候ても，この商内物，この国の人一
　　切の人々皆々心よく着申され候ようにと，自分の事に思はず，
　　皆人よきようにと思ひ，高利望み申さず，とかく天道のめぐみ
　　次第と，ただその行く先の人を大切におもふべく候，それにて
　　は心安堵にて，身も息災，仏神のこと常々信心に致され候て，
　　その国々へ入る時に，右の通に心さしを起こし申さるべく候事，
　　第一に候　　（引用元：末永國紀 著 (2004)『近江商人学入門』淡海
　　文庫 31，サンライズ出版，13 ページ）

がある。近江商人は自身の利潤だけを目標にする「売り手よし」に執着せず，末永 (2004) の上掲書によれば，「世間よし」という企業の社会的責任 (CSR, corporate social responsibility) を意識していたというのである。
　アンドリュー・カーネギー (Andrew Carnegie, 1835-1919) は立志伝中の起業家で鋼鉄王 (Iron King) と呼ばれた。彼は『富の福音』(*The Gospel of Wealth*) を著し，富裕者には富を社会のために使う義務があり，さらに，富を持ったまま死ぬのは不名誉であるとした。実際，カーネギーは著名な慈善家であった。カーネギー・メロン大学，カーネギー財団，カーネギー・ホールの設立者である。
　近江商人もカーネギーも利潤の獲得という世俗的な成功とともに，企業の社会的責任や慈善活動の必要性を意識していたことは，そしてその後の多くの企業家に多大な影響を与えた点も興味深い。このように，企業の目的に「利潤の獲得」はもちろんあるだろうが，多くの著名な企業家が単に利潤の最大化だけを目的に挙げることは，実は，少ないのである。

本書においては，企業の目的が利潤の最大化であると仮定してミクロ経済理論を組み立てる。本章では，さらに

> **供給の決定**：生産物や原材料の価格と生産技術を与件とし，企業が利潤最大化を目的とすることを通じて，供給が決まる

というストーリーで供給を説明する。価格を与件とすることは，企業が「価格受容者」(プライス・テイカー，price taker) として行動するということである。言い換えると，各企業は競争的に行動し，独占力を持っていない状態を想定する。

第Ⅱ部でも，第Ⅰ部で採用したように，財が無限に分割可能であると仮定する。このように仮定することによって財の数量を実数で表現でき，事態を単純化できる。

2 企業の生産技術

生産技術は技術的なものである。純然たる技術そのものは経済学の研究対象ではない。一方，企業がいろいろな生産の可能性の中からあるものを選択する，その選択の仕方は経済学の研究対象である。したがって，生産技術について何がしかの知識なしでは，経済学は出発できないのである。これは心理学的な無差別曲線の議論なしでは需要曲線が得られなかったのに似ている。この節では経済学が必要とする生産技術に関する知識をまとめておこう。

生産要素，フローそしてストック　生産技術をどのように表現するのが適切だろうか。生産の特徴は，前節でみたように，労働力と機械設備そして原材料（財サービス）を用いて単一のあるいは複数の生産物（財・サービス）に変換することである。労働，機械設備，原材料をまとめて**生産要素** (factor of production) あるいは単に**要素**と呼ぶ。また，生産に用いられる要素を**投入** (input) と呼ぶ。

労働力や設備と原材料の間には違いがある。労働力や資本は時点を限ると，経済に存在する量は固定されている。このような経済量を**ストック** (stock) と呼ぶ。新たに労働人口の増加や設備の増加があれば次の時点のストックの増加につながる。設備の増加は**投資** (investment) と呼ばれる。

一方，原材料はその期間内で必ずしも固定されていることはなく，この期間内で生産されるものが主である。「主である」と書いているのは，米作農家における「種籾」のように固定されているものもあるからである。種籾はストックである。一方，耕運機を動かす燃料や肥料はその期間内に他の企業が生産する。このようにその期間内に新たに生産されたり，付け加わったりする経済量を**フロー** (flow) と呼ぶ。

企業の生産技術は私的に投入される生産要素の量だけではなく，道路，港湾，橋といった**社会資本** (social capital) にも依存している。この章では社会資本のようなストックは与件であると想定する。ある組み合わせの生産量がある組み合わせの要素によって生産されるのだから，生産技術は要素と生産量の組で表現できる。

いま，要素の数が m 種類あり，それを $(z_1,\ldots,z_m)$ と書き，生産物の数は k 種類とし，$(y_1,\ldots,y_k)$ と表すとしよう。この節では，われわれは

$$(y_1,\ldots,y_k) \text{ は } (z_1,\ldots,z_m) \text{ によって生産可能である} \tag{4.1}$$

という内容を考察するが，これは一般的にすぎる。生産技術を (4.1) 式のかたちで取り扱うのは上級の経済学に任せることにして，ここでは平面の図に表せる限りで，3 通りの方法で簡明に考察しよう。その一つは，生産要素と生産物がともに 1 種類の場合である。第二は，1 生産物と 2 生産要素の技術である。このケースでは生産物の量を固定して 2 つの生産要素がどのような技術的関係にあるかを考える。最後は，2 生産物と 1 生産要素の技術である。この場合には，生産要素の量を一定としてみれば，2 種類の生産物の生産技術上の関係を考慮できる。

上の 3 つの生産技術は，それぞれ以下，A 項で生産関数として，次に，B 項で等量線として，最後に C 項において生産可能曲線として取り上げる。

A **生産関数** (4.1) 式の最も簡明な表現として，1 生産要素 z，と 1 生産物 y の間の関係を取り上げる。その生産技術を関数を用いて，

$$y = f(z) \tag{4.2}$$

と表す。関数 f を**生産関数** (production function) という。これが関数であるのは，生産要素の量 z が決まると生産できる量 y が決まるからである。

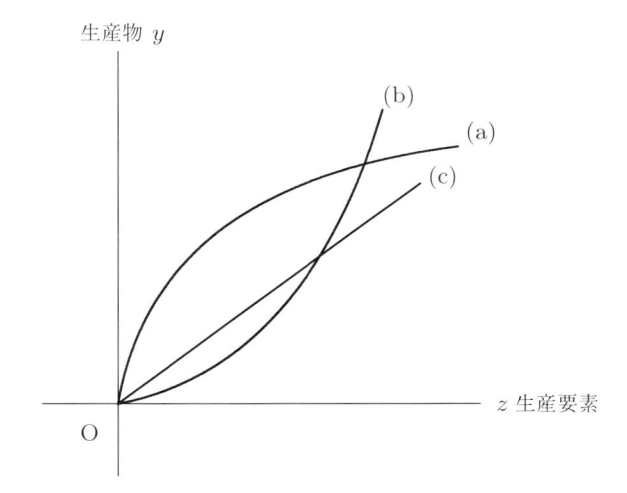

図 4.2：生産技術

(4.2) 式は (4.1) 式の簡明な表現となっている。

生産関数として考えられる 3 つの典型的な可能性を挙げてみよう。1 つは図 4.2 の中の (a) である。これは生産要素の水準が低い場合は生産の増加率は大きく，生産要素の投入量が多くなればなるほどいっそう生産の増加率が減少していくという性質を持っている。

次の典型は図 4.2 の (b) である。これは，生産要素の水準が大きくなるにつれて，生産が爆発的に拡大していくというものである。

最後の典型は図 4.2 の (c) である。これは投入要素の量と生産量とが一定の比率を保つ，という生産技術である。

これらの特徴をふまえて，

(a) のように上に向かって凸となる生産技術を収穫逓減的
(b) のように下に向かって凸となる生産技術を収穫逓増的
(c) のように原点を通り直線となる生産技術を収穫一定的

であるという。

(a), (b), (c) はともに，生産量 y は 要素の量 z について増加的となっている。これは生産技術には自然な性質であろう。また，どのグラフも原点を通っている。これは生産要素の量がゼロでは生産が不可能であるという性質

を表している。生産要素がゼロであって，生産がなされるという事態はまず考えられない。これは「桃源郷」があり得ないのと同じことである。逆に，生産要素の投入はあっても生産が始まらないという事態はあり得るだろう。これは収穫逓増を考える際に再度取り上げる。

　直感的には，1つの工場があって，それと同じ規模の工場に同じだけの労働者数を準備すれば，同じだけの生産が可能であるようにみえる。その意味では，規模を倍にすれば収穫も倍になるという性質を満たす (c) が自然であるように見える。このような性質を**規模に関して収穫一定** (constant returns to scale) あるいは**規模に関して収穫不変**という。

　しかしながら，実際にまったく同じ工場を準備することは不可能である。たとえば，輸送のための道路網が異なったり，空港が近く（遠く）にあったり，港が近い（遠い），あるいは，部品工場が近くにある（ない）など，いろいろなケースがあるからである。

　また，仮に複数の同じ工場を準備できても，まだなお問題が残される。生産全体を統括する部局の能力の問題である。工場数が小さいときには効率的に全体を管理できるだろうが，工場数が大きくなると同じようには統御できないという可能性もある。本章では，「規模に関する収穫一定」と「収穫一定」との区別は明快ではない。それらの厳密な違いは次の第5章で明らかにされる。

限界生産力　図 4.2 の (a) は上に凸の形に描かれている。つまり，生産水準が小さい場合には，生産性（生産要素1単位当たりの生産物の量）は高く，大きくなるにつれて生産性は低くなっている。この特徴を，ほんの少し生産要素を増やしたときにどれだけ生産量が増えるかの率（限界生産力という）によって捉え直してみよう。

　図 4.3 には (a) タイプの生産関数が描かれている。その生産関数上に点 A (z, y) を任意にとる。点 A から生産要素を Δz だけ増加させると，生産量は y から $y + \Delta y$ に増加する。これらの増加分の比率 $\Delta y / \Delta z$ は Δz が十分に小さくなれば，生産関数を図示した曲線の点 A での接線の傾きに近づいていく。この接線の傾きを生産要素の**限界生産力** (marginal productivity) あるいは**限界生産性**と呼ぶ。これは少しの生産要素の増加に対してどれだけ生産量が増加するかの技術上の限界的な比率を表している。

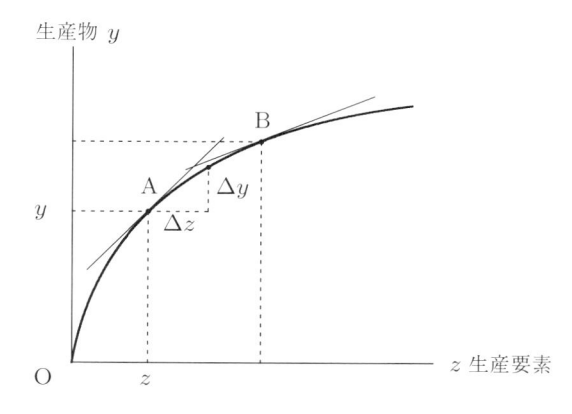

図 4.3：限界生産力逓減

次に，生産関数のグラフ上の点 A の右方向に点 B を取れば，B での接線の傾きは点 A でのそれより小さくなる。すなわち，要素の投入が増加すれば，限界生産力は減少するのである。このような性質を**限界生産力逓減** (decreasing marginal productivity) という。(a) のタイプの「上に凸の生産技術」は，限界生産力逓減によって特徴づけられるのである。

最後に図 4.2 の (b) のケースを取り上げよう。図 4.4 には 3 種類の生産関数が描かれている。(b) は図 4.2 における (b) と同一である。(b) では，生産関数の各点に接線を引いてみれば，限界生産力は増加していく。つまり，**収穫逓増** (increasing returns) がある。

一方，(b″) では生産水準が低いときは下向きに凸になっている（収穫逓増がある）が，生産水準が高くなると上向きに凸（収穫逓減）となっている。(b″) の特徴は生産要素の量が増加していくにつれて，限界生産性が増加していくが，ある水準を超えると限界生産性は減少するというところにある。曲線 (b′) は (b″) をより極端にしたもので，生産要素が $\underline{z}$ より低い水準であれば，生産水準はゼロのままにとどまっている。そして $\underline{z}$ を超えると爆発的に生産が始まるという生産技術である。$\underline{z}$ では，生産技術は下に向かって凸になり，限界生産力はゼロから大きな値に変動する。一方，$\underline{z}$ を超えると上に凸の形で，限界生産力が減少していくのである。

このような限界生産力逓増がある生産技術は，現実には，大規模生産において観測することができる。自動車を生産する企業のような巨大な生産設備

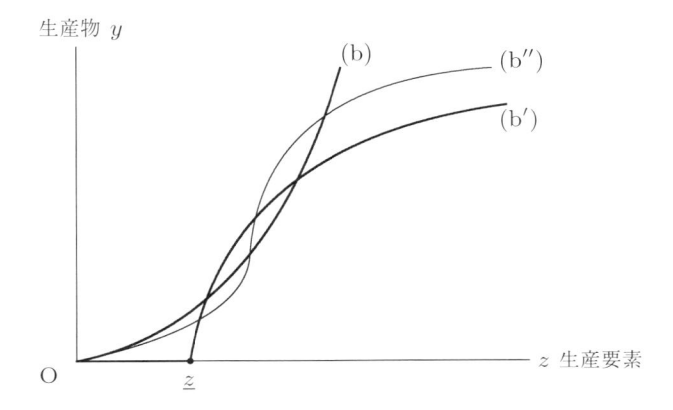

図 4.4：収穫逓増のある生産技術

がある企業を念頭に置いて，生産要素として労働力を考えてみよう。1 人の労働者が生産を始めることができるだろうか。1 日では，工場の電源スイッチをオンにするという作業も完了できないかもしれない。それは労働者が 50 人であってもほとんど同じである。数百人という数の労働者が集まって初めて生産が可能となろう。そして 5000 人程度の労働者がいて，通常の生産ができるようになる。このような事態が図 4.4 の (b′) や (b″) の生産水準が低いときの下に凸（収穫逓増）の部分で表現されているわけである。

本章では，図 4.2 の (a) のかたちの限界生産力が要素の増加とともに減少する**収穫逓減的な生産関数を前提にする**。その理由は次の通りである。

まず，「企業は価格受容者であり，価格支配力を持たない」という 本章第 1 節の最後に示した設定がある。(b) のタイプの生産技術が背後に想定しているのは，少数の大企業の巨大な生産設備である。その企業は，通常，価格支配力を持つと想定される。これは本章の出発点に反している。このようなわけで，収穫逓減的な生産関数をまず最初に考察するのである。収穫逓増的な生産技術があって価格支配力を有する企業の行動は，本書の第 7 章において「独占」あるいは「寡占」企業の行動として取り上げる。

[B] **等量線**　生産技術を表現する方法は生産関数だけではない。いま，(4.1) 式に戻って，生産物 y は 1 種類であるが，生産要素が 2 種類 z_1, z_2 ある場合を考察してみよう。生産関数でこれを表現すると，

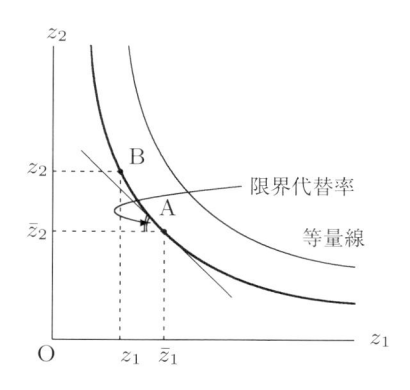

図 4.5 : 等量線

$$y = f(z_1, z_2)$$

となる。z_1, z_2 をそれぞれ，第 1 生産要素，第 2 生産要素と呼ぶ。この種の生産関数は，経済学の各分野で頻繁に利用される。

この生産技術を図に描くには，三次元の図が必要で描くには困難である。それで，次の工夫をする。y をある特定の生産水準として固定する。このとき，

y だけの財を生産できる生産要素のいろいろな組み合わせ (z_1, z_2)

を想定する。それが一つの曲線として図 4.5 に描かれている。この曲線を**等産出量曲線** (isoquant) あるいは**等量線**と呼ぶ。等量線は，家計の好みを表現した無差別曲線とよく似た考え方で得られている。

いま，y よりも大きな生産水準 y' を取り上げてみる。y' を生産する組 (z_1, z_2) はもう一つの等量線を描くであろう。その新しい等量線はいままでの等量線よりも右上に位置することになる。このようにして，等量線は生産技術を表現するある種の等高線と考えることができる。右上にある等量線ではより多くの生産がなされる。

図 4.5 に描かれている太線の等量線の上に 2 点 A $(\bar{z}_1, \bar{z}_2)$ と B (z_1, z_2) をとってみる。点 A は点 B に比べて，第 1 生産要素をたくさん用い，第 2 生産要素の量が少なくなっている。そこで，率

$$\frac{z_2 - \bar{z}_2}{\bar{z}_1 - z_1}$$

を考えると，同じ生産量 y を生産するのに，第 1 生産要素を少なくしたときに，どれだけの第 2 生産要素が追加的に必要か，第 1 財をどれだけ第 2 財に置き換えることができるかを表す生産技術上の比率を表現している。

いま，点 B が同一等量線上を A に向かって近づいてくると，この率は A における等量線への接線の傾きに近づく。この率を**限界代替率** (marginal rate of substitution) という。「無差別曲線の限界代替率」と区別する必要がある場合には，**技術的限界代替率**と呼ぶ。図 4.5 には，同一量の生産物が様々な生産要素の組み合わせで生産可能なケース，つまり，要素間に代替が可能なケースが描かれている。

図 4.5 の等量線上の点 B のように，第 1 生産要素 z_1 が少ないときに，よりいっそう第 1 生産要素が少なくなれば，同じ量の生産を維持しようとするには，よりたくさんの第 2 生産要素 z_2 の投入が必要となるであろう。このような傾向が等量線上のどの点においても成立するならば，等量線は，図 4.5 にあるように，原点に向かって凸となる。このとき，限界代替率は点 A が等量線上を右に移動すれば，減少していく。「生産関数が上に凸であること」「等量線が下に凸であること」，そして，後で紹介される「生産可能曲線が上に凸であること」これらを**生産技術の凸性**と呼ぶ。

一方，図 4.6 には別のタイプの等量線が描かれている。たとえば，点 C を取り上げると，この点より第 1 生産要素だけを増加させても生産量は変化しない。第 2 生産要素に関しても同じである。すなわち図 4.6 の等量線は生産要素が固定的な比率でしか用いられない技術を表している。生産技術の凸性は図 4.6 の等量線においても満たされている。

[C] **生産可能曲線** これまで生産技術について二つのもの，生産関数，等量線，を取り上げた。(4.1)式に入りながら考察されていないものは，複数の生産物があるケースである。現実の生産では，生産物が 1 種類であることはほとんどない。たとえば，農場で羊を飼う場合は，羊毛と羊肉をともに生産できる。あるいは，テレビの受像器とパソコンのモニターとがほとんど同じ工程で生産されることもある。さらに，タイヤ工場では大型ダンプ用のタイ

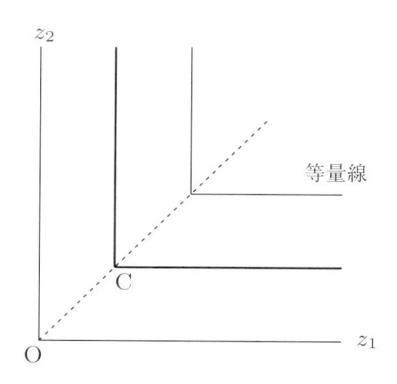

図 4.6：要素間に代替がない等量線

ヤから自転車のタイヤまで様々なものが生産されている。これらを**結合生産** (joint production) と呼ぶ。

いま，2 種類の財 y_1, y_2 が 1 種類の生産要素 z によって生産される場合を考える。これを図にしようとすれば三次元の図が必要になるが，生産要素の総量を $\bar{z}$ に固定すれば，2 種類の財がどれだけ生産できるかの生産技術を平面の図として説明できる。

図 4.7 は 2 本の生産関数から生産可能曲線をつくったものである。図 4.7 は 4 枚の図を貼り合わせたもので，第 2 象限と第 4 象限に 2 つの生産関数 $f(z)$ と $g(z)$ が描かれている。第 3 象限には，$z_1 + z_2 = \bar{z}$ となるような (z_1, z_2) の組み合わせが図示されている。

いま，第 3 象限上に 1 点 A $(\bar{z}_1, \bar{z}_2)$ をとって，財 1 の生産のために生産要素を $\bar{z}_1$ だけ用い，財 2 の生産のために $\bar{z}_2$ だけ用いれば，財 1, 2 はそれぞれ $\bar{y}_1, \bar{y}_2$ だけ生産できることが第 1 象限に図示されている。

このようにして，可能な生産要素の分け方に応じて第 1 象限に財 1, 2 の生産できる量が図示される。このようにしてできる曲線を**生産可能曲線** (production possibility curve)，**生産可能性フロンティア** (production possibility frontier)，あるいは**変換曲線** (transformation curve) という。生産可能曲線（変換曲線）に注目すれば，財 1 の生産を少し諦めると生産要素に余裕ができる。それを財 2 の生産のために用いれば，財 2 の生産を増加させることが

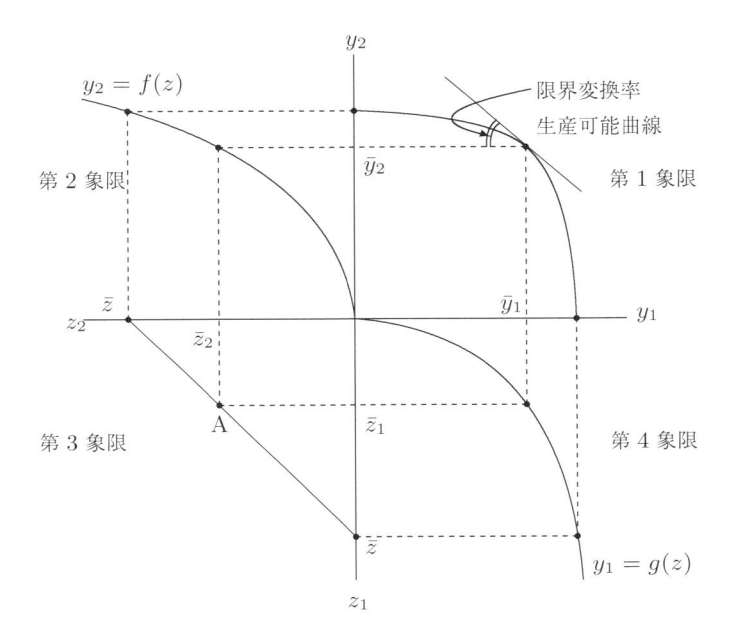

図 4.7: 生産可能曲線

できる．この限界的な率を**限界変換率** (marginal rate of transformation) と呼ぶ．

3　供　給　関　数

生産者の行動　第 1 節の最後に示したプランは「企業が生産物や原材料の価格と生産技術を与件とし，利潤最大化を目的とすることを通じて，供給が決まる」ということであった．

　利潤を，売上予定額から生産要素への支払いを差し引いたものであると約束する．生産技術を (4.1) 式のように，多くの生産要素と多くの生産物で考えるならば，生産物を $(y_1, \ldots, y_k)$ とし，これらを生産できる生産要素を $(z_1, \ldots, z_m)$，生産物の価格を p_i, $i = 1, 2, \ldots, k$, 生産要素の価格を w_j, $j = 1, 2, \ldots, m$ とすると，利潤 π は

$$\pi = p_1 y_1 + \cdots + p_k y_k - (w_1 z_1 + \cdots + w_m z_m)$$

と書ける．すると，企業の行動は生産可能な $\{(y_1, \ldots, y_k), (z_1, \ldots, z_m)\}$ の中で π を最大化するものを選ぶことである．このように多くの変数を含むかたちで説明をするのはかなり難しい，何よりも図による説明ができない．

この節では，前節でみた生産関数を用いた利潤最大化を説明し，供給関数が得られることをメインに説明する．さらに，1 生産物 1 生産要素の枠組みでは，生産関数と費用関数が対となる関係になることを示し，費用関数による説明をも与える．

前節で生産技術は生産関数による表現だけでなく，等量線，生産可能曲線によるものもあった．利潤の最大化とそれらとの関係は次の通りである．

利潤を最大にする生産物の量と 2 種類の生産要素の量が与えられるとする．当該の 2 生産要素の量は，与えられた生産物を生産するときの費用を最小にするものになっている．したがって，等量線の議論では費用最小化として，利潤最大化が現れる．また，利潤を最大にする 2 種類の生産物の量と 1 生産要素の量が与えられるとする．1 生産要素の量をその当該の量に固定すると 2 生産物の量は，売上を最大にするように，生産可能曲線上に得られる．すなわち，生産可能曲線による議論では，売上の最大化として考察することになる．すなわち，

> 利潤の最大化は，生産技術を表す等量線においては**費用の最小化**，生産可能曲線においては**売上の最大化**として現れる

ということになる．費用最小化は第 5 章において詳細に解説される．

生産関数による説明　生産関数による説明から始めよう．1 生産物 1 生産要素の生産関数で限界生産力が逓減するものを想定する．このとき，企業の利潤最大化行動は，p を生産物の価格，w を生産要素の価格とすると，

$$\begin{cases} \text{生産技術} \ \ y = f(z) \ \ \text{を満たす} \ (z, y) \ \text{の中で} \\ \text{利潤} \ \ py - wz \ \ \text{を最大にするように選択する} \end{cases} \quad (4.3)$$

と表現できる．

コラム9：生産者は生産技術やコストを知っているか？

　経済学ではもちろん本書においても，生産者は生産技術に関する知識があり，財を何単位生産するときにコストがどれだけであるかを知っている，と想定する。企業には生産技術があり，コストが生じることは明らかである。しかし，実際の生産者が生産技術のあらゆる可能性を知っているだろうか。また，生産費用を正確に知っているだろうか。これらについてみておきたい。

　たとえば，鋼板や鋼管の生産は数百の工程を通ってなされる。また，これらは現在の日本の鉄鋼会社では注文生産で行われている。ところが注文がなされた時点では，必要な工程のいくつかは他の注文品の生産のために塞がっていて，現在の注文には対応できない可能性がある。

　多くの場合，鉄鋼会社は，その注文があった当初には，その注文に応じることが可能かどうかわからないという。従来から，大型計算機によっても生産の全可能性を尽くすことはできないといわれていた。生産のスケジュールを管理する部局が，現在利用可能な工程と工程の処理順序を勘案し，計算機のプログラムや担当者の経験上の勘によって，いわば名人芸で生産プランを立案するという。

　費用に関する例をもう一つ挙げよう。たとえば，自動車会社の従業員が納品されたバッテリー液や部品を工場内に運んだとする。彼への賃金支払いは，車の生産のコストになるはずである。しかし，そのバッテリー液や部品は大型ダンプに使われるかもしれないし，多くの普通乗用車や軽自動車に使われる可能性まである。彼の賃金のどの部分が正確にどの車種の原価のどの部分になるか，これは難しい問題である。自動車会社の会計係への給料となると，この種の問題はいっそう難しくなる。それに加えて普通自動車の部品数でも2万を超えるという。

　このようにして，ある車種の本当の原価がどれほどであるかは，必ずしも簡単ではない。企業の原価計算にかかわる専門家が，やはり名人芸で，原価を計算しているのである。したがって，経済学で「生産者が生産技術のあらゆる可能性を知っている」あるいは「生産者が正確な生産費用を知っている」と想定することは，いささか乱暴ではある。実際には，生産者はそのだいたいの姿を知って，生産についての判断をしているのである。

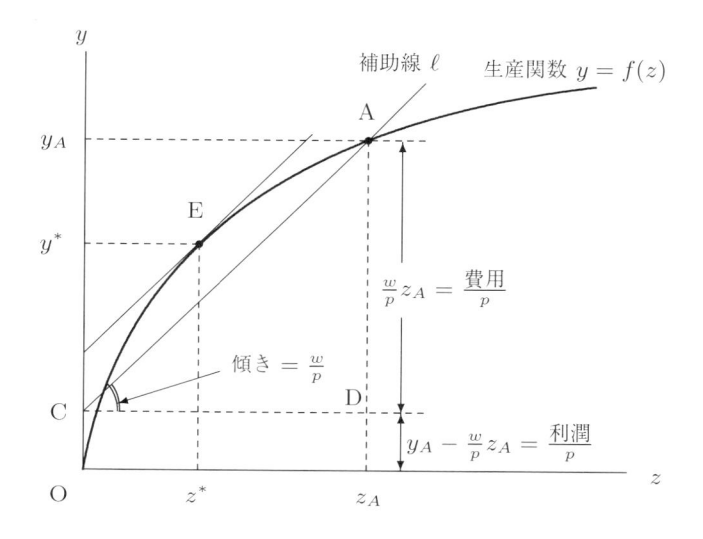

図 4.8：利潤最大化の図解

利潤最大の問題 (4.3) を図解してみよう。図 4.8 の生産関数上の 1 点 A (z_A, y_A) を取り上げる。点 A を通り傾き w/p の補助線 ℓ を描いてみる。補助線と縦軸との交点を C とする。このとき，点 A で生産するときの利潤が線分 OC の長さで表現できる。なぜなら，三角形 ACD に注目すると，

$$\frac{\text{点Aで生産するときの利潤}}{p} = \frac{py_A - wz_A}{p} = y_A - \frac{w}{p}z_A$$
$$= y_A - (\ell \text{の傾き}) \times (\text{CD の長さ})$$
$$= y_A - \text{AD の長さ} = \text{OC の長さ}$$

となるからである。生産可能な点 A での生産は，OC の長さの利潤を上げるものの，利潤は最大化されていない。実際，補助線 ℓ に平行で，生産関数に接する点を探せば，企業の利潤は最大化される。図 4.8 の点 E(z^*, y^*) が利潤を最大化するものである。

点 E の特徴は，前節で見たように生産関数のグラフ上の一点における接線の傾きは「限界生産力」であったから，

$$\text{価格比率}\left(\frac{w}{p}\right) = \text{生産要素の限界生産力} \tag{4.4}$$

が成立しているということである。言い換えると，

　　　要素価格$(w) = p \times$生産要素の限界生産力

ということになる。

　この関係 (4.4) は単に学問的に興味深い式にとどまらない。たとえば，われわれは道路が建設されるとその近くの地価が上昇することをよく観察する。これは道路の建設が近隣の土地の限界生産力を押し上げ，それが価格に反映したと考えることができる。また，ある企業が新技術の開発を発表したときに企業の株価が上昇するのは，新技術が近い将来にその会社の限界生産力を上昇させ，それがその企業の利潤を押し上げ，その結果，企業価値が上がるという予想があるからであろう。

供給関数と要素需要関数　利潤最大化 (4.3) 式という行動によって価格 (p, w) に対して財の販売予定量と，要素の購入予定量 (z^*, y^*) が得られる。具体的には，(4.4) 式が z に関する方程式になっており，z^* は (4.4) 式の解として得られ，この z^* に基づいて $y^* = f(z^*)$ より，y^* が得られることになる。

　上の手続きは，ある価格 (p, w) についての作業であったが，どのような価格の組 (p', w') についても，この価格に対応する (4.3) 式と (4.4) 式によって，財の販売予定量と要素の購入予定量の組 (z', y') が得られる。すなわち

　　　一組の価格 (p', w') を決めると　(z', y') が決まる

ということになる。

　このようにみると，販売予定量や要素の購入予定量は価格の組の関数であると理解できる。その意味で，この対応を $y(p, w)$ と $z(p, w)$ のように関数とみることができる。このとき $y(p, w)$ は財の**供給関数** (supply fuction)，$z(p, w)$ は**要素需要関数**である。

供給と要素需要の振る舞い　図 4.8 からわかることがいくつかある。補助線 ℓ の傾きは w/p であるから，w の下落 (上昇) は補助線の傾きを低く (高く) し，p の下落 (上昇) は補助線の傾きを高く (低く) する。よって，限界生産力が逓減することから，

> **要素価格の変化**：生産要素の価格が下落（上昇）すると，生産物の
> 供給は増加（減少）し，要素需要は増加（減少）する
> **生産物価格の変化**：生産物の価格が下落（上昇）すると，生産物供
> 給は減少（増加）し，要素需要は減少（増加）する

が成立する。得られた要素需要の性質は生産要素に対する需要曲線は右下がりであることを意味し，供給の性質は供給曲線が右上がりであることを示している。また，生産物の価格と生産要素の価格が同時に λ 倍（$\lambda > 0$, λ はギリシャ文字で「ラムダ」と読む）されたとしても補助線 ℓ の傾きは変化しない，つまり，$w/p = \lambda w/\lambda p$ である。したがって，

$$y(p, w) = y(\lambda p, \lambda w), \quad z(p, w) = y(\lambda p, \lambda w)$$

があらゆる (p, w) と $\lambda > 0$ について成立することになる。これを**供給関数の価格に関するゼロ次同次性**，**要素需要関数の価格に関するゼロ次同次性**という。

生産技術がより一般的であっても，上の手続きと同様にして，生産物の供給関数と生産要素の需要関数が価格に関してゼロ次同次であることが成立する。

費用関数による説明 ある企業の**費用関数** (cost function) とは生産物を y だけ生産するときの生産費用を表す関数として意図されている。費用関数を，$C(y)$ で表す。しかし，y だけの量を生産するときの費用はいろいろあるかもしれない。たとえば，生産要素としてある物を多く使う場合と，他の生産要素を多く使う場合では費用が違うはずである。この疑問は「いろいろな生産費用の中のどれを "y を生産するときの生産費用" と考えればよいのか」ということである。その疑問への答は次の通りである。「y を生産するときの生産費用」は企業の生産技術と費用最小化という経済行動の結果として得られると考える。つまり，

> 生産量 y を生産できる生産要素の組み合わせはいろいろあり，それぞれに費用が計算できる。それらの費用の中の最小の生産費用によって「y を生産するときの生産費用」を定義する。

このようにして，費用関数 $C(y)$ は y の関数として表せるということに

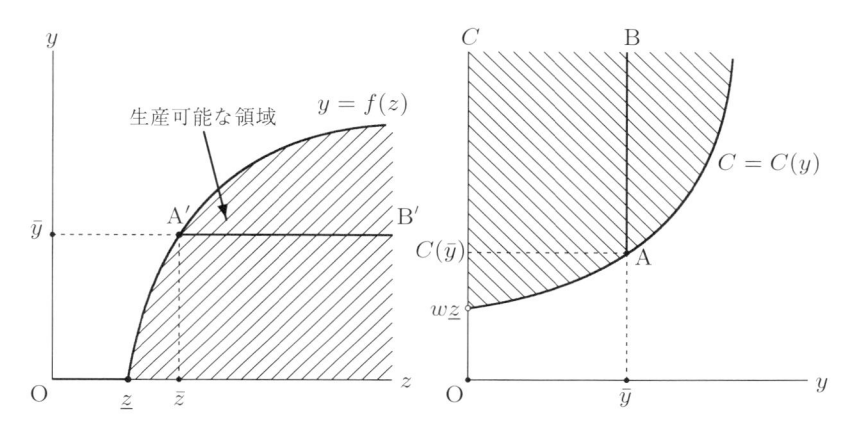

図 4.9: 生産関数と費用関数

なる。

そこで，費用関数が生産関数からどのように得られるかを考察しよう。生産要素の価格は一定値 w であるとする。いま，前出図 4.4 の (b′) に描かれている生産要素の水準 $\underline{z}$ において収穫逓増が存在する生産技術を取り上げる。それを図 4.9 の左側に描いている。生産関数の下に斜線を付けているのは，もし無駄にすることをが可能なら，斜線の付いた部分も生産可能であることを示すためである。したがって，財が $\bar{y}$ だけ生産可能となるには，図 4.9 の左側の図の線分 A′B′ 上の点が表す生産要素の量があればよいことになる。A′ の生産要素の量 $\bar{z}$ がその最小値である。この線上のある点を採用すると費用が発生する。それらを図 4.9 の右側に移すと，領域 AB に移る。すると，点 A′ で生産するのが費用が最小であり，$C(\bar{y}) = w\bar{z}$ となる。

以上はある生産水準 $\bar{y}$ における作業であったが，これを他のどのような生産水準 y についても行えば，図 4.9 の右にあるような費用関数を得ることができる。費用関数の描くグラフを**費用曲線**という。

以上の費用関数の説明は「費用最小化という企業の経済行動」によっている。次のことに注意しておこう。本章は，第 1 節の最後に示したように「企業は利潤最大化を目的とする」によって供給関数を説明するというプランに従っている。そこで，

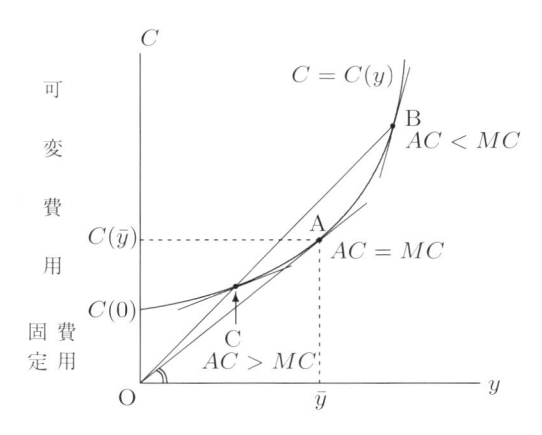

図 4.10：平均費用と限界費用

企業の利潤最大化行動は，企業の費用最小化行動を意味する

ことに注意されたい。費用が最小化されていなければ利潤は最大化されていないのは明らかであるからである。

一方，費用最小化行動は利潤最大化行動を，必ずしも意味しないことにも注意が必要である。たとえば売上最大化行動をとっている企業でも，あるいは独占企業や寡占企業でも，費用の最小化を目指すのは自然である。また，収穫逓減が必ずしも成立しない生産技術を持つ企業においても，費用最小化が考慮されることは自然である。つまり，「費用最小化」は企業が競争的で価格受容者であるかどうかということや，生産技術の姿に依存しない企業の行動なのである。そのため，独占や寡占の理論では，頻繁に利用されるのが費用関数である。

費用関数のグラフである費用曲線は，生産関数の縦軸と横軸を入れ替え，横軸には生産量を，縦軸には要素の量に要素価格を乗じた数値をとったものになる。次の第 5 章では，ここで検討した費用曲線をより一般的に考察する。

費用曲線，限界費用そして利潤最大化 費用関数のグラフ，すなわち費用曲線は図 4.10 に描かれている。図 4.10 の費用は二つの部分に分かれている。一つは生産量がゼロでも費用がかかる部分，**固定費用** (fixed cost) と生産量が増加すると増加する部分，**可変費用** (variable cost) である。

いま，図 4.10 の費用曲線上に点 A をとってみる。A を通って，費用曲線に対して接線を引いてみる。その接線の傾きは「生産量がわずかに増加すると，どの率で費用が増加するかの率」を表している。これを**限界費用** (marginal cost) と呼び，MC と表現する。図のような費用曲線においては，限界費用は生産水準が大きくなると増加するという性質を持っている。これは点 C, A, B と順次比較すれば確認できる。

さらに，点 A と原点とを結ぶ線を引くと，その直線の傾きは $C(\bar{y})/\bar{y}$ であり，これを**平均費用** (average cost) と呼び，AC と表現する。日常的に用いる「原価」という用語は平均費用のことである。点 A ではたまたま平均費用と限界費用が一致している。A よりも生産量が多い点 B を取り上げると，費用曲線が下向きに凸となっているため，B 点での限界費用 MC と平均費用 AC は $AC < MC$ となっている。A 点より生産水準の低い C 点では，逆に $AC > MC$ が成立している。

平均費用は正の固定費用部分があるので，生産水準が小さいときは大きく，生産水準が大きくなれば低下し，さらに生産水準が大きくなれば，増加するという U 字形になるであろう。限界費用や平均費用は，費用曲線のある点 A だけでなく，どの点においても計算される。それは，生産量 y によって変わるので，y の関数として，$MC(y)$, $AC(y)$ のように書く。

次に，費用関数を用いて企業の利潤最大化行動がどのように考察できるかを考えよう。図 4.11 にあるように，費用曲線に加えて，原点 O を通って傾き p の補助線 ℓ を引く。補助線 ℓ と費用曲線 $C(y)$ との差が利潤である。利潤最大化がどの生産水準で発生するかを見るために，傾き p の直線で（つまり，ℓ と平行で），費用曲線に接するものを探してみる。図 4.11 では，ℓ' である。接点 E $(y^*, C(y^*))$ で生産を行えば，利潤は $py^* - C(y^*)$ となり，他で生産を行うより大きな利潤を獲得できる。したがって，生産者は点 E で生産を行うことを選択するであろう。点 E では，

$$MC(y^*) = p \tag{4.5}$$

が成立している。これは，y^* が $MC(y) = p$ という未知数を y とする方程式の解であることを示している。

方程式 (4.5) は他の価格 p' が与えられたときにも，利潤を最大化する生産量 y' を決めると考えることができる。つまり，関数

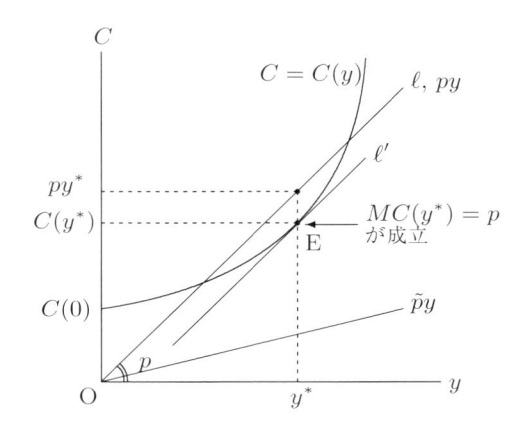

図 4.11：費用曲線と利潤最大化

$$p' \mapsto (4.5) \text{式を満たす } y' \tag{4.6}$$

を考えてやると，これは財の供給関数にほかならないのである．

以上の作業には，一つの疑問が残る．すなわち，きわめて低い $\tilde{p}$（ピー・ティルデと読む，~ ティルデ は波形の意）が与えられたときに，(4.5)式を満たす $\tilde{y}$ があっても利潤が正値であるかどうかわからない，という点である．図 4.11 には原点を通るもうひとつの補助線 $\tilde{p}y$ が引かれていて，その補助線は費用曲線と交わっていない．そのため，(4.5)式が成立しても利潤は負値かもしれないのである．

このようなことが発生したのは，生産量がゼロであってもかかる費用，すなわち 固定費用が存在するためである．固定費用がゼロであれば，図 4.11 に原点から正値ならどのような傾きの補助線（図の ℓ や $\tilde{p}y$）を描いても，原点では必ず費用曲線と交わり，その結果，ゼロ以上の利潤が保証されることになる．その場合は上で考えた，きわめて低い価格 $\tilde{p}$ がもたらす疑問はなくなる．

限界費用曲線と供給曲線　上で得られた結果は重大である．なぜなら，MC を y の関数として，図に描いたものが「供給曲線」であると理解できるからである．これについて説明しよう．ここでは，費用関数の固定費用部分はゼ

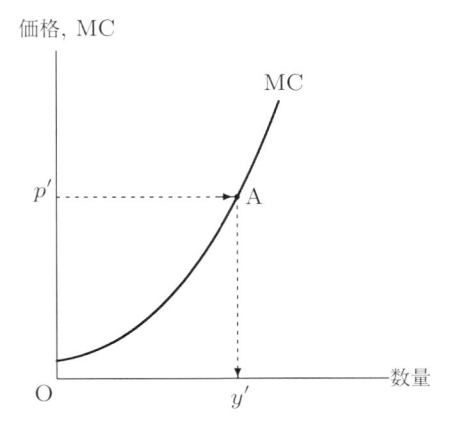

図 4.12：限界費用曲線と供給曲線

ロであると仮定して考える。

上に導出した (4.5) 式と (4.6) 式をみてみる。財価格 p' が与えられると，$MC(y) = p'$ に等しくなる生産販売量 y' が決定されるわけである。つまり，p' に対して販売計画量 y' が決定されることになっている。他の価格 p に対しても，また別の価格に対しても，同じ手続きが可能である。このようにして，「価格の関数としての販売計画量」，つまり供給関数が (4.6) 式から得られるのである。この手続きをグラフに移してみよう。

図 4.12 をみてみよう。限界費用曲線が描かれている。限界費用曲線は「生産量に対して限界費用を与えるもの」であった。いま，縦軸を価格軸にも用いて，縦軸上に価格 p' をとる。すると，$MC(y) = p'$ を満たす y' は限界費用曲線上の点 A で与えられる。

以上から，限界費用曲線を，縦軸から横軸への関係として見直してみると，供給関数となることを意味している。さらに，限界費用曲線が右上がりであることは供給曲線が右上がりであることを意味している。

平均費用曲線と限界費用曲線　一方，大規模な生産を行う巨大企業では，固定費用は無視のできない費用である。このような「大企業」では，財価格を企業が設定する。これは，企業が価格受容者であるという仮定と相容れないところである。固定費用の存在が，一般には収穫逓増的な生産技術が，独占

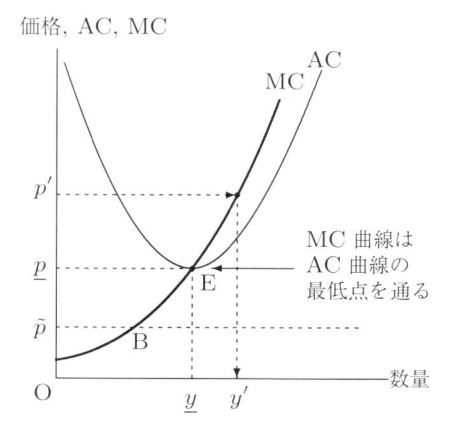

図 4.13：平均費用曲線と限界費用曲線

企業や寡占企業の行動にとって決定的なものになる。独占理論や寡占理論は第 7 章で解説されるが，そこでの利用に資するために，限界費用関数と平均費用関数のグラフを描いてみよう。

それらのグラフは図 4.10 をみれば特徴的な形を持っていることがわかる。図 4.10 の原点を通る傾き $\underline{p}$ の補助線で，費用曲線と接するようなものを探せば，そこでは限界費用と平均費用は一致し，しかもどの生産量の平均費用も $\underline{p}$ よりも小さな値にはならないのである。

図 4.13 には平均費用曲線と限界費用曲線が示されている。図の特徴は，

(i) 限界費用曲線は平均費用曲線の最低点を通る
(ii) 平均費用曲線の左半分では，$AC > MC$ である
(iii) 平均費用曲線の右半分側では，$AC < MC$ である

が成立することである。

図 4.13 に描かれている価格 $\tilde{p}$ はたしかに MC 曲線と点 B でクロスするが，点 B は AC 曲線を下回るので，企業には赤字が発生している。このような場合，多くの企業はこの財の市場から撤退することになろう。価格が $\underline{p}$ より大きいあるいは，生産量が $\underline{y}$ より大きくなって初めて MC 曲線は AC 曲線の上に位置し，初めて利潤が発生するのである。

平均費用の最低点 E は経済学の歴史において特別の注意を払われた点である。点 E では，生産物 1 単位当たりの収入 $\bar{p}$ と 1 単位当たりの費用 AC が一致している。すなわち，収入があらゆるコスト（賃金支払い，利子の支払いなど）に一致するのである。この状態を**完全分配** (exhaustion of the total product) という。

この完全分配が注目された理由は次の通りである。まず，利潤が存在するような高い価格が成立しているとする。すると，この産業に新たな企業の参入がみられ，総供給が増加して，それが市場全体での財価格を押し下げることになる。逆に，利潤がマイナスになるような過剰な供給状態であるときには，企業がこの産業から退出していき，総供給が減少して価格は上昇するであろう。その結果，産業は個々の企業の点 E で安定的な長期均衡を達成すると考えられてきたのである。

第5章

企業の理論 —— 発展編

　この章では，家計（消費者）と並んでミクロ経済学のもうひとつの主役である「企業」に関する理論の標準的枠組を解説する。

　生産技術的に実行可能な生産計画のすべてを集めたものを生産集合という。まず，生産集合の様々な性質を導入する。次いで，生産集合から生産関数と費用関数を導く。

　さらに，短期と長期の区別を導入し，短期費用関数と長期費用関数の間の関係を調べる。

1　基礎事項の復習

まず，これまでに学んだ諸概念の定義を復習しよう。

資源とは，われわれ人間が生存するために必要不可欠なニーズや，よき人生を送る上で有用となる様々な欲求を直接的に，あるいは間接的に充足するための手段のことであった。そして，有形の資源を**財**と呼び，無形の資源を**サービス**と呼んだのであった。

企業とは，生産活動を行う経済主体のことである。**生産活動**とは，資源を使用して，別のあるいは同じ資源をつくり出す活動のことである。生産活動において使用される資源を**投入**と呼び，生産活動においてつくり出される資源を**産出**と呼ぶ。

生産活動において投入する資源を**生産要素** (factor of production) ともいう。生産要素の代表的な例が資本と労働である。**資本** (capital) は，機械，工場，オフィスビルの総称である。機械とは，人力，水力，電気エネルギーなど，様々な形態のエネルギーを使用して稼働させる装置で，様々な形態のエネルギーを出力することで，生産活動に不可欠なサービスを産み出す（例：工作機械，トラクター，パソコンなど）。工場はモノづくりの現場であり，オフィスビルはデスク・ワークの現場である。

労働サービス (labor service) は，財・サービスを生産するために行われる，労働サービスの提供者（**労働者**）による肉体的・精神的活動のことである。労働者が受けた教育やモノづくりの経験などを通じて蓄積してきた知識や職業訓練などで身に付けた技術を**人的資本** (human capital) という。労働サービスは人的資本から産み出されるものと見なせる。

労働者が資本を稼働させてつくり出した財を**生産物** (product) という。機械・工場・オフィスビルはみずから稼働しないが，あたかも資本からサービスが産み出され，それが労働サービスと一緒に用いられて生産物が産出されたかのように見なすと経済分析上有用である。たとえば，高級コピー機のレンタル料金は，高級コピー機という資本から産み出されるサービスを購入するときに支払う対価と見なせる。

生産要素の価格（資本のレンタル価格や賃金率）を**要素価格** (factor price) という。

分析に先立ち，財・サービスの量の測定の仕方と使用する記号について述べておく。測定単位は，経済分析を行う人が自由に定めてよい（しかし，測定単位を決めたら，分析の途中で勝手に測定単位を変更してはならない）。とはいうものの，測定単位の選定には自然な方法がある。たとえば，生産物が米の場合には，生産量を測定するとき，米10キログラムを1単位というように，重量を表す単位を使うのが自然である。

マクロ経済学では，生産物を表す記号としてYが用いられる。しかし，ミクロ経済学では，生産集合を表す記号としてYが用いられる。本書では生産物を表す記号として数量(quantity)を表すqを用いる。資本が機械の場合には，機械1台を資本1単位と定めるのが自然である。

英語で資本をcapitalというから，資本を表す変数としてCを使ってもよさそうなものだが，それを許さない事情がある。ミクロ経済学では，Cは費用(cost)を表す変数として用いられる。ドイツ語では資本をKapitalという。このため，資本の量を表す変数としてKが用いられる。以下，この慣例に従う。

労働サービスの量を測定するときは，労働サービスを提供する人ひとりが働いた時間の単位を使用するのが自然である。たとえば，ある労働者が1時間働いたとき，労働サービス1単位と定める。労働は英語ではlaborというので，労働サービスを表す変数としてLが使用されることが多い。以下，この慣例に従う。

生産物が米の場合を念頭に置いて，生産者を農家と呼ぼう。農家は，資本（トラクターなどの機械）を**レンタル**で米の生産のために使用するか，あるいは自分の所有する資本を稼働する。後者の場合には，会計上ではレンタル料金の支払いは発生していない。しかし，自分の所有する資本を稼働させるということは，資本を貸してレンタル料を稼ぐ機会を失ったことになる。この逸した利益（レンタル料）を**機会費用**という。

2 生産計画と生産集合

(1) 生産集合と生産関数

説明を簡単にするために，経済には財・サービスが3種類しかないものとし，それらを生産物，資本，労働サービスと呼ぶ。

コラム10：米作

　最近の考古学の調査結果によれば，水稲の水田耕作は揚子江中・下流流域が起源であるというのが有力らしい。しかし，稲の伝来ルートは朝鮮半島を経由して九州北部に伝来したのか，それとも，揚子江下流域から直接九州北部に伝来したのか，いまだよくわかっていないようである。それはともかくとして，現代においては米の生産活動は機械化が相当に進んでいる。米作は以下のような工程から成る。

① まず種もみを育苗箱と呼ばれる箱に播いて発芽させる。
② 発芽後にビニールハウスに移し，育てる。
③ 田起こし：トラクターで，田の土を砕いて緑肥などを鋤き込む。
④ 代掻き：トラクターで，圃場（ほじょう）を整え田植えに備える。
⑤ 田植え：育った幼苗を，田植え機で田に移植する。
⑥ 雑草取り，農薬散布，肥料散布等を定期的に行う。
⑦ 稲が実ったら稲刈りと脱穀を同時に行うコンバインで刈り取る。
⑧ 通風型の乾燥機で乾燥する。
⑨ 籾すり機で籾すりを行う。この段階で玄米ができる。
⑩ 精米機にかけて白米ができる。

　農家の米の生産活動における投入は，耕運機，田植え機，コンバイン，トラクターや脱穀機などの財，水田やビニールハウスのための農業用地が産み出すサービス，およびこれらの機械を操作するのに必要な農作業従事者の労働サービス，農業用水，肥料，農薬などである。そして，産出が米という財である。日本の主要な農業用機械メーカーのホームページと各地の農協のホームページを見ると，米作についてのより具体的なイメージが湧くであろう。
　2005年の農林水産省の「農業センサス」と2000年のEUの統計資料「Eurostat」によると，日本の農業就業人口に占める65歳以上の人口割合は約60%で，イタリアの25%，スペインの15%，フランスの10%を大きく上回る。高齢化問題は農業分野で特に深刻であることが示唆される。筆者たちの一人の身近な観察でも，農業従事者の多くが65歳以上のように見受けられる。

米を5単位生産するために，労働を6単位，資本を7単位投入するという生産計画を (5,−6,−7) で表す。マイナスの符号をつけることで，資源が投入されることを表現することになる。

3つの数字を勝手に指定して，一つの生産計画を定義することができる。しかし，その計画が技術的に実行可能とは限らない。たとえば生産計画 (1, 1, 1) について考えよう。この計画は，どの資源も使わずに，米，資本，労働をそれぞれ1単位ずつ産出するという生産計画を表している。しかし，資源をまったく使用せずに何かを産み出すことは不可能である。技術的に実行可能な生産計画のみに注目するのは当然のことであろう。

【生産集合の定義】 技術的に実行不可能な生産計画を除いて，技術的に実行可能な生産計画全部を集めたものを**生産集合** (production set) と呼ぶ。生産集合を Y で表す。$(q, -K, -L) \in Y$ とは，資本を K 単位，労働を L 単位投入して q 単位の生産物を生産するという生産計画が技術的に実行可能であることを意味する。

生産集合に対して，以下の条件を仮定する。

【不活動の可能性】 $(0, 0, 0) \in Y$

【凸性】 $(q, -K, -L) \in Y$ かつ $(q', -K', -L') \in Y$ ならば，$((q+q')/2, -(K+K')/2, -(L+L')/2) \in Y$

生産集合の凸性は，技術的に実行可能な2つの生産計画の平均もまた，技術的に可能な生産計画であることを意味する。

生産計画の定義と具体的な生産活動の事例（たとえば製鉄業）を比較すると，経済理論においては，生産工程の詳細が一切登場しないことに気がつく。経済理論においては，生産活動がいわばブラックボックスとして表現されるのである。生産活動という名のブラックボックスの左側の穴から，資源を投入すると，ある一定時間を経過後にブラックボックスの右側の穴から資源が産出されるのである（図5.1）。

【生産関数の定義】 資本を K 単位，労働を L 単位投入するとき産出可能な生産物の最大値を $f(K, L)$ と書く。すなわち $f(K, L)$ は集合

図 5.1：ブラックボックスとしての生産活動

$\{q|(q,-K,-L) \in Y\}$ の最大値である。$f(K,L)$ を K, L の関数とみなしたものを**生産関数**という。

生産関数の定義により，資本を K 単位，労働を L 単位投入し生産物を $f(K,L)$ 単位生産することは技術的に実行可能である。同様に，資本を K' 単位，労働を L' 単位投入し生産物を $f(K',L')$ 単位生産することは技術的に実行可能である。生産集合の凸性より，

$$(\{f(K,L) + f(K',L')\}/2, \; -(K+K')/2 - (L+L')/2) \in Y$$

ところで，$f((K+K')/2, (L+L')/2)$ は資本を $(K+K')/2$ 単位，労働を $(L+L')/2$ 単位投入したときに得られる産出量の最大値だから，以下の不等式が成り立つ。

【生産関数の凹性】 $f((K+K')/2, (L+L')/2) \geqq \{f(K,L) + f(K',L')\}/2$

生産関数の凹性の意味は，2つの投入計画 $(K,L), (K',L')$ を平均して得られる投入計画 $((K+K')/2, (L+L')/2)$ のほうが，投入計画 $(K,L), (K',L')$ をそれぞれ独立に実行して得られる生産物の平均 $\{f(K,L) + f(K',L')\}/2$ より大きな生産物を産み出すということである。

(2) 規模に関する収穫

生産のために使用するすべての生産要素の投入量を同じ率で増加させたり縮小させたりするときに，生産量がどのように変化するかを述べたのが，**規模に関する収穫** (returns to scale) である。

【規模に関して収穫不変】 すべての投入計画 (K,L) とすべての正の数 t 対して，そしてすべての生産要素の投入量を同時に t 倍にしたときに，生産量も t 倍になるとき，生産技術は**規模に関して収穫不変** (constant returns to scale) であるという。生産関数を使って表現すると，

$$f(tK, tL) = tf(K, L)$$

となる。

　$t = 2$ の場合を考えよう。これまでに行ってきた生産活動をそっくりそのままコピーする（工場の数や機械の台数を 2 倍にし，労働者の雇用を 2 倍にする）と，これまでの 2 倍の生産量が得られるというのが，規模に関して収穫不変の意味することである。同様に，$t = 1/2$ のとき，これまでに行ってきた生産活動を 1/2 の規模に縮小する（工場の数や機械の台数を半分にし，労働者の雇用を 50％削減する）と，これまでの半分の生産量が得られるというのが，規模に関して収穫不変の意味することである。要するに，すべての生産要素の投入を同じ率で拡大したり縮小したりすると，生産量も同率で拡大したり縮小したりするということである。

　ある生産活動をそっくりそのままコピーすることで，規模に関する収穫不変性が，ほとんど成り立つようにみえる。しかし，資本と労働を比例的に拡大するにつれて，生産管理が困難になったり，工場を立地するための土地が不足してくるために，生産量が比例的には拡大しないことがある。つまり，企業の経営能力や土地などの資本や労働以外の生産要素が固定されているため，「すべて」の生産要素を比例的に拡大できないために，生産量が比例的には拡大しない。以上の状況を表現するのが，次の定義である。

【規模に関して収穫逓減】　すべての投入計画 (K, L) と 1 より大きい数 t に対して，すべての生産要素の投入量を同時に t 倍にしたときに，生産量が t 倍を下回るとき，生産技術は**規模に関して収穫逓減** (decreasing returns to scale) であるという。生産関数を使って表現すると，

$$f(tK, tL) < tf(K, L)$$

となる。

　しかし，電話や郵便などのサービス産業では，生産規模が拡大することによって，ネットワーク網の拡大や労働者が生産活動の経験を積み重ねることによって，比例的拡大を上回る生産量が得られる。この状況を表すのが以下の定義である。

【規模に関して収穫逓増】　すべての投入計画 (K, L) と 1 より大きい数 t に

対して，すべての生産要素の投入量を同時に t 倍にしたときに，生産量が t 倍を上回るとき，生産技術は**規模に関して収穫逓増** (increasing returns to scale) であるという。生産関数を使って表現すると，

$$f(tK, tL) > tf(K, L)$$

となる。

(3) 企業理論の課題

企業理論の課題は，企業の生産集合の中のどの生産計画を企業が選ぶのかについて，統一的な視点から説明することである。ここでいう統一的な視点とは，「利潤最大化仮説」と呼ばれる企業の行動仮説のことである。まず，**利潤の定義**を復習しよう。

利潤 ＝（産出の市場価値）－（投入の市場価値）

である。

各財・サービスの価格が与えられれば，以下のような手順に従って，利潤を計算することができる。財の生産量にその価格（財 1 単位を販売することで得られる収入）を掛ければ，その財の販売収入が計算できる。生産するすべての財・サービスの販売収入を計算し，それらを全部合計することで，企業の総収入を計算することができる。

ただし，以上の議論で<u>企業が生産した財はすべて市場で販売されるものと仮定している</u>ことに注意されたい。企業が生産のために投入した財を購入するために支出した金額は，（価格）×（投入した財の購入量）である。投入するすべての財・サービスに関して，その支出金額を計算し，それらを全部合計することで，企業の総支出額を計算することができる。総収入から総支出額を引くことで利潤が求められる。利潤最大化仮説を述べよう。

【利潤最大化仮説】 企業は利潤を最大にするような生産計画を選択する。

これまでと同様に，以下の仮定を置く。

プライス・テイカーの仮定：企業にとって，すべての財・サービスの価格は市場であらかじめ決まっており，企業が生産計画を変更す

ることで価格影響を及ぼすことはできない。この意味で，企業は自己を価格受容者（プライス・テイカー）であると見なす。

3　費用最小化問題と費用関数

　生産のために投入した生産要素の市場価値を費用と呼ぶ。
　費用について注意すべき点がある。企業が生産のために投入した資本を企業が全部所有していたとしよう。この場合，企業は資本のレンタル料金を実際に支払っていないが，自分の資本を自分で使用したために，資本を貸してレンタル料を稼ぐ機会を失ったことになる。このときに失った利益を資本の機会費用という。

費用最小化問題　w は賃金（労働サービスの価格），r は資本のレンタル料を表す。要素価格の組 (r,w) が与えられたとき，生産物を q だけ生産するための費用を最小にするような生産要素の組み合わせ (K,L) を求めよう。

　生産要素の組み合わせ (K,L) の市場価値は，

$$r \times K + w \times L = rK + wL \tag{5.1}$$

と表せる。生産要素の組み合わせ (K,L) で生産物を q 単位生産することが技術的に可能であることは，生産集合 Y を用いて

$$(q, -K, -L) \in Y$$

と表せる。同じ条件を生産関数 $f(K,L)$ を使って表すと，

$$f(K,L) \geqq q \tag{5.2}$$

となる。

等費用線と等産出量曲線　要素価格の組 (r,w) が与えられたとき，**等費用線**（isocost line）とは，一定の費用を生む生産要素の組み合わせの全体をいう。C を定数を表す記号とすると，費用 C に対応する等費用線は，以下の集合として定義される。

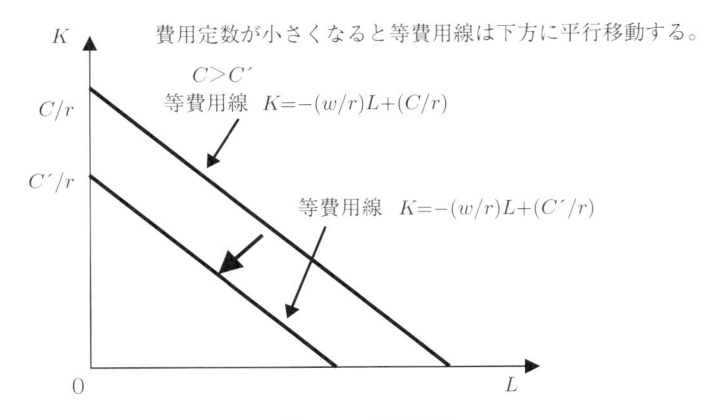

図 5.2：等費用線

$$\{(K,L)|rK+wL=C\} \tag{5.3}$$

この等費用線を表す方程式は，以下のようになる．

$$K=-(w/r)L+C/r \tag{5.4}$$

(5.4) 式より，傾きが $-(w/r)$ で切片が C/r の一次関数のグラフが，一定の費用 C を達成する生産要素の組み合わせの全体を表す．以下，(5.4) 式における定数 C を費用定数と呼ぶ．図 5.2 を参照されたい．2 つの異なる費用定数に対応する等費用線が描かれている．

費用最小化問題の制約条件 $f(K,L) \geqq q$ を満たす生産要素の組み合わせの全体を表す領域が図 5.3 に示されている．これを産出量 q に対応する**制約領域**と呼ぶ．

制約領域は，**等産出量曲線** (isoquant) $\{(K,L)|f(K,L)=q\}$ と，等産出量曲線より上側の領域 $\{(K,L)|f(K,L)>q\}$ から成る．等産出量曲線 $\{(K,L)|f(K,L)=q\}$ は制約領域の境界線に対応し，等産出量曲線より上側の領域 $\{(K,L)|f(K,L)>q\}$ は制約領域の内部を表す．

次に，図 5.4 より，制約領域の内部には費用最小化問題の解が存在しないことがわかる．実際，制約領域の内部にある生産要素の組み合わせを表す点をとり，それを点 A と呼ぶ．この点を通る等費用線を引く．この等費用線を少しだけ下方に平行移動して別の等費用線を描く．点 A が制約領域の内部に

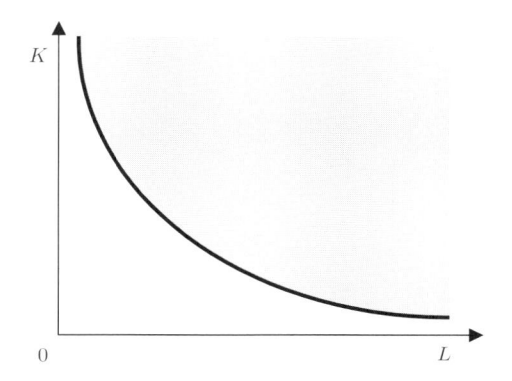

図 5.3：産出量 q に対応する制約領域

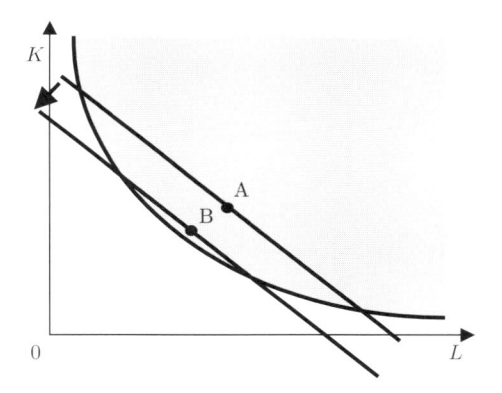

図 5.4：費用最小化問題の解は等産出量曲線上にある

あるから，点 A を通る等費用線を少しだけ下方に平行移動しても，等費用線は制約領域と交わっていることに注意されたい。

この等費用線と制約領域が交わる部分から点を 1 つとり，それを点 B と呼ぶと，点 B は明らかに点 A より小さい費用を達成し，かつ制約領域内に属している。よって点 A は費用最小化問題の解ではない。言い換えれば，費用最小化問題の解が存在するならば，それは等産出量曲線 $\{(K,L)|f(K,L)=q\}$ の上にあるといえる。

等産出量曲線 $\{(K,L)|f(K,L)=q\}$ 上の点をとり，改めてそれを点 A と呼ぶ。点 A を通る等費用線と等産出量曲線が交差しているとき，まだ費用を

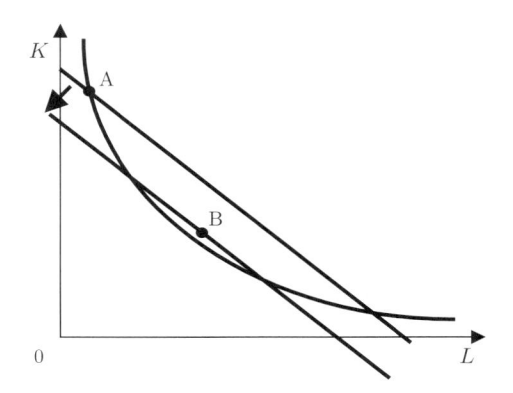

図 5.5：等産出量曲線と等費用線が交差するとき（1）

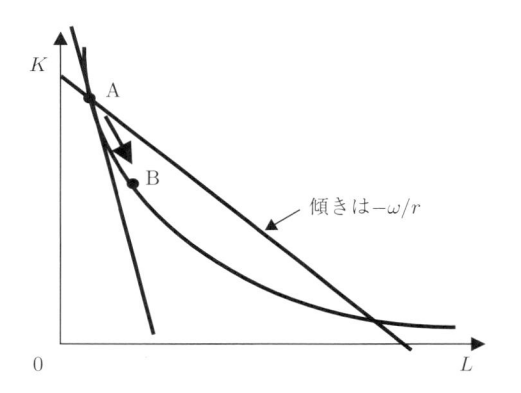

図 5.6：等産出量曲線と等費用線が交差するとき（2）

引き下げる余地があることが図 5.5 に示されている。言い換えれば，点 A が費用最小化問題の解でない。

等産出量曲線上の点で，等産出量曲線と等費用線が交差している状況をもう少し詳しく調べよう。図 5.6 を参照されたい。

点 A における接線の傾きの絶対値が，点 A における技術的限界代替率であることを思い出そう。点 A における限界代替率が要素価格比 w/r より大きい状況が図 5.6 で描かれてる。このとき，等産出量曲線に沿って点 A に十分近い点 B に移動することによって費用を削減することが可能となる。点 A から点 B に移動するとき，相対的に安価な労働を増やし，相対的に高価な資

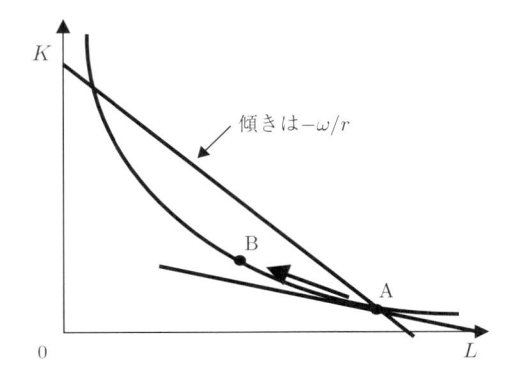

図 5.7: 等産出量曲線と等費用線が交差するとき（3）

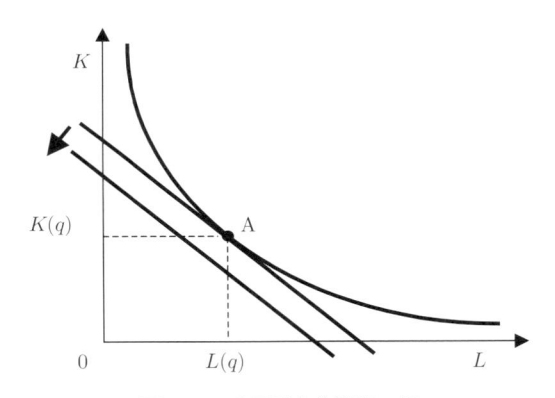

図 5.8: 費用最小化問題の解

本を減らすことで費用を削減していることがわかる。

　等産出量曲線上の点で，等産出量曲線と等費用線が交差している状況を引き続き調べよう。図 5.7 を参照されたい。点 A における限界代替率が要素価格比 w/r より小さい状況が図 5.7 で描かれている。このとき，等産出量曲線に沿って点 A に十分近い点 B に移動することによって，費用を削減することが可能となる。点 A から点 B に移動するとき，相対的に安価な資本を増やし，相対的に高価な労働を減らすことで費用を削減していることがわかる。

　以上の考察から，費用最小化問題の解は，等費用曲線と等産出量曲線の接点として特徴づけられることがわかる。図 5.8 が費用最小化問題の解を示し

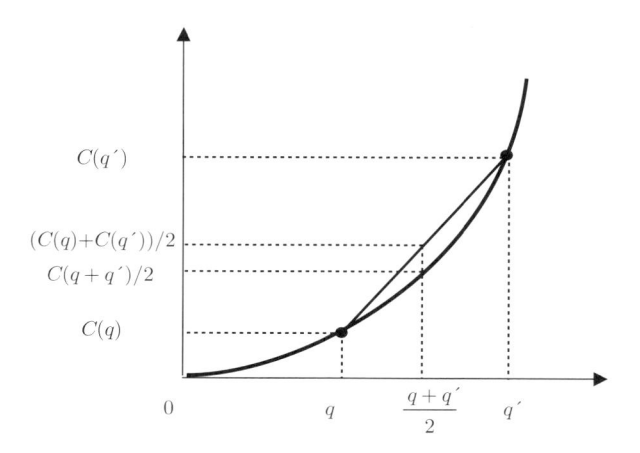

図 5.9：費用関数の形

ている。実際，等費用曲線と等産出量曲線の接点 A を通る等費用線を少しでも下方に平行移動すると，等費用線はもはや制約領域と交わらなくなる。したがって，点 A より低い費用で生産物を q 単位生産するのは不可能である。

費用最小化問題の解を $(L(q), K(q))$ と書く。このとき，費用関数 $C(q)$ を以下のように定義する。

【費用関数の定義】 $\qquad C(q) = rK(q) + wL(q)$

図 5.9 は費用関数の形状を示している。費用関数のグラフ上の 2 点を結ぶ直線は，費用関数のグラフより上側にある。このとき，費用関数は凸であるという。費用関数が凸である理由は以下の通りである。異なる産出量 q, q' に対して，費用最小化問題の解をそれぞれ $(L(q), K(q))$, $(L(q'), K(q'))$ とする。生産集合の凸性より，次のようになる。

$$w \times \frac{L(q) + L(q')}{2} + r \times \frac{K(q) + K(q')}{2} \geqq C\left(\frac{q + q'}{2}\right)$$

この式の左辺は，

$$\frac{C(q)}{2} + \frac{C(q')}{2}$$

に等しい。したがって，次の不等式を得る。

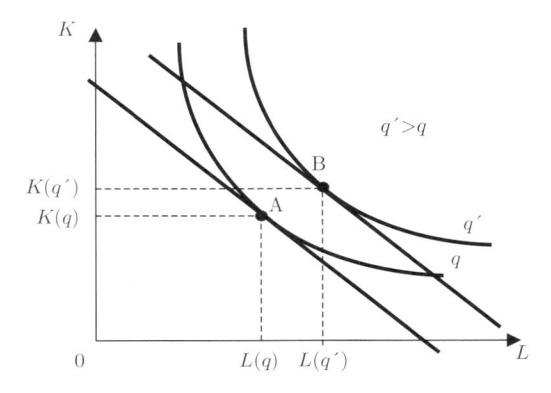

図 5.10：費用は産出量の増加関数

【費用関数の凸性】 $\dfrac{C(q)}{2} + \dfrac{C(q')}{2} \geqq C\left(\dfrac{q+q'}{2}\right)$

次に，費用曲線が右上がりになる理由を考えよう．図 5.10 を見よう．点 A と点 B は，それぞれ産出量 q と q' に対応する費用最小化問題の解である．明らかに点 B を通る等費用線のほうが点 A を通る等費用線より上側にある．よって，以下の不等式を得る．

【費用は産出量の増加関数】 $q' > q$ ならば，$C(q') > C(q)$

限界費用と平均費用 次に，限界費用と平均費用について説明する．まず，限界費用とは何かをみていこう．

【限界費用の定義】 産出量 q における限界費用とは，産出量の変化分 Δq（デルタ・キューと読む）を 0 に近づけたときに費用の平均変化率

$$\dfrac{C(q+\Delta q) - C(q)}{\Delta q}$$

が近づいていく値のことである．すなわち，費用関数のグラフの q における接線の傾きのことである．図 5.11 を参照されたい．産出量 q が与えられたとき，平均費用とは，$C(q)/q$ のことである．

一方，生産集合の凸性の下では，平均費用は限界費用より小さい．この点に関しては図 5.12 を参照されたい．産出量 q が少し増加すると限界費用 $MC(q)$

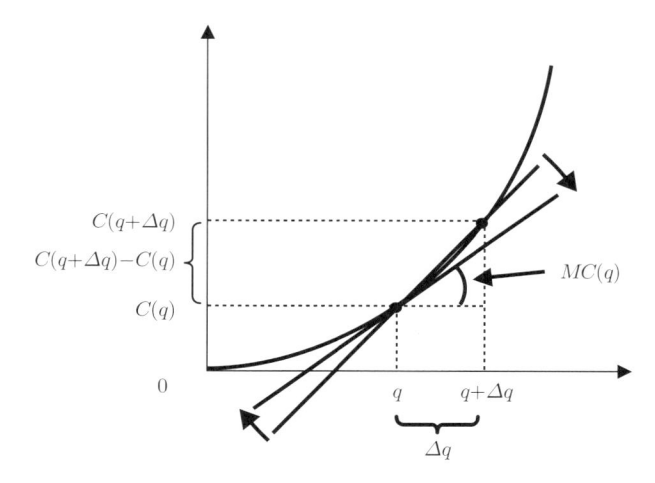

図 5.11：限界費用

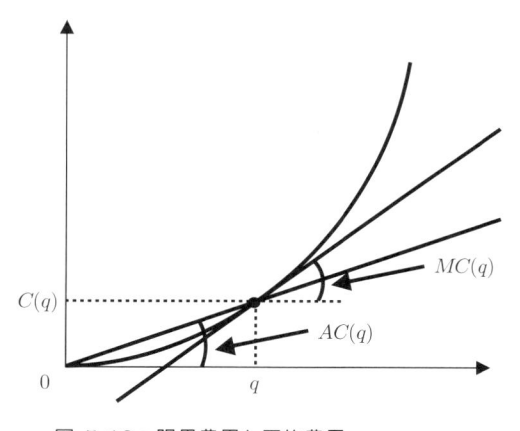

図 5.12：限界費用と平均費用

が少し増加する。これを**限界費用逓増** (increasing marginal cost) と呼ぶ。この現象を理解するには，図 5.13 を参照されたい。したがって，限界費用 $MC(q)$ をグラフに描くと右上がりの曲線となる。

費用関数を使うと，利潤最大化問題は以下のように定式化できる。

【**利潤最大化問題**】 $pq - C(q)$ を最大にするような産出量 q を求めよ。

第 5 章 企業の理論 — 発展編   143

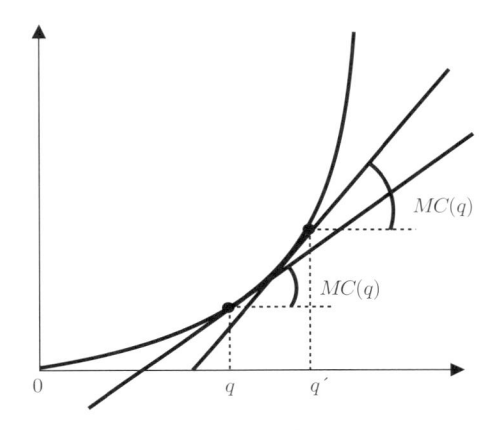

図 5.13：限界費用逓増

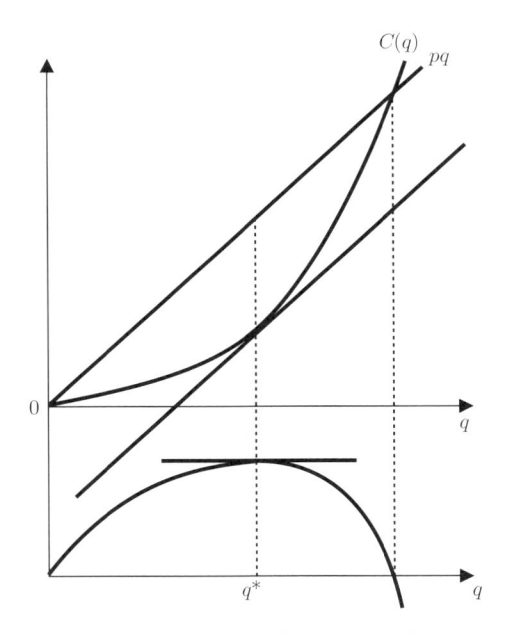

図 5.14：利潤最大化問題の解 q^*

図 5.14 には，企業の収入と産出量の関係を表す収入関数と費用関数のグラフが書かれている．収入関数のグラフは，傾きが p で原点を通る曲線である．企業がプライステイカーなので価格 p は定数である．収入関数と費用関数の

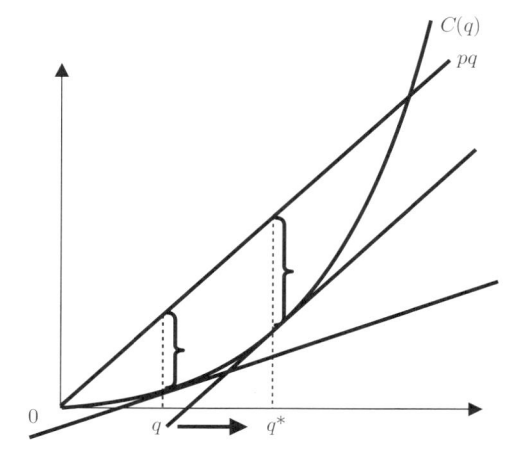

図 5.15：価格 > 限界費用の場合

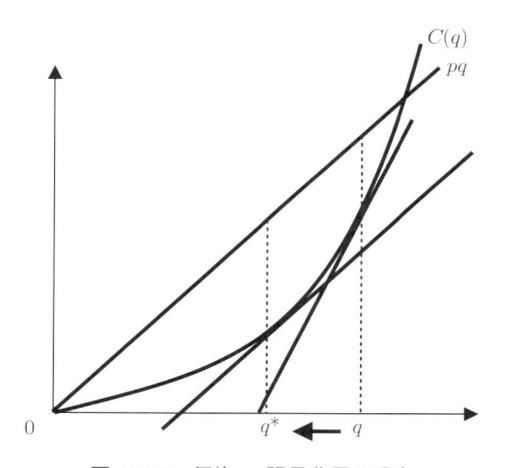

図 5.16：価格 < 限界費用の場合

グラフの垂直差として利潤関数が決まる。利潤関数は限界費用と価格が等しいときに最大となることが，この図よりわかる。

価格が限界費用より大きいとき，産出量を減少させることで利潤を増加させることが可能であることが図 5.15 に示されている。一方，価格が限界費用より小さいとき，産出量を増加させることで利潤を増加させることが可能であることが図 5.16 に示されている。

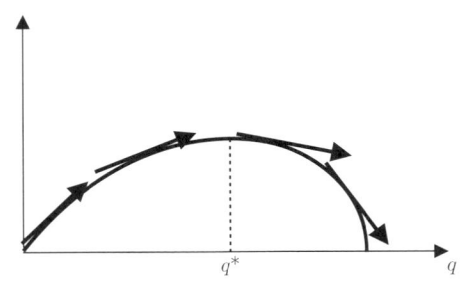

図 5.17: 利潤最大化の論理

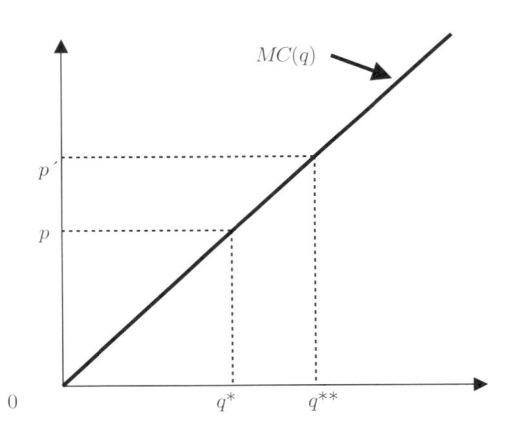

図 5.18: 限界費用と供給曲線

利潤最大化の論理　利潤曲線を山にたとえてみよう．図 5.17 を参照されたい．ゼロの産出量からスタートして産出量を次第に増やしていく．利潤曲線の傾きが正である限り，産出量が増加するにつれて利潤が増加する．利潤曲線という山の斜面を登っていくわけだ．しかしやがて産出量が増加すると，かえって利潤が減少する局面に変わる．この局面では，利潤曲線という山の斜面を下りていくことになる．利潤曲線という山を登る局面が下る局面に変わる，まさにその瞬間が，利潤曲線の頂点に到達したときである．

限界費用と供給曲線　すでに述べたように，生産集合の凸性の下では，限界費用曲線は右上がりとなる．図 5.18 には限界費用曲線が直線であるケースが描かれている．このとき，限界費用曲線を企業の供給曲線と見なすことがで

きることを説明しよう。価格 p が与えられたとき，利潤を最大化するような産出量が企業の供給量であり，それは方程式

$$p = MC(q)$$

の解 q^* である。価格が p から p' に上昇すると，

$$p' = MC(q)$$

を満たす解 q^{**} は q^* より大きいことは，限界費用曲線が右上がりであることから明らかである。与えられた価格に対し，利潤を最大化する産出量が常に限界費用曲線上にあるから，限界費用曲線を企業の供給曲線と見なせる。

長期と短期 イギリスの経済学者アルフレッド・マーシャルが考案した「短期」と「長期」の区別ついて述べる。短期 (short-run) とは，資本 K がすでにある水準に決定されていて，資本を他の水準に調整するのが不可能なほど短い期間を意味する。短期における費用最小化問題とは，K を定数と見なし，制約条件 $f(K, L) \geqq q$ の下で費用

$$wL + rK$$

を最小化するという問題である。

【短期の費用最小化問題】 q, K を定数と見なし，制約条件 $f(K, L) \geqq q$ の下で費用 $wL + rK$ を最小化せよ。

短期の費用最小化問題と対比するため，以前に考察した費用最小化問題を「長期」の費用最小化問題としよう。ここで，**長期** (long-run) とは資本 K をどのような水準にも調整することができるほど十分に長い期間を意味する。要するに，資本 K を定数と見なすか否かというかたちで，時間の長さを（間接的に）表現しようとするわけだ。本章では，マーシャルに従って考察を続ける。

短期の費用最小化問題の解は，簡単に求められる。所与の q, K に対して，

$$f(K, L) = q$$

を満たすような L が，短期費用最小化問題の解である。この L の値を $L_S(K, q)$

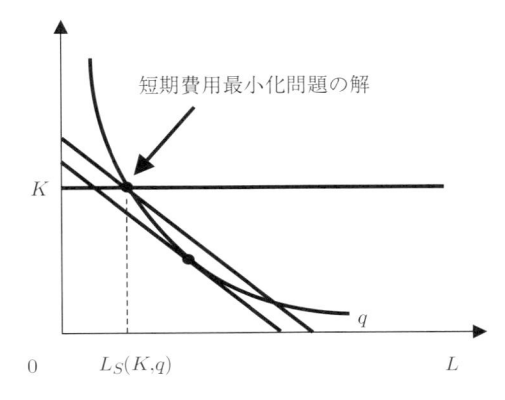

図 5.19：短期費用最小化問題の解

で表す。図 5.19 を参照されたい。

【短期費用関数の定義】 　 $C_S(K;q) = wL_S(K;q) + rK$

ここで C_S は，**短期費用関数** (short-run cost function) を表す記号である。図 5.19 が示すように，短期の最小費用に対応する等費用線のほうが長期の最小費用に対応する等費用線より，一般に上側にある。すなわち，短期費用関数と長期費用関数の間には以下の関係がある。

$$C_S(K;q) \geqq C(q)$$

短期費用と長期費用が一致するのは，短期において所与とされる K が，長期費用最小化問題を解いて得られる資本に一致する場合である。この状況が図 5.20 に描かれている。

短期費用関数の形　　はじめに，短期費用曲線が右上がり（産出量の増加関数）となることを示そう。まず，図 5.21 を参照されたい。等産出曲線付近に対応する産出量が明記されている。$q < q'$ を満たす 2 つの産出量水準 q, q' を考える。産出量 q に対応する短期費用最小化問題の解（点 A）を通る等費用線のほうが，産出量 q' に対応する短期費用最小化問題の解（点 B）を通る等費用線より下側にある。よって，

$$C_S(K;q) < C_S(q')$$

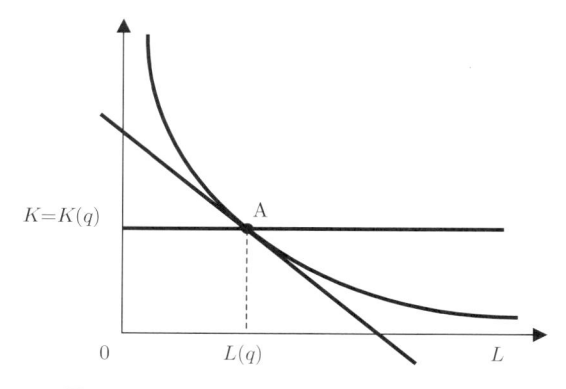

図 5.20：短期費用と長期費用が一致するとき

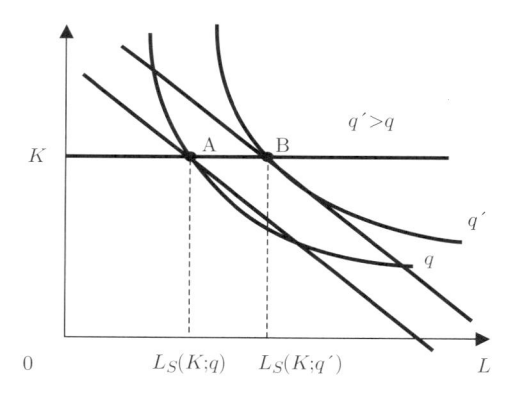

図 5.21：短期費用は産出量の増加関数

がいえた。

次に，短期費用関数もまた凸性を満たすことを示そう。2つの産出量水準 q, q' を考える。定義によって，

$$q = f(K, L_S(K;q)), C_S(K;q) = wL_S(K;q) + rK$$
$$q' = f(K, L_S(K;q')), C_S(K;q') = wL_S(K;q') + rK$$

生産関数の凹性より，

$$\frac{q+q'}{2} = \frac{f(K, L_S(K;q)) + f(K, L_S(K;q'))}{2}$$

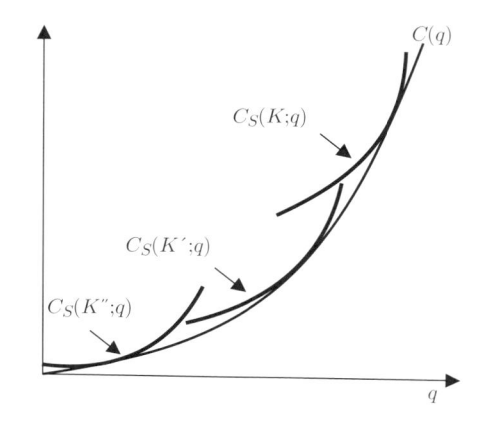

図 **5.22**：短期費用曲線と長期費用曲線

$$\leq f\left(K, \frac{L_S(K;q) + L_S(K;q')}{2}\right)$$

産出量 $(q+q')/2$ に対応する短期費用最小化問題を考える。定義により，

$$\frac{q+q'}{2} = f\left(K, L_S\left(K; \frac{q+q'}{2}\right)\right)$$

よって，

$$f\left(K; L_S\left(K; \frac{q+q'}{2}\right)\right) \leq f\left(K, \frac{L_S(K;q) + L_S(K;q')}{2}\right)$$

生産関数は労働に関して増加関数だから，

$$L_S\left(K; \frac{q+q'}{2}\right) \leq \frac{L_S(K;q) + L_S(K;q')}{2}$$

両辺に w を乗じてから rK を加えると，以下の不等式を得る。

【短期費用関数の凸性】　　$C_S\left(K; \dfrac{q+q'}{2}\right) \leq \dfrac{C_S(K;q) + C_S(K;q')}{2}$

これまでに得た結果を要約したのが図 5.22 である。図 5.22 には，長期費用曲線と，異なる資本水準 K, K', K'' に対応する短期費用関数が描かれている。短期費用曲線は必ず長期費用曲線の上側にあり（図 5.19），かつ長期費用曲線と1点で交わっている（図 5.20）。したがって，長期費用曲線は，各産出

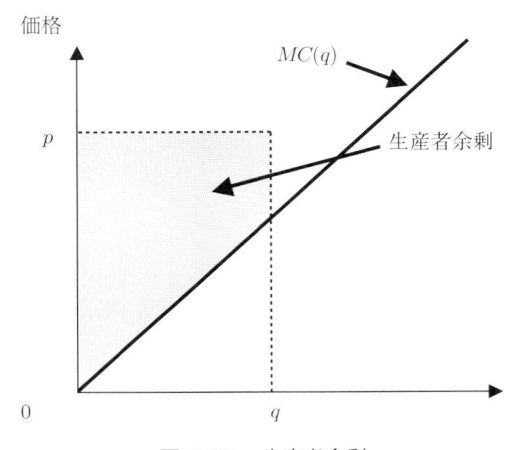

図 **5.23**：生産者余剰

量水準において短期費用の最小値を結んで形成した**包絡線** (envelope curve) と見なせる。

生産者余剰　価格 p と産出量 q のペア (p,q) が与えられたとする。このとき，**生産者余剰** (producer's surplus) とは，産出量の市場価値 $p \times q$ から 0 から q までの産出量水準の区間 $[0,1]$ と限界費用曲線に挟まれた領域の面積を引いたものである。図 5.23 を参照されたい。

生産者余剰の意味を理解するため，産出量が整数単位の値しかとらない場合について考える（産出量が連続変数の場合には微積分の初歩の知識が必要となる）。費用関数を $C(q)$ で表す。$q-1$ における限界費用 $MC(q-1)$ は

$$MC(q-1) = C(q) - C(q-1)$$

で定義される。価格と産出量のペア (p,q) が与えられたとき，

$$\begin{aligned}
\text{生産者余剰} &= p \times q - \{MC(0) \times 1 + MC(1) \times 1 + \cdots \\
&\qquad\qquad + MC(q-1) \times 1\} \\
&= p \times q - \{(C(1) - C(0)) + (C(2) - C(1)) + \cdots \\
&\qquad\qquad + (C(q) - C(q-1))\} \\
&= p \times q - C(q) + C(0) \\
&= \text{利潤} + \text{固定費用}
\end{aligned}$$

第 5 章　企業の理論 — 発展編　　151

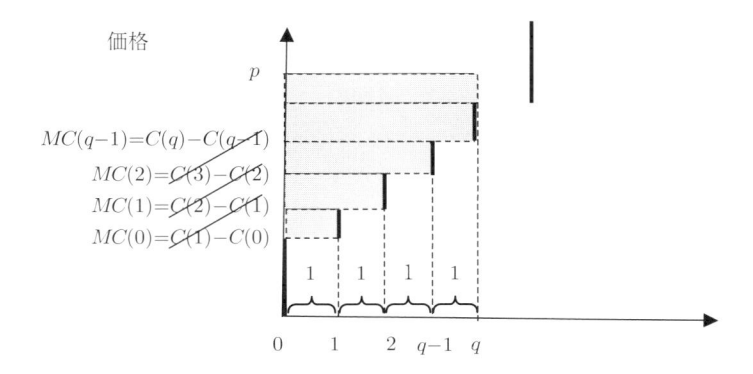

図 5.24：生産者余剰の意味

上の式の意味を理解するのに図 5.24 が有用である。

供給の価格弾力性　供給が価格の変化に対してどの程度敏感に反応するかを測定する尺度を供給の価格弾力性という。より正確には，

$$\text{供給の価格弾力性} = (\text{供給量の変化率}) \div (\text{価格の変化率})$$

である。供給曲線が直線の場合，供給の弾力性を図によって表示できる。そのために，若干の記号を用意しよう。p_0 を変化前の価格，p_1 を変化後の価格とする。対応する供給量をそれぞれ S_0, S_1 で表す。S は供給 (supply) に由来する。このとき，

$$\text{供給量の変化率} = \frac{S_1 - S_0}{S_0}, \quad \text{価格の変化率} = \frac{p_1 - p_0}{p_0}$$

であるから，

$$\text{供給の価格弾力性} = \frac{S_1 - S_0}{S_0} \div \frac{p_1 - p_0}{p_0}$$

である。以上の準備の下で，図 5.25 に供給の価格弾力性を表示しよう。

図 5.25 で，OC $= p_0$, OD $= p_1$, OA $= S_0$, OB $= S_1$ である。

図 5.25 を詳しく検討すると，供給の価格弾力性は OE/OA に等しい。この図からわかるように，供給曲線が直線で横軸（供給量を測る）と交わるとき，供給の価格弾力性は 1 より小さい。このとき供給が**価格非弾力的** (price

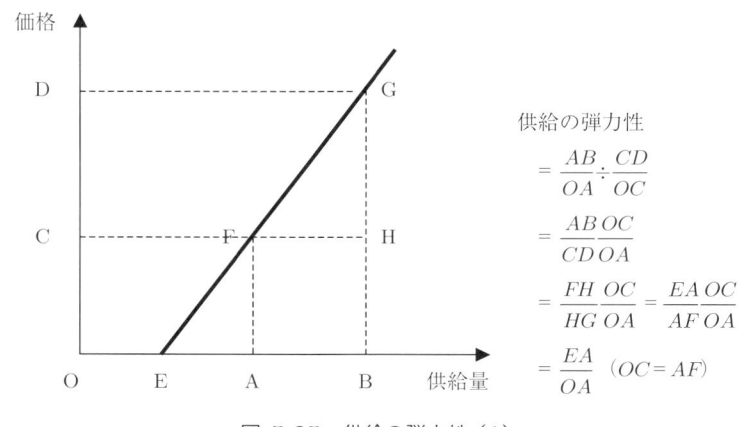

図 5.25：供給の弾力性 (1)

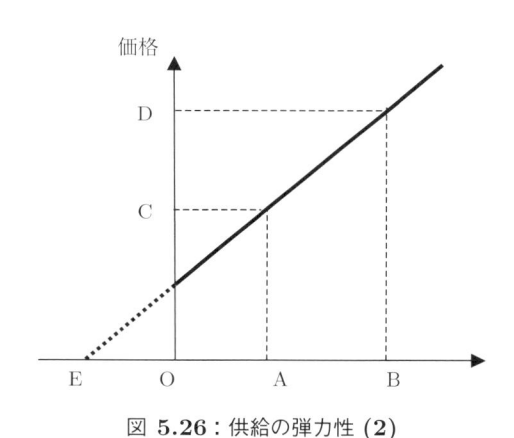

供給の弾力性
$$= \frac{AB}{OA} \div \frac{CD}{OC}$$
$$= \frac{AB}{CD}\frac{OC}{OA}$$
$$= \frac{FH}{HG}\frac{OC}{OA} = \frac{EA}{AF}\frac{OC}{OA}$$
$$= \frac{EA}{OA} \quad (OC = AF)$$

図 5.26：供給の弾力性 (2)

inelastic) であるという。

これに対して，供給曲線が直線で縦軸と交わる場合には供給の弾力性は 1 より大きい。このとき供給が**価格弾力的** (price elastic) であるという。図 5.26 を参照されたい。

コラム 11：鉄鋼メーカー

　エジプトのピラミッドの中で発見された鉄製ナイフが作られたのが，およそ紀元前 4000 年と推定されている。どのようにして人類が鉄を作る技術を発見したのかはいまだにわかっていないようだが，それはともかく，現代の製鉄業についてみてみよう。

　まずは銑鉄（せんてつ，pig iron）を作る工程について。銑鉄は炭素含有量が高く，硬い。しかし，衝撃を与えると壊れやすい。銑鉄の原料は鉄鉱石，コークス（石炭を焼いて硫黄を除去して作る），石灰石などである。新日鐵やJFEスチールなどでは高炉を使用して銑鉄を生産する。高炉に 1200 度前後の熱風を送り込み原料の鉄鉱石に含まれる酸素を除去する（理科で学んだ「還元」である）。字が示すように，高炉は（大型のものでは）100 メートルを超える高さを誇る。ちなみに，現在，銑鉄の生産量が世界 1 位の国は中国である。

　銑鉄を転炉と呼ばれる炉に移し，炭素やその他諸々の不純物を除去して鋼 (steel) を作る工程を製鋼という。転炉において高熱を加えられ溶けた鋼（溶鋼）が作り出される。溶鋼を鋳型に注ぎ込み固める工程を鋳造という。鋳造されたものを鋼片という。

　鋼片に高圧を加えて「鍛える」工程を圧延という。圧延の工程中に，加熱や冷却などの熱処理が施され，棒線，厚板，薄板，鋼管などの最終的な鉄鋼製品が作り出される。昔は，加熱して赤くなった鋼をハンマーでたたいて圧力を加えていた。文字通り『鉄は熱いうちに打て』の世界である。現在では，圧延のためにロールが使用される。生産活動において複数の財が生産されることを結合生産 (joint production) という。明らかに，鉄鋼業は結合生産の典型的事例である。

　製鉄業をさらに理解するのに，以下の事柄が有用であろう。
① 製鉄の工程では，大量の熱エネルギーが必要とされる。それらの熱エネルギーは製造工程で発生する可燃性ガスによって賄われる。
② また，炉などの設備や加工された製品の冷却に水が使用される。鉄鋼 1

トンにつき，実に水 100 トンが必要だそうだ。そのため，水の再利用が欠かせない。

③　銑鉄，製鋼，圧延までに要する時間はおよそ 1〜2 カ月である。

④　鉄鋼の注文を受けてから生産が開始される。いったん製造された鉄鋼製品は倉庫に保管される。その後，製鉄所から船で物流拠点に出荷され，国内の買い手向けに<u>陸上輸送</u>される。<u>輸出の場合は，ほとんどの場合，海上輸送</u>である。ちなみに，輸出先の上位三国は韓国，中国，タイ（2008 年度）である。

⑤　鉄鉱石と石炭は輸入に依存している。ちなみに，2008 年度の輸入先の上位三国は，オーストラリア，ブラジル，インドであった。石炭の輸入先はオーストラリアがおよそ 7 割を占めている。

⑥　製鉄業は，コンピュータによる情報処理を最も早く導入した産業の一つと言われている。高熱下での生産工程を正確に制御するというニーズは，産業用のコンピュータの早期導入を促した。また，鉄鋼の顧客たちの注文は大量かつ多様であり，コンピュータによる顧客情報の処理・管理がきわめて重要である。これらの要因が，大手の鉄鋼メーカーのグループ会社として新日鉄ソリューションズなどの情報関連企業を生む背景となった。

第 III 部

「均衡」する世界

第 6 章
市場均衡がもたらすもの

　これまでの第Ⅰ部と第Ⅱ部では，経済学の欠くことのできないパーツである需要と供給をあれこれと学んできた。この第Ⅲ部ではそれらを需要と供給の一致，すなわち市場均衡として総合する。ここでは市場均衡とそのパフォーマンス（第 6 章）そして市場の欠陥と価格支配力（第 7 章）について解説する。

　本章では，均衡についての考察とともに市場均衡が高い効率性をもたらすことを紹介する。効率性を測る方法として 2 つのもの，総余剰とパレート効率性がある。需要と供給が一致することが総余剰を最大化すること，さらに，需要と供給が一致する状態はパレート効率的であることが解説される。さらに，外的な需要ショックに対して，均衡がどのように変化するかも考察される。

1 「市場が均衡している」とは

いま，池に石を投げたとしてみよう。石は水面に波紋を広げていくだろう。その波について考察するとき，二種類の方法がある。一つは，石が水に入った箇所に限定すればよいという考え方である。つまり，他の離れた場所に届く波は小さいので，それらは考慮に値しないという考え方である。一方，池に投げた小石が波紋をつくり，それが岸に反射して，波と波が干渉や増幅を繰り返す。そのため，小石が投げられた箇所だけを見るのではなく，池全体を見る必要があるという考え方もあろう。

経済学にも，これによく似た二つの接近法があり，前者に対応するものを**部分均衡分析** (partial equilibrium analysis)，後者に応じるものを**一般均衡分析** (general equilibrium analysis) と呼ぶ。つまり，ある特定の財の市場にだけ注目するものが**部分均衡**であり，あらゆる市場を考察しようというのが**一般均衡**である。「部分」の対語は必ずしも「一般」ではない。経済学では英語の general を「一般」と訳しており，ここで「一般」は「例外なくあらゆるもの」の意味で用いられている。

部分均衡では，ある財の市場に変化があるとき，主たる変化はその財の市場で発生すると考える。一方，一般均衡では，財の連関性を通じて様々な市場が連携して変化するので，それらをすべて捉えようとする。正確を期するなら一般均衡で考察する必要があるが，部分均衡によっても興味深い内容が得られる。第 2 節では主に部分均衡を考察する。一般均衡は第 3 節で解説される。

均衡 部分均衡と一般均衡という二種類の「均衡」は「需要と供給の一致」を表現するものである。第 I 部と第 II 部では，ある財への個々の需要の合計はその財価格が上昇すると減少し，一方，供給の総計は価格の上昇とともに増加すると考えられることが解説されてきた。その様子は図 6.1 に描かれている。

図 6.1 の点 E (q^*, p^*) において，需要と供給が一致していることが読み取れよう。点 E を**均衡点**，価格 p^* を均衡価格と呼ぶ。経済学では，需要と供給が一致するところで取引の数量と価格が決まると想定する。

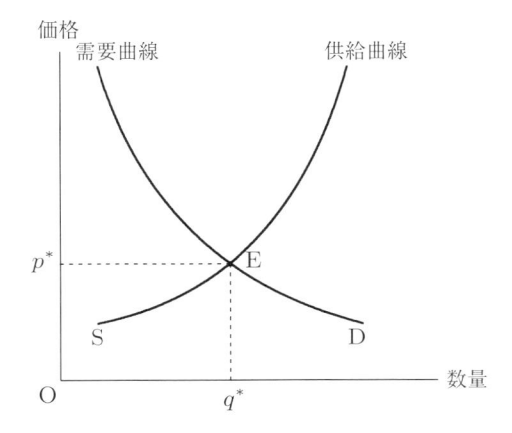

図 6.1：需要と供給の一致

部分均衡分析では，「他の諸財の市場には変化がないと想定して（Ceteris paribus, 他の事情を一定にして）」，現在考察している財の市場だけに着目する。つまり，

部分均衡：1 枚だけの図 6.1 を考察する

のである。一方，一般均衡分析では，財の数だけの需要と供給の一致を考察する。すなわち，

一般均衡：財の数だけの図 6.1 を考察する

のである。

市場のはたらき　均衡点（図 6.1 や図 6.2 の点 E）で取引がなされると考えたが，そのようなことを成立させるのは何であろうか。

いま，考察している財の市場において，図 6.2 の価格 p が形成されたとする。このとき，総需要は pB だけ，総供給は pA だけのサイズがある。つまり，AB だけの超過供給 (excess supply) である。言い換えると，AB だけの財が売れないまま残される。このようなときには市場内で自然に価格下落が発生するであろう。

逆に，価格が図 6.2 での p' に決まったとすれば，今度は，需要が供給を

コラム 12：ザラ場：価格のつくり方 1

　経済学では「市場」で価格が形成されると考える。しかし，日常の生活で価格が形成されるのを見ることは多くはない。実際，食堂や百貨店そして書店などでも「すでに価格が付けられた」モノが売られている。

　それに対して，実際に価格が形成される現場を見ることができる「市場」は証券取引や商品取引において存在している。株式の取引は証券取引所でなされ，日本には東京証券取引所（東証と呼ばれる）と大阪証券取引所（大証）を含め名古屋，札幌，福岡にも証券取引所がある（ただし，東証と大証は 2013 年 1 月に経営統合する）。証券取引の規模はきわめて大きい。たとえば東証 1 部の 2011 年 7 月の取引額は 252 兆円にものぼる。

　株式取引では価格と数量の決定がザラ場方式によってなされる。ザラ場方式では，売り手（買い手）が，価格と数量を指定して売り（買い）の注文をする。このような価格は必ずしも実現する価格ではなく指し値と呼ばれる。ある時点にある株式について，

　　売り注文　a: 100 円で 2000 株，b: 101 円で 5000 株，……
　　買い注文　……, c: 99 円で 4000 株，d: 101 円で 3000 株

があり，d の買い注文が入ったばかりであるとする。この売り注文を見ると，a は 100 円以上なら 2000 株まで，b は 101 円以上なら 5000 株まで売ってよいと考えることができる。したがって，価格が 100 円未満なら総売り注文（供給）はゼロ，価格が 100 円なら 2000 株，101 円以上なら 7000 株の売りとなっている。階段状ではあるが，右上がりの供給曲線になっている。同様に，買い注文からも右下がりの需要曲線が得られる。

　ザラ場取引の進行を上の例で見てみよう。まず価格が優先され，d の買い注文と a の売り注文が 100 円で 2000 株の取引が決定（約定）される。d の残りの［101 円で 1000 株買い］が売り注文となり，b の売り注文と 101 円で 1000 株が約定され，残りの 4000 株が 101 円での売り注文として残る。同じ指し値での注文が複数あれば，時間の早い注文が優先して約定される。

注文の中には，指し値のない成り行き注文がある。例に戻ってそれを説明すると，a，d，b の取引の後に，2000 株の成り行き買い注文があれば，注文の時間的順序にかかわらず，最も安い売り注文 b と取引が決まり，101 円で 2000 株が約定されることになる。

このようにして，次々に入ってくる注文に応じて継続的に価格と取引量が決められていく。

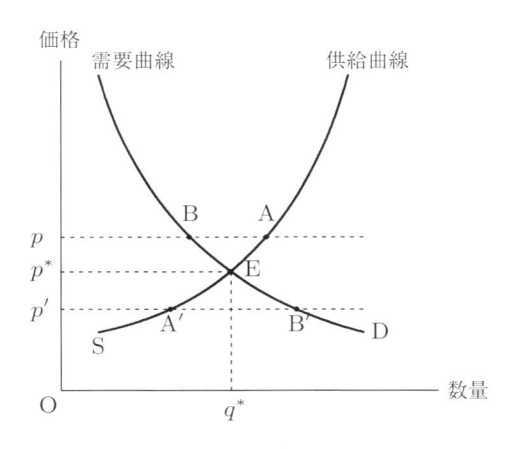

図 6.2：均衡点以外で

$B'A'$ だけ超過してしまう（超過需要，excess demand が発生する）。消費者がこの財を買いたいと思っても買うことができないのである。やはり，価格が上昇するような圧力が市場で自然に発生するであろう。

価格 p^* 以外では，p や p' におけるのと同じ状況となる。しかし，価格 p^* では，購入予定（需要）と販売予定（供給）が一致しており，何ら価格が変動する必然性がない安定的な状態である。しかも販売者も購買者も売りたいだけを，そして買いたいだけを取引しており，両者は満足している。この意味で，p^* は均衡価格である。需要曲線と供給曲線をそれぞれ関数のかたちで，$D(p), S(p)$ と表現すれば，p^* は

$$D(p) = S(p)$$

コラム 13：板寄せ：価格のつくり方 2

　ザラ場方式が最も広く採用されている価格のつくり方であるが，もうひとつの価格を決定する方式がある。それは，板寄せ方式と呼ばれる。

　読者の中には「2011 年 8 月 8 日に農林水産省から試験上場の認可あり，コメ先物の取引が始まった」というニュースを見た記憶がある人もいるだろう。江戸時代から戦前まで存在していたコメの先物市場の復活である。東京穀物商品取引所（東京）と関西商品取引所（大阪）がコメ先物の取引を扱っているが，その取引方式が東京ではザラ場，大阪では板寄せ方式となっている点は興味深い。

　板寄せ方式は，売り手買い手がそろって単一の取引価格を決める方式である。立会場と呼ばれる取引所に，多くの売り手と買い手そして競り人（撃柝係，オークショニア [auctioneer] ともいう）と数人の係員がいる。まず，競り人が呼び値と呼ばれる価格を宣言する。それに対して，売り手と買い手がどれだけを購入・販売するかを回答する。それを係員が記帳・合算して，売り買いの量が一致すれば，それを約定価格（取引価格）とする。売り買いが一致しなければ，回答された売り買いは白紙の状態に戻される。そして，競り人は新しい呼び値を叫び，一致するまで呼び値を変更し続ける。

　以上の板寄せ方式は，一つの立会時間内（節と呼ばれる）に一つの取引価格が決まるので「単一約定値段方式」とも呼ばれる。取引価格が刻々と変わっていくザラ場方式と比べて，板寄せ方式では約定前でも大体の「取引価格」がわかる。一方，板寄せ方式には取引価格の決定に時間がかかるという側面もある。実際，かつて東京穀物商品取引所で行われていた立会は午前と午後にそれぞれ 3 節で合計 6 節とその数は多くはなかった。

　かつて東京穀物商品取引所でも板寄せ方式をトウモロコシ，大豆，コーヒー豆そして砂糖について採用していた。他の商品取引所でも板寄せ方式が採用されるものがいくつかあった。世界的にはザラ場方式が採用されていること，ザラ場方式では時間を問わず新規の取引ができる点で機動的である。現在では東京穀物商品取引所ではザラ場方式に変更されている。現時点で板寄せ方

> 式を採用している例は少ない。
> しかし，図 6.2 で説明されている「均衡価格の決定」とピッタリと一致しているのはザラ場方式ではなく板寄せ方式である。

という方程式の解である。経済学では，この方程式を解くことで，価格が決定されると考えている。そして，実際にこの方程式を解いているのは，言い換えると，価格を上げ下げして需要と供給を一致させているのは，市場における価格を形成する能力である。

市場において均衡価格が探索されていくが，それをまとめると，

　　需要 < 供給 ならば 価格は下落する
　　需要 > 供給 ならば 価格は上昇する

ということになる。

このような価格の調整を市場が自律的に行っていると想定する。市場には価格の競り人（auctioneer, オークショニア）がいて，次々と価格を摸索していくと想定しているのである。実際の商品取引では価格の調整をする競り人が存在している場合もあるが，株式取引では必ずしも存在していない（コラム 12 と 13 を参照されたい）。このような価格の調整を，発案者の名を冠して**ワルラス的調整過程**という。

2　市場のパフォーマンス

価格の変動　さて，市場において，ある財の価格が高くなっていくということは，その財について

(i)　生産者には，儲けがある
(ii)　消費者には，高くても欲しい人はどうぞ

というシグナルになっている。したがって，価格の上昇が継続すれば，生産者はこの財の生産に資源を集めるであろうし，高価でも買いたいという「その財を必要とする消費者」に利用させることになる。まさに「必要とする人

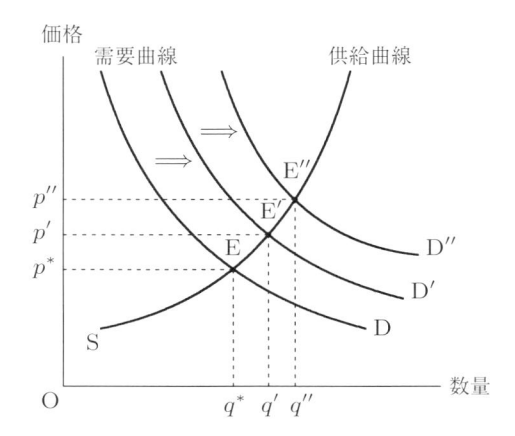

図 6.3：需要曲線のシフト

に必要なモノを」与えている。価格が下がっていく場合にはこれとは逆のシグナルを出すことになる。

　市場が価格を通じて経済の構成員にゴー・ストップのシグナルを出す交通信号機の役割をして，経済を誘導している。このような市場の働きは，**市場機構** (market mechanism) あるいは，**価格機構**と呼ばれる。ミクロ経済学の重要な役割は市場機構が持つ性質やそのパフォーマンスを調べることである。

　上の説明にあった「価格が上昇し続けるケース」を部分均衡で図解してみよう。ある財（たとえばゲームソフト）の需要に何らかの外的な理由（例：新作ソフトが販売される）で増加があったとしてみる。もちろん部分均衡で考えるので，他の諸財の市場は変わらず，ゲームソフトの需要と供給だけを考える。ここでは「外的な理由でゲームソフトの需要が増加した」ということであるから，ゲームソフトの価格が下落して需要が伸びたというような需要曲線上の変化では表現できない。したがって，図 6.3 に図示されているような「需要曲線 D から，新たな需要曲線 D′ に移動した」場合がこれに相当する。これを需要曲線のシフトという。図 6.3 にあるように，需要曲線が D から D′ に，そしてさらに，D′ から D″ にシフトしたとする。人気のあるゲームソフトが次々と販売され人々の購入意欲が刺激されている，という状況である。

　また，供給曲線が図の曲線 S と表されるとすると，需要の変化前には，E

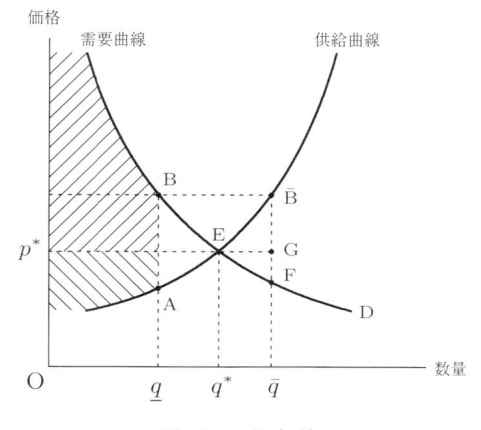

図 6.4：総余剰

点で需要曲線と供給曲線が交差し，価格 p^* と数量 q^* で需要と供給の一致が成立している。需要曲線のシフト後には，均衡は E′ 点に移り，さらなる D′ から D″ へのシフトは，均衡点を E″ に移すことになる。つまり，需要関数のシフト D ⇒ D′ ⇒ D″ は均衡点を

$$(p^*, q^*) \Rightarrow (p', q') \Rightarrow (p'', q'')$$

に変化させ，価格と数量は

$$p^* < p' < p'', \quad q^* < q' < q''$$

と，どんどん大きくなり，市場が拡大していく状態となる。

市場のどこがよいか　市場で決まる均衡が優れていることがこれまで説明されてきたが，それをもう少し具体的に説明してみよう。第 I 部と第 II 部で消費者余剰と生産者余剰を学んでいる。消費者余剰と生産者余剰の和を**総余剰**(total surplus) という。消費者余剰は消費者のネットの満足を金額表示したものであり，一方，生産者余剰は利潤に一定の固定費用を加えたものである。総余剰が大きいことは社会にとってよいことであろう。

図 6.4 に均衡点 E が描かれている。点 E で取引されると，消費者余剰は線分 p^*E と需要曲線との間に囲まれた部分の面積，生産者余剰は線分 p^*E

と供給曲線との間に囲まれた部分の面積である。

いま，均衡の取引量が q^* ではなく，何らかの理由でより少量の $\underline{q}$ が価格 p^* で取引されたとする。このとき，このときの消費者余剰は右上がりの斜線が施された部分となり，生産者余剰は右下がりの斜線が描かれた部分となる。すなわち，総余剰は図形 ABE の面積だけ小さくなる。

次に，均衡取引量 q^* よりも大きな数量 $\bar{q}$ に固定された場合を考えよう。前と同じく，取引価格を p^* としておく。消費者余剰は，均衡数量 q^* に比べて，図形 EGF の面積だけ少なくなる。同様に，生産者余剰も均衡に比べると，図形 E$\bar{B}$G の面積だけ少なくなる。その結果，均衡数量 q^* での総余剰よりも図形 F$\bar{B}$E の面積だけ小さい。

以上の議論は次のようにまとめられる。

総余剰の最大化：需要と供給が一致する価格 p^* と取引数量 q^* において総余剰は最も大きくなる。

総余剰が最大化されることが需要と供給の一致において取引が決定されることの優れた点である。以上の議論の本質は取引数量が q^* となることである点に注意されたい。

自由貿易の利益　総余剰を用いて，自由貿易にはよい性質があることを説明しよう。

図 6.5 を見てみよう。いま，ある国を念頭に置いて，その国の経済活動が国際価格に影響を与えることがない程度に"小さな国"であるとする（「小国の仮定」という）。ある財を取り上げて，その国際価格が p であるとする。もし貿易がなければ，需要曲線と供給曲線の交点 E で取引がなされ，総余剰は，需要曲線と供給曲線そして縦軸で囲まれる部分の面積となる。

一方，貿易が自由になされる場合，この国の国民は価格 p でこの財を購入できる。しかも小国の仮定があるために，この国が購入しても国際価格を変動させることはない。そうすると，国民は $\bar{q}$ まで購入できる。$\bar{q}$ のうちの $\underline{q}$ が国内の生産者が供給する部分であり，$\bar{q} - \underline{q}$ が輸入される部分となる。その結果，総余剰はどのようになるであろうか。消費者余剰は図 6.5 の横軸に平行な pB と需要曲線とによって囲まれる面積だけになる。

他方，生産者余剰は pA と供給曲線とによって囲まれる面積の大きさとなる。

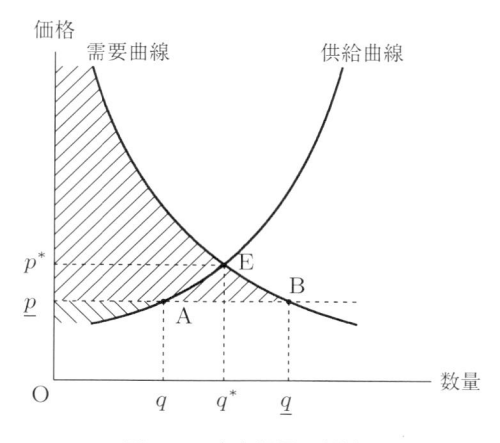

図 6.5：自由貿易の利益

生産者余剰は図形 $p^*\text{EA}\underline{p}$ の面積だけ減少するが，消費者余剰は図形 $p^*\text{EB}\underline{p}$ だけ増加する．総余剰では，図形 EBA の面積だけの純増である．

したがって，自由貿易が行われると，総余剰は大きくなる．読者の中には，貿易の支払いを差し引く必要があるのではないか，と感じる方もいるだろう．海外から購入した代金は，図 6.5 の図形 $\text{AB}\overline{q}\underline{q}$ の面積となっている．これはすでに家計が支払っていて，消費者余剰には入っていないことに注意されたい．

間接税の影響 需要と供給が一致するときに総余剰が最大化され，良好な状態になることがわかった．では，課税は何をもたらすであろうか．間接税の課税がされた場合でも「需要と供給の一致」によって価格が決まるのだから，やはり総余剰は最大化されているのだろうか．それとも，何らかのコストを発生させているのであろうか．この問題について考えてみよう．

図 6.6 を見てみよう．ある財に間接税が財 1 単位に t 円だけの課税がなされたとする．間接税導入前の供給曲線は S である．グラフの縦軸は価格であるが，消費者が直面する税込みの価格を測るとする．すると，課税後は供給曲線は上方に課税分 t だけシフトして S' になる．需要曲線を変更する必要はない．すると，需要と供給が一致する均衡点は E から B に移動する．その結果，消費者余剰は，需要曲線と価格が $p+t$ の横軸に平行な線で囲まれ

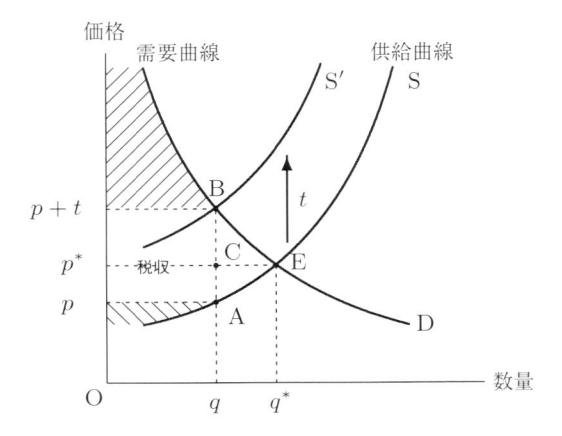

図 6.6：間接税がもたらす超過負担

る（右上がりの斜線が付けられた）図形の面積である。一方，価格が $p+t$ のとき，生産者が受け取る価格は p であるから，生産者余剰は供給曲線 S と価格が p の横軸に平行な直線と囲む右下がりの斜線が付けられている図形の面積になる。

その結果，総余剰は図形 $(p+t)$BEAp の面積だけ減少している。しかしこのすべてが失われるわけではない。つまり，四角形 $(p+t)$BAp の面積（$= t \times q$）だけの税収が政府の手に回収される。したがって，課税によって失われた総余剰のうちで，純粋になくなってしまった部分は図形 BEA の面積である。この部分を**死荷重**あるいは**死重損失** (dead-weight loss) という。一般に，課税が税の負担を超えた負担をもたらす。それを**超過負担** (excess burden) という。死荷重は超過負担の一つの測り方である。

超過負担の大きさは需要曲線の傾きが急であればあるほど小さくなる。需要曲線が縦軸に平行であるという極端な場合には図形 BEA の面積はゼロになって，課税による超過負担は存在しない。需要曲線の傾きが緩やかになるにつれて，図形 BEA の面積は大きくなっていく。ここで，「需要曲線の傾き」は必ずしも正確な表現ではなく，数量や価格の単位に依存しない「需要の価格弾力性」を用いるほうがよいという，第 I 部で学んだ事実を考慮してみると，

表 6.1：価格弾力性

食料	住居	光熱水道	家具家事用品	被服及び履物	健康医療	交通通信	教育	教養娯楽	諸雑費	余暇
0.529	1.089	0.707	1.425	1.224	0.58	1.504	1.022	1.387	1.664	0.886

出所：Seki Asano and Takashi Fukushima (2006) "Some empirical Evidence on Demand System and optimal Commodity Taxation," *The Japanese Economic Review*, Vol. 57, No. 1, March, 50-68.
注　：表にある諸雑費には，理美容サービス，理美容用品，身の回り用品，たばこ等が含まれる．

　「需要の傾きが急である」のは「需要の価格弾力性が小さい」
　「需要の傾きが緩やかである」のは「需要の価格弾力性が高い」

がより正確な表現であることがわかる．したがって，

　　需要の価格弾力性が小さい財は　間接税がもたらす超過負担は小さい
　　需要の価格弾力性が大きい財は　間接税がもたらす超過負担は大きい

ということになる．

　表 6.1 に 11 種の財分類について自己価格弾力性を示している．表を見ると，食料，光熱・水道，健康・医療，そして余暇の価格弾力性は小さい．
　一方，交通・通信，諸雑費，の価格弾力性は高いことがわかる．したがって，死荷重を小さくするような間接税は食料，光熱・水道，健康・医療に対して高い課税をすることになる．これは，「必需品に高い課税をすること」を示しており，所得の小さな家計には所得の高い家計に比べて重い負担となる．総余剰を高くすることが，必ずしも「所得の大きな家計により多くの負担をしてもらう」という累進的なものにならないのである．

効率性と公平性　　これまでにみてきた市場の優れた点は，"総余剰を最大化すること"であった．現在の経済では，市場で価格が形成され，それに応じて販売と購入が決定される．販売と購入のリストを**資源配分** (resource allocation) あるいは単に**配分** (allocation) という．

　「総余剰の最大化」は市場での需要と供給の一致によって達成される資源配分が効率的になされていることを意味している．それとともに，総余剰を大きくするような（効率性を高めるような）間接税の課税の仕方は，必需品に税率を高くすることを示唆していた．これは，市場の高い効率性が公平性

と相反する可能性があることを示している。このような傾向を効率性と公平性のジレンマという。

経済の構成員について，誰がどれだけの所得を得ているのかを示すリストを**所得分配** (income distribution) と呼ぶ。市場経済には実際に所得分配の不平等と効率性のジレンマがあることが様々なデータから確認されている。

相互に影響し合う市場　これまで需要と供給が一致する状態が何をもたらすかを一つの市場に限定して考察した。自由貿易の利益の説明では，自由貿易採用前と採用後で，需要曲線や供給曲線には違いがないものと考えた。自由貿易の採用前には，ある財（牛肉としよう）の市場では国際価格が国内価格より大幅に安価で，一方，他の諸財は国際価格と国内価格の間にはあまり大きな違いがないものとしてみる。

自由貿易が採用されたとき，牛肉の需要曲線に変化がなければ牛肉の購入量は増加する。同時に牛肉の価格は国際価格まで下落するから，牛肉の代替財である鮮魚への需要は減少するだろう。つまり，鮮魚の需要曲線をシフトさせる。それは鮮魚の購入額を変動させるだろう。これに類似のことが，牛肉と代替的なもの補完的なものの連関を通じて，他の市場の需要曲線に影響を与えるだろう。これらが，巡りめぐって，牛肉の需要曲線をシフトさせる力となる。すると，自由貿易の採用前後で需要曲線や供給曲線が変わらないとすることは，必ずしも正確ではないということになる。

また，間接税の課税においても，課税前と課税後の需要曲線や供給曲線には変化がないと想定して前出図 6.6 を描いている。「需要曲線と供給曲線に変化がない」という想定は，「他の市場に変化がない」という想定に依存している。この議論も他の諸財との連関を考慮に入れると，必ずしも簡単ではない。ある財に間接税が導入されると，その財は他の財に比べて割高になる。したがって，消費者はその財と代替関係にある財の消費を増加させ，補完財の消費を減少させるだろう。これは，他のいろいろな財市場で需要と供給の間にアンバランスを生じさせるだろう。これはそれらの市場での価格の変動をもたらす。つまり，「他の市場に変化がない」という想定は必ずしも正確ではないのである。最終的には，課税された財の需要曲線と供給曲線はそれらの影響を受けてシフトをするであろう。

さらにもうひとつの効果も考えられる。課税によって諸財の価格が変わっ

コラム 14：米価：管理から市場へ

　食料の価格弾力性は表 6.1 にあるように，0.53 程度と非弾力的である。一方，コメの生産額（参考，農産物生産額）は，1980 年に 3.0 兆円（6.3 兆円），1990 年 3.2 兆円（8.3 兆円），2000 年 2.3 兆円（6.8 兆円），2005 年 1.9 兆円（6.2 兆円）で，傾向的に減少している。さらに，2010 年の食糧自給率は，生産額ベースでほぼ 69%（カロリーベースでは 39%）であるが，コメの自給率に関しては 95%（主食用としては 100%）である。

　一方，コメの価格（米価）に関してはきわめて特徴のある制度（戦中からの食糧管理法）によって，政策的に決められてきたのである。具体的には，コメの流通に政府が関与し，生産者から政府が購入し，政府が販売するというものである。政府が購入する生産者米価と政府が販売する米価との間に生産者米価のほうが高いというギャップ（逆ざやという）があった。特に，1963 年から 1987 年の間には逆ざやによる赤字があり，玄米 60kg について，政府買入価格（売渡価格）は

1970 年には 8,272（7,442）円，1975 年には 15,570（12,205）円，1980 年には 17,674（15,891）円，1985 年には 18,668（18,598）円，というデータを見ることができる。1985 年には逆ざやはほぼ解消しているが，必要な管理コストがあったため，玄米 60kg あたり 3,400 円程度の政府の赤字があった。

　戦後すぐには米不足が一般的であり，米価は政府の直接統制下にあった。1967–69 年に 3 年連続の大豊作があり，逆ざやとともにいわゆる食管赤字が累増する原因となった。また，米あまりによって 1970 年には減反政策が始まる。さらに，1969 年の自主流通米制度が始まり，人気銘柄の流通には政府が関与しないことになっていく。また，1972 年にはコメの小売価格の自由化がなされる。1994 年に食糧管理法に代わり食糧法が導入される。米価決定に市場が役割を果たすようになったのである。翌 1995 年には，ミニマムアクセスという前提でコメの輸入自由化がなされ，最後に，2011 年にはコメ先物が試験上場されている。

ていくときに、各企業の利潤も変化するであろう。利潤は何らかのかたちで（株式会社なら配当）、家計の所得になっている。つまり、家計の所得も変動する。これが家計の各財への需要に影響を与えることは当然である。

最後に、税収による効果も考えられよう。ある財に課税をしたのは、税収が必要とされたからである。すなわち、その税収は何らかの目的に支出される。これは税収が支出される財の需要になり、その財の価格を変動させることになろう。

たしかに、「ある変化がそれが発生した市場にのみ影響を及ぼす」という前提での考察は、その影響の一次近似をもたらすであろう。しかし、それだけでは終わらないということになる。それらを総合して考察する、すなわち「ある変化のあらゆる財の市場への影響を考慮する」には一般均衡による考察が必要である。

経済学において、部分均衡と一般均衡のどちらのアプローチを採用するとよいかについては、即断は難しい。あらゆる市場への影響を考えるという点では、一般均衡が優れている。しかしながら、一般均衡では「あらゆる変化」を考察するのであるから、なかなか結論が出ないという側面がある。一方、部分均衡では、問題としている財の市場しか考慮しないので、比較的簡便に結果を類推し評価を与えることができる。

3　1家計1企業2財経済

これまでは、部分均衡の枠組みで市場のパフォーマンスをみてきた。この節では、ささやかな一般均衡の枠組みでそれを見直してみよう。

「ささやかな」という意味は「家計と企業の数がともに1、そして財の数が2という経済を想定する」ということである。家計の好みを無差別曲線で表し、企業の生産技術を**変換曲線**で表現する。変換曲線は第4章で「生産可能曲線」として紹介されたものである。変換曲線によって利潤最大化を表現すれば、売上の最大化となることが第4章で説明された。

図6.7には上に凸の変換曲線が描かれている。社会の資源をフルに利用して第1財だけを生産すれば、$\bar{y}_1$ だけを生産できる。その水準から、第1財の生産を少し諦めれば、資源に余裕ができて財2が生産できる。そのようにして、生産可能な財1と財2の量を図示したものが変換曲線である。

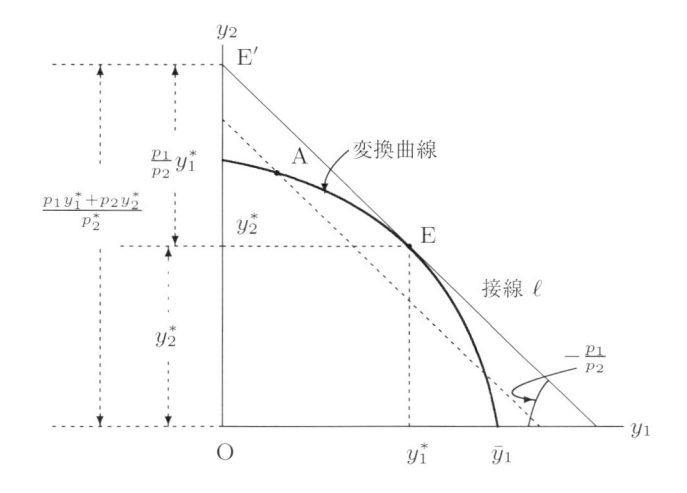

図 **6.7**: 変換曲線と利潤最大化

　さて，いま，市場価格が p_1, p_2 となったとする．生産者は利潤の最大化，ここでは，売上の最大化を目指している．それを図 6.7 で示すために，傾きが $-p_1/p_2$ の直線で変換曲線に接するもの，図では接線 ℓ，を探す．図 6.7 では点 E (y_1^*, y_2^*) で接している．接線が縦軸と点 E' で交わっている．OE' の長さは y_2^* に線分 y_2^*E' の長さを加えたものである．線分 y_2^*E' の長さは，接線の傾きが $-p_1/p_2$ であることを考慮すれば，$y_1^* \times p_1/p_2$ である．したがって，図にあるように，E' の高さは，

$$\frac{p_1 y_1^* + p_2 y_2^*}{p_2} = \frac{売上}{第 2 財価格}$$

となっている．

　一方，変換曲線上の他の点，たとえば点 A を選ぶ．点 A を通って傾き $-p_2/p_1$ の補助線を引けば，接線に平行な図 6.7 の破線となる．それは点 E' より下方で縦軸と交わる．つまり，点 A で生産すれば，第 2 財で測った売上は 点 E でのものより小さくなる．つまり，売上は点 E で最大化され，言い換えると，利潤は点 E で最大化される．つまり，

　　価格が p_1, p_2 ならば，生産者は図 6.7 の (y_1^*, y_2^*) を供給する

ということになる．

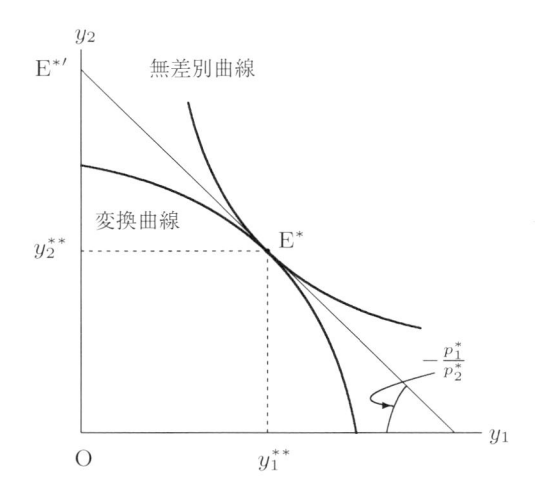

図 6.8：市場均衡の効率性

次に，図 6.8 を見てみよう。無差別曲線は無数にあるが，その中で，変換曲線と接するものだけが描かれている。接点は E^* である。点 E^* の表す配分 (y_1^{**}, y_2^{**}) は国民（家計）が選びうる最良の選択である。この限りでは，点 E^* は経済とはあまり関係のない「技術的な最適点」で，経済学から興味深くはみえない。しかし，少し異なる角度から見ると，点 E^* は「需要と供給の一致する点」を意味すると理解できるのである。

そのキーは，共通接線を引くことができることである。接線は図 6.8 では縦軸と $E^{*\prime}$ で交わっている。いま，接線の傾きがある価格の比率 $-p_1^*/p_2^*$ に一致したとしてみよう。直前の図 6.7 で学んだことは，

(i) E^* が価格 p_1^*, p_2^* で生産したとき生産者に最大利潤をもたらす，
(ii) $OE^{*\prime}$ はその売上を第 2 財価格で割ったものになる

であった。

さらに，売上は利潤とコストに分かれることに注意する。コストは，それが賃金なら，労働者の所得である。生産のための他の資源なら，やはりその提供者の所得になる。一方，利潤は企業の持ち主（株主）の所得になる。すなわち，売上とは，国民が受け取る所得にほかならない。つまり，

$$\mathrm{OE}^{*\prime} = \frac{売上}{p_2^*} = \frac{所得}{p_2^*}$$

である。接線の傾きが $-p_1^*/p_2^*$ であることは，接線を式で書けば，

$$p_1^* y_1 + p_2^* y_2 = 所得$$

となっており，接線は家計の予算線に一致することになる。

さらに，この予算線上の点 E^* において無差別曲線が接しているということは，家計は

(iii) この所得と価格の下では (y_1^{**}, y_2^{**}) を需要する

ということになる。

以上の (i), (iii) によって，図 6.8 の点 E^* は価格 (p_1^*, p_2^*) の下での需要と供給が一致する状態を表していることが判明した。つまり，この単純な経済における「社会的な最適点」が需要と供給の一致によって達成されることを示している。

前節でみてきた「需要と供給の一致は余剰を最大化させる」という事実は，このようなことの部分均衡的な表れであったということである。

4 エッジワースの箱

2 人の家計が 2 種類の財を物々交換するという最も簡単な経済を想定して，一般均衡による経済モデルを考察しよう。これではあまりに単純すぎて，考察に値するのだろうかと感じる方もいるだろう。実は，2 家計 2 財というきわめて単純な経済にも，より一般的な枠組み理論と同種の問題と構造が存在している。この意味で，2 人 2 財物々交換というマッチ箱のような小さな経済モデルを考察する意味があり，かつ，諸問題を簡明に眺めることができるという「利点」を持っている。

エッジワースの箱のつくり方 いま 2 人の家計（A 君と B 子さん）がいて，食料と衣料から成る 2 財を物々交換すると考えよう。物々交換経済を考えるには，片方の家計が 1 つの財を多く持っているとするほうが都合がよい。つまり，A 君は多くの食料（x 財）を保有しているが衣料（y 財）はほとん

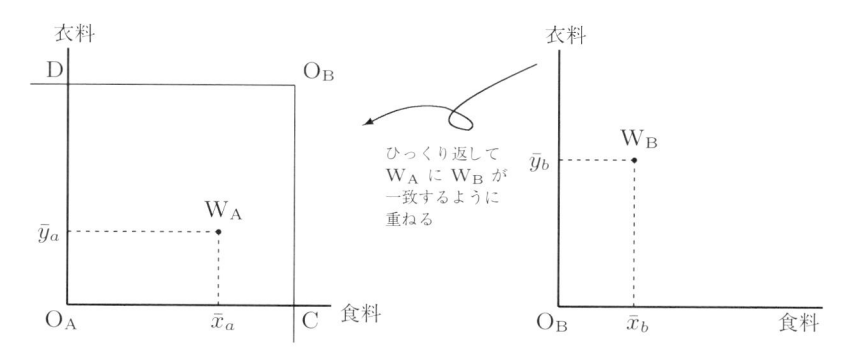

図 6.9：エッジワースの箱のつくり方

ど持っていないとする。B 子さんはその逆で，衣料をたくさん持っているが食料はほとんど持っていないとする。

　A 君と B 子さんが保有しているものをそれぞれ $(\bar{x}_a, \bar{y}_a)$，$(\bar{x}_b, \bar{y}_b)$ で表す。これを**初期保有** (initial holding) と呼ぶ．図 6.9 にある 点 W_A と点 W_B がそれである．図 6.9 では左側に A 君の消費集合が描かれ，右側に B 子さんの消費集合が描かれている．点 O_A と点 O_B とあるのは A 君と B 子さんの消費集合の原点である．

　いま，B 子さんの消費集合を上下左右を逆転させ，点 W_A と点 W_B が一致するように，A 君の消費集合上に重ねてみる．その状況が A 君の消費集合の図に描かれている．こうして得られた四角形 DO_BCO_A を**エッジワースの箱** (Edgeworth box) という．エッジワースの箱は英国の経済学者 L. バウリーによって工夫されたものである．

　エッジワースの箱は大変便利にできている．それを説明しよう．図 6.10 の点 W は図 6.9 の W_A であるが，W_A と W_B が重なっているので，単に W と表示している．

　いま，エッジワースの箱の中に，どこでもよいから一点 Z をとってみる．点 Z は O_A と O_B から見て，二つの座標 $(x_a, y_a), (x_b, y_b)$ を持っている．点 Z は A 君と B 子さんの消費の組（食料，衣料）を表現している．誰がどれだけ消費するかの一覧表を**資源配分** (resource allocation)，あるいは単に**配分** (allocation) と呼ぶが，2 人交換経済における配分はエッジワースの箱ではこの中の 1 点で表現できる．しかも，点 Z が表す配分 $(x_a, y_a), (x_b, y_b)$

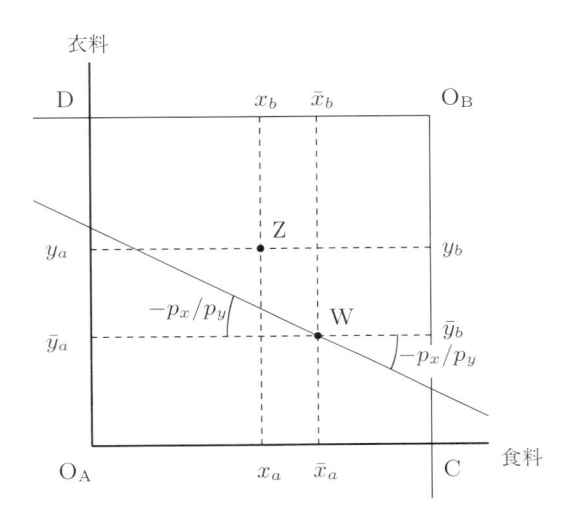

図 6.10：エッジワースの箱（配分と予算線）

では

$$x_a + x_b = \bar{x}_a + \bar{x}_b \text{（食料の初期保有の合計）}$$
$$y_a + y_b = \bar{y}_a + \bar{y}_b \text{（衣料の初期保有の合計）}$$

が成立し，A 君と B 子さんが持っている初期保有を分ければ，A 君と B 子さんに Z 点の消費を渡すことが可能である．このように，現在の資源（初期保有）で各家計に渡すことができる配分を**実行可能**であるという．つまり，Z は実行可能な配分となっている．Z はエッジワースの箱の中ならどこでもよかったので，箱の中のどの点も実行可能な配分を表現している．これがエッジワースの箱の優れた 1 つ目の点である．

エッジワースの箱の優れている点はもう 1 つある．2 つの財の価格を p_x, p_y とするとき，A 君と B 子さんの予算線は，それぞれ

$$p_x x_a + p_y y_a = p_x \bar{x}_a + p_y \bar{y}_a, \quad p_x x_b + p_y y_b = p_x \bar{x}_b + p_y \bar{y}_b$$

である．A 君の予算線は W を通って，傾き $-p_x/p_y$ の直線である．その様子が図 6.10 に描かれている．B 子さんの予算線を図に書き込むと，それは W を通る直線であり，W から B 子さんの食料を 1 単位増やすと，p_x 円の

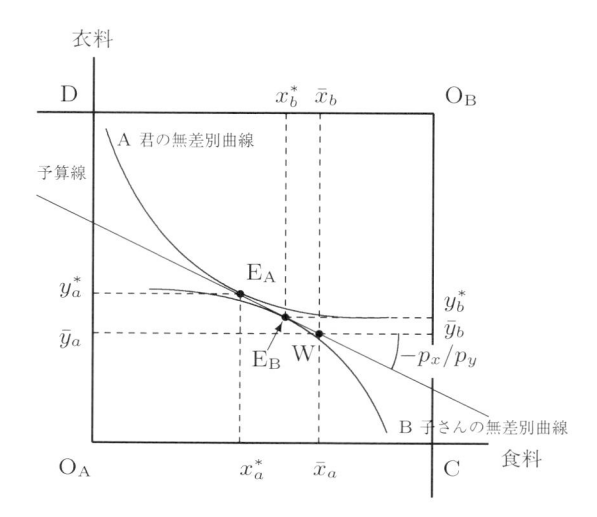

図 6.11：エッジワースの箱（効用最大化）

予算が足りない。したがって，衣料を W から p_x/p_y だけ減らさないといけない。つまり，B 子さんの予算線はやはり W を通って，傾き $-p_x/p_y$ の直線となる。つまり，

> エッジワースの箱では A 君と B 子さんの予算線は一致する

のである。上で見つかった 2 つのメリット，1 つの点で実行可能な配分が表現できること，2 人の家計の予算線が一致すること，これらは事態を大変に単純にするのである。

ワルラス法則　さて，A 君と B 子さんの 2 人がともに「価格受容者」で，市場の価格を受け取り，彼らに与えられた初期保有から得られる所得を使って，効用を最大化するとしよう。彼女たちの行動をエッジワースの箱に作図によって書き込んでみよう。A 君の無差別曲線は A 君の原点 O_A に向かって凸となる形状を持つ。それらの中で，予算線に接するものをさがし，それを図 6.11 の中に書き込み，接点を E_A とする。B 子さんにも同様の作業をして，無差別曲線は E_B で予算線に接するものとしよう。点 E_A (x_a^*, y_a^*) と E_B (x_b^*, y_b^*) は彼らの最良の選択で，これらの座標がそれぞれの財への需要を表すことに

なる。

　ここで，財の供給は，A君とB子さんが持っている初期保有の総量である。つまり，$\bar{x}_a + \bar{x}_b$ が食料の総供給，$\bar{y}_a + \bar{y}_b$ が衣料の総供給である。需要の合計 $(x_a^* + x_b^*, y_a^* + y_b^*)$ と総供給との関係を見てみよう。図 6.11 における位置を見てみると，

$$x_a^* + x_b^* < \bar{x}_a + \bar{x}_b \quad \text{：超過供給（需要が供給に満たない）}$$
$$y_a^* + y_b^* > \bar{y}_a + \bar{y}_b \quad \text{：超過需要（需要が供給を超過する）}$$

である。つまり，一方が超過需要ならば，他方が必ず超過供給の状態になっている。これは，図 6.11 に描かれたケースだけに限らず，予算線の線上にA君とB子さんの選択が並ぶために成立している。この性質をより厳密なかたちで表すことができる。

　点 $E_A (x_a^*, y_a^*)$ と $E_B (x_b^*, y_b^*)$ は予算線上にあるので，

$$p_x x_a^* + p_y y_a^* = p_x \bar{x}_a + p_y \bar{y}_a$$
$$p_x x_b^* + p_y y_b^* = p_x \bar{x}_b + p_y \bar{y}_b$$

を満たすことは明らかである。これらを合算して，整理すれば，

$$p_x(x_a^* + x_b^* - \bar{x}_a - \bar{x}_b) + p_y(y_a^* + y_b^* - \bar{y}_a - \bar{y}_b) = 0 \qquad (6.1)$$

　　　食料の超過需要の価値額　＋　衣料の超過需要の価値額　＝ 0

が得られる。これは超過需要（需要が供給を超える量）の価値額の総計がゼロであることを意味している。この内容は，**ワルラス法則** (Walras' law) と呼ばれ，エッジワースの箱のような特定の交換経済だけでなく，いろいろな設定でも成立する基礎的な事実である。

パレート効率性　次に，需要と供給の一致する状態について考えてみよう。図 6.11 の考察から判明したことは，A君とB子さんの需要を表す点 E_A と点 E_B が異なる点である限り，2人の総需要は総供給に一致しない。したがって，需要と供給の一致する状態とは，ある特別の価格 (p_x^*, p_y^*) が存在して，そのときの E_A と E_B とがエッジワースの箱の中で重なるときである。そのときの様子を図 6.12 の左側に描いている。E_A と E_B とが重なるので，添

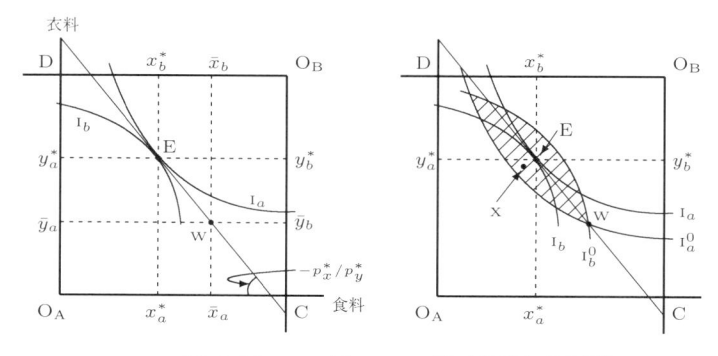

図 6.12：エッジワースの箱（均衡と効率性）

え字を抜いて単に E と表している。点 E では総需要と総供給が一致している，その意味で点 E は均衡を表している。均衡点 E では A 君の無差別曲線 I_a と B 子さんの無差別曲線 I_b とが点 E で接しているという特徴がある。

上で得られた「特徴」の意味を追求しよう。図 6.12 の右の図を見てみよう。A 君と B 子さんの初期保有 W を通る無差別曲線を I_a^0, I_b^0 とすると，A 君にとって，均衡点 E は初期保有 W 点よりも優れている。B 子さんにとっても同じである。この 2 つの無差別曲線 I_a^0, I_b^0 で囲まれた斜線をつけたレンズ状の領域に注目しよう。この領域内にある任意の配分（点）X も，A 君にとって彼の無差別曲線 I_a^0 の上方にあり，B 子さんにとっても彼女の無差別曲線 I_b^0 の上方にある。点 X は，2 人にとって初期保有 W よりは悪くならず，少なくとも 1 人の効用を高くする。すなわち，点 W よりは効用の意味で改善される配分がレンズ領域内にある。そこで，「点 E を改善することができるか？」という問題を考えると，

(i) A 君を改善する（I_a の右上の）配分は B 子さんを点 E より悪くする
(ii) B 子さんを改善する（I_b の左下の）配分は A 君を点 E より悪くする

ということがわかる。すなわち，点 E を改善することはできないのである。

いま，ある配分から，ある異なる配分に変化させると，経済の構成員全員の効用を悪くさせず，少なくとも 1 人をよくできるとき，**パレート改善** (Pareto improvement) が可能であるという。さらに，ある配分についてパレート改

善が不可能である場合，もとの配分を**パレート効率的** (Pareto efficient) あるいは**パレート最適** (Pareto optimal) であるという。ここで使われている「効率」という意味は，パレート改善が可能な配分には何らかの非効率性がある，ということである。また，「パレート最適」という呼び方も伝統的にミクロ経済学で用いられてきている。

以上から，次の主張が可能である。

厚生経済学の第一命題：各主体が価格受容者として行動するとき，需要と供給の均衡によって達成される配分はパレート効率的である

第一命題の前提条件「各主体が価格受容者として行動する」を言い換えると，A君もB子さんも価格を決めたり，誘導できるような市場支配力を持たないことである。このようなことが発生する基礎的条件は「市場が競争的である」ことである。そのため，「各主体が価格受容者として行動して得られる需要と供給の均衡」を**競争均衡** (competitive equilibrium) と呼ぶ。

厚生経済学の第一命題は競争均衡の性質を語っている。市場の価格に導かれた需要と供給の一致によって，配分がパレート効率性を満たすというきわめて良好な性質を持っている。これが，本章第2節において説明された「余剰の最大化」という特徴を一般均衡によって述べたものである。

契約曲線　厚生経済学の第一命題を見て，読者は次の疑問を感じるかもしれない。つまり「配分がパレート効率的であるのは，均衡だけに限られるのだろうか？」である。ここでは，この疑問を起点にしてパレート効率的な資源配分について考察する。

パレート効率的でない配分はパレート改善可能である。つまり，ある別の配分があって，もとの配分と比べて2人を悪くすることなく少なくとも一方をよくできる。したがって，そのときには，エッジワースの箱の中でその配分を通るA君とB子さんの無差別曲線がつくるレンズ状の領域が存在する。言い換えると，その配分を通る2人の無差別曲線が，

　　レンズ状の領域をつくれば，その配分はパレート効率的ではなく，
　　レンズ状の領域がなければパレート効率的である

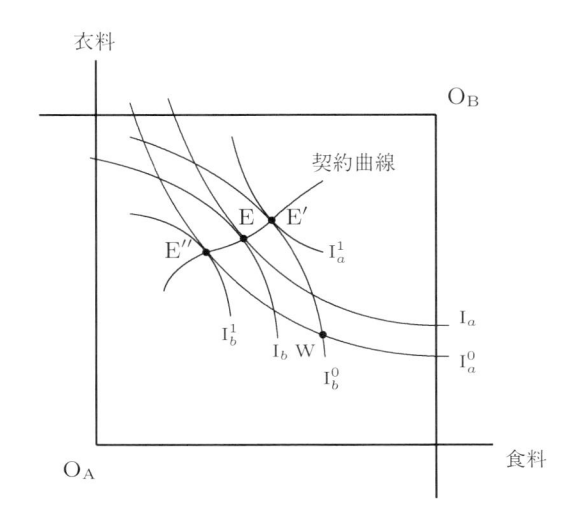

図 6.13：契約曲線

ということになる。2つ目の条件は，エッジワースの箱の中で A 君と B 子さんの無差別曲線が接することと同じである。

図 6.13 に直前の図 6.12 の点 E と何本かの無差別曲線を描いている。いま，B 子さんの無差別曲線 I_b^0 を選んでみる。この無差別曲線 I_b^0 に接するような A 君の無差別曲線を探してみると，I_a^1 が見つかる。I_b^0 と I_a^1 とは点 E′ で接している。したがって，資源配分 E′ を通る無差別曲線（I_b^0 と I_a^1）はレンズ状の領域をつくらない。したがって，E′ が表す資源配分はパレート効率的である。この E′ を見つける作業は，

　　B 子さんの効用水準を一定にして（無差別曲線を 1 つ選んで）
　　A 君の効用を最大にする（接するような A 君の無差別曲線を探す）

という作業と同じである。

上の手続きは無差別曲線 I_b^0 にだけではなくて，他のどのような B 子さんの無差別曲線についても適用できる。実際，図 6.13 には，B 子さんの無差別曲線 I_b^1 にも E″ があることが示されている。すると，B 子さんの無差別曲線 1 つに対して，1 つのパレート効率的な配分を見つけることができる。このようにして，多くのパレート効率的な資源配分が存在することがわかる。パ

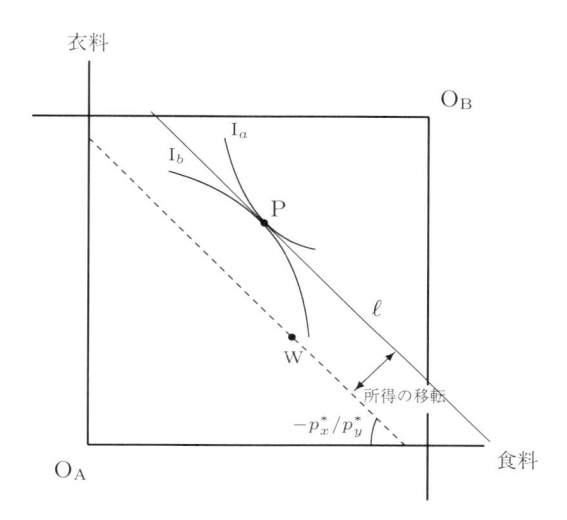

図 6.14：第二命題

レート効率的な資源配分の集まりを図示すれば，図 6.13 に描かれているような**契約曲線** (contract curve) となる．

第二命題 これまでの考察から，競争均衡配分は 1 つのパレート効率的な資源配分であるが，しかしパレート効率的な資源配分はただ 1 つではないことがわかった．しかも，あるパレート効率的な資源配分が競争均衡配分になるという保証はない．ここではその可能性について考察する．

以下，いくつかのスップに分けてみよう．

step 1 いま，任意にパレート効率的資源配分を 1 つ選ぶ．それを図 6.14 に描かれているエッジワースの箱の点 P とする．点 P において A 君と B 子さんの無差別曲線 I_a, I_b が接している．その様子が図 6.14 に描かれている．

step 2 2 つの無差別曲線が接しているので，それに対して点 P で共通接線が引ける．それが図 6.14 の接線 ℓ である．競争均衡ではこの接線 ℓ と予算線が一致したのである．いま，初期保有は点 W であるので，接線 ℓ と予算線が一致する保証はない．

step 3 そこで、W を通って接線 ℓ と平行線を描いてみる。図 6.14 の破線がそれである。現状ではこの破線は接線の下にあって、接線と平行な補助線にすぎない。

step 4 たまたま市場価格の比率 $-p_x^*/p_y^*$ がこの破線の傾きに一致したとしてみる。W を通る破線は予算線となる。

step 5 そこで、この予算線（破線）と接線が平行であることに着目すると、B 子さんから A 君にちょうど、破線が ℓ に平行移動するだけの所得の移動（所得の移転という）があったとすれば、接線は A 君の新たな予算線になる。B 子さんは所得の移転に伴って、所得の減少があるので、やはり B 子さんの予算線も接線と一致する。この新しい予算線では、点 P は二人の需要を表している。

step 6 点 P は所得の移転を前提にした価格 (p_x^*, p_y^*) での需要と供給が一致する市場による均衡配分になっている。

以上の結果をまとめると次のようになる。

厚生経済学の第二命題：任意のパレート効率的資源配分は、所得分配を適切に変更することによって、市場における競争均衡によって達成される。

厚生経済学の第二命題は、より一般的な経済モデルにおいても、ほぼ同様の手続きで成立を示すことができる。この命題の中にある「所得分配を適切に変更する」ということは、具体的には、課税と補助のペアという政策を念頭に置けばよい。すると、第二命題は、課税と補助によって特定のパレート効率的資源配分を目標とできることを示唆している。

均衡の存在と一意性 需要と供給が一致する状態（競争均衡という）が存在するかどうかについては、これまではっきりとは議論してこなかった。この部分はミクロ経済学の研究では最も重要な点であるので、しっかりと考察を加えておきたい。

さて、これまでのエッジワースの箱の議論では、

(i) 価格 (p_x, p_y) が与えられたときに、

(ii) A 君と B 子さんの所得 $p_x\bar{x}_a + p_y\bar{y}_a, p_x\bar{x}_b + p_y\bar{y}_b$ が決まり，
(iii) 効用最大化により，需要 $(x_a^*, y_a^*), (x_b^*, y_b^*)$ が決まる，

という流れになっていた．これを原因と結果だけを抜き出せば，価格が与えられると需要が決まるということである．これを関数で表すと，

$$x_a^* = x_a(p_x, p_y),\ y_a^* = y_a(p_x, p_y),\ x_b^* = x_b(p_x, p_y),\ y_b^* = y_b(p_x, p_y)$$

となる．これは個別需要関数である．市場需要関数は次のようになる．

$$X(p_x, p_y) = x_a(p_x, p_y) + x_b(p_x, p_y)$$
$$Y(p_x, p_y) = y_a(p_x, p_y) + y_b(p_x, p_y)$$

したがって，市場における競争均衡は次の p_x, p_y を未知数とする連立方程式

$$\begin{cases} X(p_x, p_y) = \bar{x}_a + \bar{x}_b \\ Y(p_x, p_y) = \bar{y}_a + \bar{y}_b \end{cases} \tag{6.2}$$

と表現できることになる．右辺は定数である．この方程式は未知数が 2 つで方程式は 2 本ある．したがって，解を持つと予想できる．実はそんなに簡単ではなく，難関が一つある．それはワルラス法則 (6.1) 式である．(6.1) 式を書き換えると，

$$p_x(X(p_x, p_y) - \bar{x}_a - \bar{x}_b) + p_y(Y(p_x, p_y) - \bar{y}_a - \bar{y}_b) = 0$$

である．(6.2) 式は方程式であるが，(6.1) 式は恒等式である点が重要である．もし (6.2) 式の最初の式が成立すれば，ワルラス法則により，第二の式は自動的に成立する．したがって，方程式の内で有効なものは，(6.2) 式の 1 本である．ここで，1 本の方程式では未知数 2 個を定めることができないことに気がつけば，事態は重大である．つまり，均衡解が定まらない可能性がある．

ここで，第 I 部で学んだ事実「需要関数が価格と所得に関してゼロ次同次であること」を想起しよう．これは「価格と所得が同時に k 倍されたときには，需要は変化しない」という性質である．この節での需要関数において，価格が k 倍されたときに，A 君と B 子さんの所得 $p_x\bar{x}_a + p_y\bar{y}_a$,

$p_x \bar{x}_b + p_y \bar{y}_b$ も k 倍されることは明らかであるから，この節での需要関数 $x_a(p_x, p_y)$, $y_a(p_x, p_y)$, $x_b(p_x, p_y)$, $y_b(p_x, p_y)$ は価格 (p_x, p_y) についてゼロ次同次である．したがって市場需要 $X(p_x, p_y), Y(p_x, p_y)$ もゼロ次同次だということになる．

市場需要関数 $X(p_x, p_y), Y(p_x, p_y)$ がゼロ次同次であるから，2つの価格を k 倍しても需要には変化がない．そこで，$k = 1/p_y$ とすれば，

$$X(p_x, p_y) = X(p_x/p_y, 1), Y(p_x, p_y) = Y(p_x/p_y, 1)$$

となる．したがって，相対価格 p_x/p_y だけを考慮すればよいのである．いま相対価格を $p = p_x/p_y$ と表すと，(6.2) 式の最初の式は

$$X(p, 1) = \bar{x}_a + \bar{x}_b \tag{6.3}$$

となる．以下，衣料や食料という呼び方を改めてそれぞれ X 財，Y 財と呼ぶ．$X(p, 1)$ は相対価格によって決まる関数であるが，「X 財価格が p，Y 財価格が 1 のときの需要」と考えても同じである．すなわち，Y 財をニュメレールと考えるという理解も可能である．(6.3) 式の p に関する方程式に解があれば，X 財の市場で市場均衡がある．そのとき，ワルラス法則により Y 財の市場も均衡しているので，あらゆる財の市場で需要と供給の一致が実現していることがわかる．したがって，一般均衡の存在を示すには (6.3) 式を成立させる p が存在することを示せばよい．

ここで，次の条件を導入する．

境界条件 (boundary condition)：
(b1)　価格 p がゼロに近づけば，需要 $X(p, 1)$ は無限に大きくなり，
(b2)　価格 p が無限に大きくなれば，$Y(p, 1)$ は無限に大きくなる．

最初の条件 (b1) は X 財価格がゼロに近づけば，Y 財より価格が安価になり，いくらでも需要が拡大するという自然な条件である．第二の条件 (b2) は (b1) ほど直感にはアピールしないが，実は同種のものである．なぜなら，需要のゼロ次同次性から $Y(p, 1) = Y(1, 1/p)$ であるので，p が無限に大きくなることは，Y 財価格がゼロに近づくことと同じである．

このようにして，$1/p$ がゼロに近づくと，Y 財の需要がどんどん拡大するというのは (b1) と同種の想定となる．十分大きな $\bar{p}$ について，Y 財の

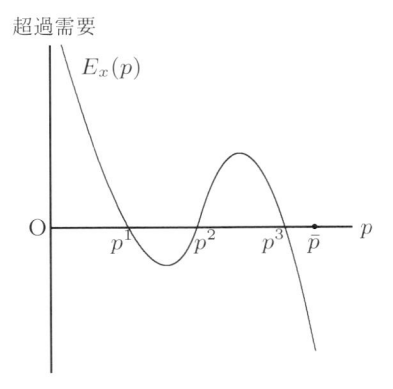

図 6.15：均衡の存在

需要がきわめて大きくなるので，$Y(\bar{p},1) - \bar{y}_a - \bar{y}_b > 0$，すなわち，Y 財の超過需要が正である．このとき，ワルラス法則から，X 財の超過需要は負 $X(\bar{p},1) - \bar{x}_a - \bar{x}_b < 0$ となる．

境界条件を想定して，X 財の超過需要 $E_x(p) = X(p,1) - \bar{x}_a - \bar{x}_b$ を図示すれば，図 6.15 のようなかたちになる．p が十分小さいと，X 財の超過需要 E_x は正，$\bar{p}$ では E_x は負であるから，少なくとも 1 つ $E_x(p) = 0$ を満たす p が存在する．図 6.15 に描かれている通りである．以上によって，次を主張することが可能である．

競争均衡の存在：境界条件を満たせば，競争均衡は存在する

これまでの説明で注目すべきことは，図 6.15 の p^1, p^2, p^3 のように，均衡価格は複数個存在する可能性である．複数の均衡がある場合，経済がどこに落ち着くのかがはっきりしない，という難点がある．そこで，競争均衡がただ 1 つであること，つまり，競争均衡の一意性を保証する条件を探ってみよう．その条件のうちで最もやさしいものは第 I 部で学んだ「粗代替性」である．ここでは，X 財と Y 財の間の連関性が粗代替であると想定してみよう．すなわち，

(GS) 　$p = p_x/p_y$ が上昇すると，X 財の需要は減少し，Y 財の需要は増加する

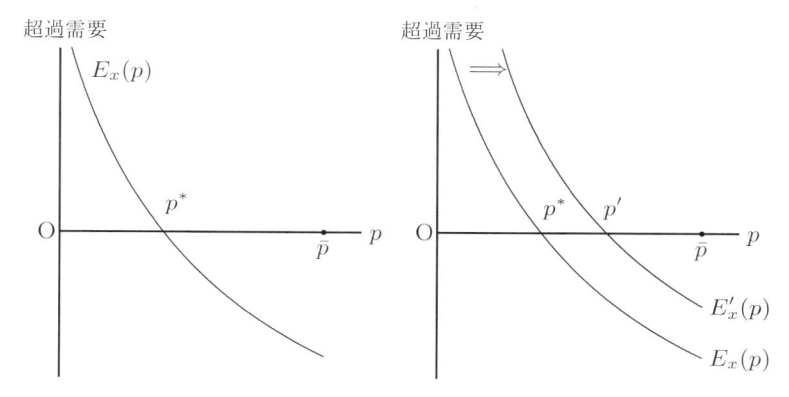

図 6.16：一意性と超過需要のシフト

と仮定する。

境界条件 (b1), (b2), そして粗代替性の仮定 (GS) の下で，再び X 財の超過需要の図を描けば，図 6.16 の左側にあるように，単調で右下がりの曲線となり，$E_x(p) = 0$ の解は p^* のみになる。

均衡解が一意であることがわかれば，何らかのショックが経済に与えられたときに，そのショックがどのような影響を及ぼすかを考察することができる。たとえば，X 財への需要が増加するような外的なショック（たとえば家計の好みの変化）があったとする。すると，図 6.16 の右側に示されているように，超過需要関数は $E_x(p)$ から $E'_x(p)$ にシフトする。その結果，均衡価格は p^* から p' に移動する。$p^* < p'$ であるから，価格は X 財価格が相対的に上昇するように変化することになる。

以上の結果をまとめると，次のようになる。

> **一意性と均衡の比較**：これまでの想定に加えて，(GS) を前提にすれば，(i) 競争均衡は一意であり，(ii) X 財の需要が増加する外的なショックに対して，X 財の均衡価格は相対的に上昇し，Y 財の均衡価格は相対的に下落する。

このように，均衡と均衡を比較する考察を **比較静学** (comparative statics) という。

5 効率性についての2つの見方

これまで効率性について測り方と比較の仕方，総余剰とパレート効率性とを学んだ。これらの関係について解説を与えておきたい。結論を先取りすれば，総余剰とパレート効率性の間にはきわめて緊密な関係があり，特に，総余剰の最大化はパレート効率的な資源配分を意味する。この節の目標はこれを説明することである。

経済の想定 この節では，2種類の財があり，1企業と2人の消費者がいる経済を想定する。2種類の財は消費財（以下，第1財と呼ぶ）とその他の財（第2財）とからなる。企業は第2財を生産要素として用いて第1財を生産する。その利潤はその持ち分に応じて所有者（消費者）に分配される。消費者は第2財を保有しており，初期保有を販売して得た所得と利潤から消費財を需要する。

2人の消費者を消費者1，消費者2と呼ぶ。消費者1の効用関数，財1，財2を $u_1(\cdot), x_{11}, x_{12}$ と表す。消費者2については同様に，$u_2(\cdot), x_{21}, x_{22}$ である。効用関数を具体的に，

$$\begin{cases} u_1(x_{11}, x_{12}) &= \left(a_1 x_{11} - \dfrac{(x_{11})^2}{2}\right) + x_{12}, \quad 0 \leqq x_{11} \leqq a_1, \\ u_2(x_{21}, x_{22}) &= \left(a_2 x_{21} - \dfrac{(x_{21})^2}{2}\right) + x_{22}, \quad 0 \leqq x_{21} \leqq a_2 \end{cases} \tag{6.4}$$

とする。ここで，a_1, a_2 は正の定数である。

いま，第1財と第2財の価格をそれぞれ $p, 1$ とする。消費者1は第2財を L_1 だけ保有しているとする。消費者2については L_2 を保有している。企業の利潤を π（ギリシャ文字のパイ，円周率ではないことに注意）とする。消費者1への利潤の分配分を π_1，消費者2への分配分を π_2 とする。$\pi_1 + \pi_2 = \pi$ である。消費者1の予算制約は，

$$px_{11} = \underbrace{(L_1 - x_{12})}_{\text{支出}} + \underbrace{\pi_1}_{\text{利潤の受け取り分}} \quad \Leftrightarrow \quad px_{11} + x_{12} = L_1 + \pi_1$$

（支出・要素所得は左辺項の注釈）

である。$L_1 + \pi_1$ が消費者1の「所得」である。同様に，消費者2の予算制約も

$$px_{21} + x_{22} = L_2 + \pi_2$$

となる。$L + \pi_2$ が消費者2の所得である。

各消費者は上の予算制約を満たす消費と余暇の組みの中で効用を最大にするように，消費財価格が p の時の需要 $(x_{11}^*, x_{12}^*), (x_{21}^*, x_{22}^*)$ を決定する。このようにして p がいろいろ変化すれば，それに応じて需要が決定されて，需要関数が得られるということになる。

生産に目を転じて，y だけの消費財（第1財）を生産するために企業の費用関数を $C(y)$ と表す。財1の価格 p である。企業は利潤 $py - C(y)$ を最大化するように消費財の供給量 y^* を決定する。この議論はある特定の価格 p だけではなく，様々な価格に対して適用できるので，そのたびに供給量が得られる。このようにして，供給関数が得られることになる。ここでは，生産要素が第2財であり，その価格は1としているので，費用は y^* を生産するのに必要な生産要素（第2財）の量 z^* と一致する。すなわち $C(y^*) = z^*$ である。

総余剰 本章の2節で見た総余剰は消費者余剰と生産者余剰との和であった。消費者余剰は第3章2節で，生産者余剰は第5章2節で紹介された。それらの結果を利用する。

第3章2節で消費者余剰についてわかったことは，以下のことである。消費財の価格が p で，各消費者の需要が $(x_{11}^*, x_{12}^*), (x_{21}^*, x_{22}^*)$ であるとする。このとき，各消費者余剰 CS_2, CS_2 は

$$CS_1 = u_1(x_{11}^*, x_{12}^*) - (L_1 + \pi_1), \quad CS_2 = u_2(x_{21}^*, x_{22}^*) - (L_2 + \pi_2)$$

である。

また，第5章2節で生産者余剰についてわかったことは以下のことである。生産物を価格 p で y^* だけを供給するときの生産者余剰 PS は

$$PS = \pi + C(0)$$

となる。ここで，$C(0)$ は固定費用（生産水準がゼロの時に必要な費用）であ

る。いま，

(i) 利潤は $\pi = py^* - C(y^*)$ である，
(ii) 費用は $C(y^*) = z^*$ である，

に注意をしておく。そこで，消費者余剰と生産余剰の和がどうなるかを検討してみる。

$$\begin{aligned}
総余剰 &= CS_1 + CS_2 + PS \\
&= \{u_1(x_{11}^*, x_{12}^*) - (L_1 + \pi_1)\} + \{u_2(x_{21}^*, x_{22}^*) - (L_2 + \pi_2)\} \\
&\quad + \{\pi + C(0)\} \qquad \text{：代入をした} \\
&= u_1(x_{11}^*, x_{12}^*) + u_2(x_{21}^*, x_{22}^*) \quad - (L_1 + L_2 + C(0)) \\
&\qquad\qquad\qquad\qquad\qquad\quad \text{：＝効用の和マイナス定数}
\end{aligned}$$

この式は，定数を無視すれば，総余剰は効用の総和をとなっていることを示している。この内容は，現在仮定している効用関数に限定されない。すなわち，第 3 章で紹介した準線形の効用関数 $u(x_1, x_2) = v(x_1) + x_2$ であれば，上の「総余剰と効用の和との関係」は成立する。

さて，本章の第 2 節で学んだことは，

「需要と供給の一致」が総余剰を最大化する

ことであった。さらに，上でわかったことから，「総余剰の最大化」は「効用の総和の最大化」に同じである。すなわち，需要と供給の一致は効用の総和が最大になる状態をもたらすことになる。効用の総和が最大になっているのであるから，パレート改善「2 人の消費者の満足を減少させず少なくとも 1 人を上昇させること」が不可能な状態が達成されている。すなわち，本章第 3 節で学んだパレート効率的な資源配分が得られているのである。以上より，

総余剰とパレート効率性：効用関数が (6.4) の形であれば（準線形まで広げることができる），総余剰が最大化されている状態（すなわち，需要と供給が一致する状態）はパレート効率性と整合的である

ということが示された。

すこしの補足 上の議論に補足をしておきたい。これまでの議論では，2財（消費財と，その他の財）を取り上げていた。しかし，総余剰の最大化においては，消費財の需要と供給の一致だけが取り上げられている。つまり，その他の財の需要と供給がどうなっているのかという疑問が残されている。いま，消費財の価格 p^* において需要と供給が一致しているとする。消費財の需要を x_{11}^*, x_{21}^*，供給を y^* とする。(i) と (ii) より，$\pi = p^* - C(y^*)$ であること，y^* を生産するための生産要素への需要 z^* が費用と一致し，$C(y^*) = z^*$ であることに注意をしておく。すると，

$$\begin{aligned}
0 &= p^*(x_{11}^* + x_{21}^* - y^*) \quad \text{:消費財の需要と供給は均衡している} \\
&= (L_1 + \pi_1 - x_{12}^*) + (L_2 + \pi_2 - x_{22}^*) \quad \text{:予算式を代入をした} \\
&\quad - (p^* y^* - C(y^*)) - C(y^*) \quad \text{:} C(y^*) \text{を加減} \\
&= L_1 - x_{12}^* + L_2 - x_{22}^* - C(y^*) \quad \text{:} \pi = \pi_1 + \pi_2 \text{に着目した} \\
&= \underbrace{\{L_1 + L_1 - x_{12}^* - x_{22}^*\}}_{\text{要素供給}} - \underbrace{z^*}_{\text{要素需要}}
\end{aligned}$$

が得られる。これは，生産要素（その他の財）の需要と供給も均衡していることを意味している。

第7章

市場の欠陥，独占そして寡占

　前章では，市場による均衡がよい性質を持つことが明らかにされた。しかし，よい性質が発揮されるのは市場が理想的に機能する場合である。市場にそもそも期待できないことや機能障害があれば，市場の「よい性質」は失われるだろう。このような事態は**市場の欠陥**あるいは**市場の失敗**（market failure）と総称される。

　市場の機能障害の中で注目すべきものは，何らかの理由で価格が硬直的になることである。そのような原因に，価格支配力がある。すなわち，独占や寡占があれば，価格が市場で決まることがもたらす良好な性質が失われるであろう。

　この章では，まず市場が機能する条件を解説し，それぞれが経済学の各分野で重要なテーマとして取り上げられることを紹介する。その後，独占と寡占市場では価格がどのように決まるかを考察する。

1　市場が機能するには

　理想的な市場の機能は次のようであった。需要と供給に差があれば，価格が変動して均衡価格を見つけ，その結果，販売者と購入者がともに満足をする安定的な状態に至る。この市場の良好な性質はどのような条件に依存しているのであろうか。それらは「市場が競争的であること」「あらゆる市場が揃っていること」「情報が揃っていること」「外部性がないこと」である。これらの諸条件をめぐって議論されるテーマは経済学における様々な分野の重要な出発点ともなる。

競争的であること　まず，**価格受容者** (price taker) の前提がある。これは家計や企業が市場価格を決めることができず，市場価格を受け入れ，それに応じて需要や供給を決めるということである。もし経済のある構成員が価格を決めることができる場合には，市場は需要や供給に応じて価格を自在に変化させる能力を失う。このとき，市場から良好な性質は失われるであろう。

　たとえば寡占や独占があれば，価格は市場で決定されず，独占的な価格決定がなされる。このような価格を決定する力を**市場支配力** (market power) と呼ぶ。価格が市場で決定され，それを各構成員が受け入れるという前提は，誰もが市場支配力を持たないことを意味している。それゆえ「価格受容者」の前提は「競争的である」ことと深くかかわっている。そのためには，多くの販売者と購入者が存在していることが不可欠である。しかも，突出して販売量や購入量が多い者が存在しないことも要求されよう。

　今日では，多数ではなく，少数の販売者が供給をすることが数多く観測される。1人の販売者がある財を販売・供給するとき，**独占** (monopoly) であるという。独占的な生産者が市場支配力を有して，販売量と販売価格を決定するならば，市場は価格を形成する力を失う。そして市場は需用と供給をバランスさせる交通信号機としての機能を喪失する。このとき，前章で学んだ資源配分の効率性は，どのようなものになるだろうか。これは，独占的な生産者の行動を研究する場合の重要な問題である。

　独占の場合に限らず，複占とか寡占と呼ばれる状態でも価格支配力が発生する。**複占** (duopoly) とは販売者の数が2の場合，**寡占** (oligopoly) とは

少数の場合をいう。独占，複占そして寡占的な企業には多くの場合，生産技術に共通の特徴がある。収穫逓増とか平均費用の逓減という現象である。たとえば，1年に100万台を超えるような車の生産技術を考える。その生産技術で1台だけを生産するなら，その生産費用はきわめて大きいだろう。そして，生産数量が多くなるにつれて，1台当たりの生産費用は減少していく局面，すなわち，「平均費用が逓減する局面」が顕著に表れる。収穫逓増や平均費用逓減は生産技術における非凸性と総称される。

市場支配力，生産技術における非凸性は市場の機能障害をもたらす市場の欠陥の原因の一つとされる。

また，複占や寡占では，同じ商品分類に属していても，異なるモノとして販売されることがある。たとえば薄型テレビでも，ブランド，デザイン，追加機能，そしてキャッチフレーズが異なり，それらが購入者に異なった商品として感じさせることがある。これを**商品差別化** (product differentiation) という。また，独占は販売者だけについて発生することではなく，購入者が1人であるという場合がある。この場合には**買い手独占** (monopsony) という。

このような諸テーマは「産業組織論」という分野で中心的問題となっている。独占企業や寡占企業の行動の基本形は本章の2節と3節においても，簡単に解説していく。

売り手と買い手の誰もが市場支配力を持たず，また，商品差別化がない市場が完全競争市場である。実際のところ，市場が完全競争的であることは，まれにしかない。しかし，完全競争的な市場は一つの理念型（論理上の典型）であって，それを考察することがきわめて有用な「標準的な結果」あるいは「判断の基準」を提供する。続く節で取り上げる独占や複占への考察において，完全競争市場の考察で得られたものが，威力を発揮することになる。

市場が揃っていること ある財について市場がない場合には，市場の優れた能力が発揮されないことはいうまでもない。つまり，あらゆる財について市場が揃っている必要がある。経済では今期だけでなく，将来のいろいろな時点の財の取引がある。つまり将来財を取引する先物市場 (future market) である。

日本の先物市場を眺める手っ取り早い方法は，日本経済新聞の商品先物の情報を見ることである。先物市場で取り扱われているものは，金，白金，銀，

パラジウムのような希少金属，原油，ガソリン，灯油，軽油，ゴムのような基礎的な原材料，コメ，トウモロコシ，大豆，コーヒー，粗糖のような基礎的な食料品，さらに，債券先物，金融先物のような金融商品である。

取引所とどれだけ先の先物を扱うかによって異なる先物価格が形成されている。世界には多くの先物取引所があり，上で挙げたものに加えて，アルミニウム，小麦，ウラン，電力，畜産物，木材，パルプ等がある。中でも興味深いのは，欧州気候取引所 (ECX: European Climate Exchange) やシカゴ天候先物取引所 (CCFE: Chicago Climate Futures Exchange) 等において，二酸化炭素排出枠，排出削減量，二酸化硫黄排出枠の先物取引がなされていることである。

市場の機能には需要と供給を一致させることに加えて，同じ財には同一の価格が決定されるということがある。たとえば，ある財の価格を取り上げる。財の価格に違いが存在すれば，取引は低い価格でなされ，高い価格での取引はほとんどなくなるだろう。その結果，同一の価格になる。また，異なる地域間であっても，有意に異なる価格とはならないであろう。「有意に」と書いているのは，輸送にかかわる費用があるので，正確に同じ価格ということにはならないからである。

このようにして，「同じ財には同一の価格が決定されること」すなわち，**一物一価の法則** (Law of indifference) が成立する。また，金融市場では，金融市場の間に金利の差があれば，それを利用して利益を得ることができる。その結果，金融市場において金利差が解消する。このような現象を**裁定取引** (arbitrage) という。

これらの先物市場は株式欄に載せられているものと比べて，その数は必ずしも多くはなく，むしろ少ないというべきだろう。つまり，あらゆる市場が完備しているということではない。経済学には「非完備市場」という分野があって，市場が完備していない経済の性質を考察している。また，金融論では「裁定取引」は基本用語となっている。

情報が揃っていること　市場がないために価格情報がないということだけが「情報が揃っていない」ことではない。通常，市場がうまく機能するには，完全情報が必要だとされる。情報がある経済主体に偏っているなら，適正な取引ができない。つまり，売り手と買い手の間に情報の違い（情報の非対称性と

いう），たとえば，売り手に情報が多くあれば，買い手よりも有利に売買契約を決めることができる。そうなれば，市場の効率性は十分に発揮されないことになる。2008年9月に発生したリーマン・ショックは「不十分な情報開示」が原因の一つであるともいわれている。

　これまで説明してきた市場の働きには，**完全情報**の前提がある。売り手と買い手がともに完全な情報を持っているという前提である。現実には不確実な事態があるので，これを巡って情報にかかわる興味深い経済理論の発展があった。

　「不確実な事態」には二つの相がある。ひとつは，どれが起こるかは不確定だが，発生する現象の確率がわかっている場合である。もうひとつは発生確率もわからない，という場合である。前者をリスク，後者を命名者の名前を冠して**ナイトの不確実性**（Knightian uncertainty）と呼ぶ。

　確率現象として捉えられるリスクについては，市場で対処する方法がある。例として，保険を取り上げよう。たとえば，東京における火災は2009（平成21）年度には5601件あり（東京消防庁統計書［平成22年10月発行］による），確率として処理できるだけのデータがある。つまり，大勢の人々が火災に遭うコストと保険の料金をみながら，加入することができる。保険会社は火災1件についての平均的な保険の支払額と保険料収入を，確率を利用して事前に計算できる。この場合，加入者の数が多いので，保険の収支は確率による計算が示すものとほぼ同一になる。つまり，火災について1年間で保険の支出を賄えるのは，(i) 確率通りに発生すること (ii) 大勢の保険加入者があること，があるからである。

　一方，ナイトの不確実性は，市場で対応することが不可能である。「杞憂」という言葉は，「天が落ちてくるのを憂える」つまり，あり得ないことを心配することであった。たとえば，地球に大きな天体が落下するのを恐れるのはこの類である。しかも，地球の歴史では何度もあったことである。

　この種の現象に「確率」を計算することは，1000万年に2回というレベルで可能であろう。しかし，期間1年の火災保険における上の条件 (i) と (ii) を，隕石の落下に対しても揃えることができるかどうかは，難しいと言わねばならない。このような場合，巨大隕石の落下は火災のような確率現象ではなく，まず発生することはなく，発生すれば突然やってくる災害となる。その結果，ナイトの不確実性の範疇に入るであろう。

リスクを考慮する経済学の分野はいくつかある。古くは保険理論があり，また，最近多くの学者の注目を集めている情報の経済学もそれに属する。リスクがある場合，そもそも家計の選択の基礎となる効用をどう考えればよいのかという基本的な問題がある。また，その確率情報について，売り手と買い手に非対称性が存在する可能性がある。本書の第8章と第9章ではリスクと情報の経済理論を紹介する。

外部性がないこと　もうひとつ，市場が機能するための条件を挙げておきたい。これまでみてきた第Ⅰ部や第Ⅱ部での説明では，家計であれ企業であれ，経済主体の行動が他の経済主体に直接に影響を及ぼすことはないと考えてきた。影響を及ぼすのは，市場を経由してのことである。つまり，大学生のA君がフライドチキンを食べるのをB子さんが見ても彼女自身の満足が上がることはない，と想定してきた。B子さんの満足が上がるのは，彼女自身がフライドチキンを購入・消費したときで，決してA君がフライドチキンを食べたためではない。それは，彼女の効用関数が彼女の消費の諸量だけを変数としていることからも明らかである。もし，A君の第1財消費がB子さんの満足に影響を及ぼし，A君の効用は自身の消費だけに依存するなら，A君とB子さんの効用関数は，それぞれ

$$u_A(x_{1a}, x_{2a}), \ u_B(x_{1b}, x_{2b}, x_{1a})$$

のようになる。ここで，x_{ia} はA君の第i財の消費量，x_{ib} はB子さんの第i財の消費量である。A君の第1財消費 x_{1a} が効用関数の中に入ることになる。このような場合に，A君の第1財の消費がB子さんに外部性を持つという。

たしかに，フライドチキンのような通常の財では，A君の消費がB子さんの効用に影響を及ぼすことはないだろう。一方，A君が柔道3段で，下宿の同居人や家主さんに防犯になると信頼されているとする。また，B子さんもA君の近くに住んでいて，彼のおかげで空き巣の心配がいらないと安心していたとする。この場合，A君の柔道の練習はB子さんや家主さんそして同居人たちの効用水準を上げることになる。

一般に，ある経済主体の行動が市場を経由せずに直接的にその他の経済主体に影響を及ぼすことを**外部性** (externality) という。この「市場を経由せ

ずに」という条件が重要である。

たとえば，S氏の会社とT氏の会社が取引関係にあり，T氏の会社の業績上昇がS氏の会社の生産量を上げた場合を考えてみよう。結果だけをみれば，S氏の会社とT氏の会社の業績が連動して外部性を有しているようにみえる。しかし，この連動は市場を経由している。これは市場の相互依存関係を通じたものであって，外部性には属さないのである。

また，S氏の勤めている会社の近くにJRの駅が新設され，大変便利になり，会社の土地の地価が上昇したとしよう。S氏の会社は何もしないで，良好な外部性を受けたようにみえる。しかし，これは駅の新設が付近の限界生産性を上昇させ，それが地価に反映したということであり，市場による価格形成の結果である。したがって，外部性には当たらない。

ミード (James E. Meade) が挙げた外部性の有名な例に，養蜂業者と果樹園との関係がある。つまり，果樹園の経営者が自らの目的で花や木を増加させたとしよう。このとき，養蜂業者は彼が巣箱を増やしたわけではないのに，蜂蜜を多く生産できるようになる。このような市場を経由しない直接的な関係が外部性である。

公共財と総称される独特の財がある。たとえば，道路を取り上げてみる。道路はいったん建設されると，その費用負担をしなかった人の利用を妨げるのは難しく，かつ，誰かが道路を利用していても，他の人が使えないわけではない。そして，住民の誰にでも等量に提供される。このような性質を持つものを公共財という。

公共財として，道路のほかに，司法・立法サービス，治山・治水，警備，消防，国防などが挙げられる。このような**公共財** (public goods) の性質は，外部性に類似している。したがって，公共財を外部性によって定義する場合もある。

上の外部性や公共財は「よい影響」を市場を経由せずに他の経済主体に及ぼすものであるが，「悪い影響」を及ぼす場合も外部性に含まれる。この場合を特に**負の外部性** (negative externality) と呼んで，よい影響を持つ場合と区別する。

公害がその一つである。工場の排煙が多くの人々に喘息を発生させるという事態は，生産活動に伴うすべてのコストをその工場が負担していないことがある。総費用（社会的費用という）には，通常の私的費用と排煙がもたら

コラム15：排出量取引：新たな市場の開設と外部性

市場が機能するための条件「市場が揃っていること」と「外部性なし」の両者にかかわるものに排出量取引がある。二酸化炭素の温暖化効果のような外部性を内部化するために市場がつくられてきている。世界銀行の調査（*State and Trends of the Carbon Market* 2011）では，

年度	2005	2006	2007	2008	2009	2010	
全世界	110	312	630	1,351	1,437	1,419	（億ドル）
EU ETS	79	244	491	1,005	1,185	1,198	（億ドル）

が排出量取引の実績である。EU ETS は European Union Emission Trading Scheme の頭文字で「欧州排出量取引制度」のことである。この数値から欧州が排出量取引を先導していることがわかる。

排出量取引は，(ア) 各事業所に排出枠があり，(イ) 事業所が排出枠を超えて排出をしたい場合には排出量を買い，(ウ) 排出量が排出枠に満たない場合には売ることができる，というものである。(ア) は制度によって決まるものである。(イ) と (ウ) では，排出量取引の市場において需要と供給が一致するように価格が決定される，という市場の価格形成能力を活用するのである。すなわち，排出量の需要と供給の一致する価格では，排出枠を超えて排出したい量の総量（需要）が未使用の排出枠の残り（供給）と一致する均衡状態となる。このようにして，排出物の外部費用が内部化されるのである。

排出枠の決まり方は次のようである。まず，各国の総枠としての排出量について多国間での合意を形成する。一国内で過去の排出実績を勘案して，各事業者に無償で排出枠を与える方法があり，グランドファザリング (grandfathering) と呼ばれる。その排出枠を各事業者が総枠を持っている政府から購入する方式がオークショニング (auctioning) である。現在の EU ETS はグランドファザリングを基本にしている。グランドファザリングでは，これまで削減努力をせず多くの排出量を出してきた事業所に多くの枠を与える点で不公平であることが指摘され，オークショニングへの移行も計画されている。

す外部費用がある。私的費用は市場でその対価を支払うことになる。しかし，喘息を治療するあるいは排煙を減らす外部費用を含んだ社会的費用のすべてを発生させた者に負担させるための仕組みが必ずしも市場には存在しないのである。この種の問題は単に排煙においてだけでなく，様々な環境問題についてもいえることである。

以上のような外部性や公共財に対しては，市場は必ずしも良好なパフォーマンスを発揮できるわけではない。たとえば，公共財の性質を持つ街灯を市場の取引で設置させる場合を考えよう。人々は誰かが街灯を購入すれば，自分も利用できることを知っている。したがって，他の誰かの購入を待つことが彼のベストな選択になる。その結果，誰もが必要性を認識しているにもかかわらず，街灯はほとんどわずかしか設置されないことになろう。つまり公共財の供給に市場は本来の能力を発揮できないということになる。これも市場の失敗の一つである。

公共財は公共経済学や財政学のメインなテーマである。

その他：失業，物価の不安定性，そして所得分配の不平等　これまで市場の欠陥となるものを挙げてきたが，少し内容の異なるものをリストしておきたい。それは，現在の市場経済では，景気の変動や失業そして物価の不安定性が存在しているという点である。

それに加えて，所得の分配が不平等である点もよく指摘されている。これらも，広義には市場の欠陥として考えられている。失業や物価の決定はマクロ経済学の分野のメインのテーマであり，そこで多くのよい教科書がある。また，所得分配の不平等には，そもそも，不平等をどのように測ることができるのかという問題から，実際にデータをもとにして国の不平等の度合いを計算し，「悪化」あるいは「良化」した原因がどのあたりにあるかを考察するという問題まで，多くのバリエーションがある。

2　独占企業の行動

独占企業はどのような行動を取るであろうか。これまで，第Ⅱ部で考えてきた生産者は，彼の生産技術を知っていると仮定してきた。独占的な生産者も生産技術を知っていると想定してよいであろう。それに加えて，独占的生

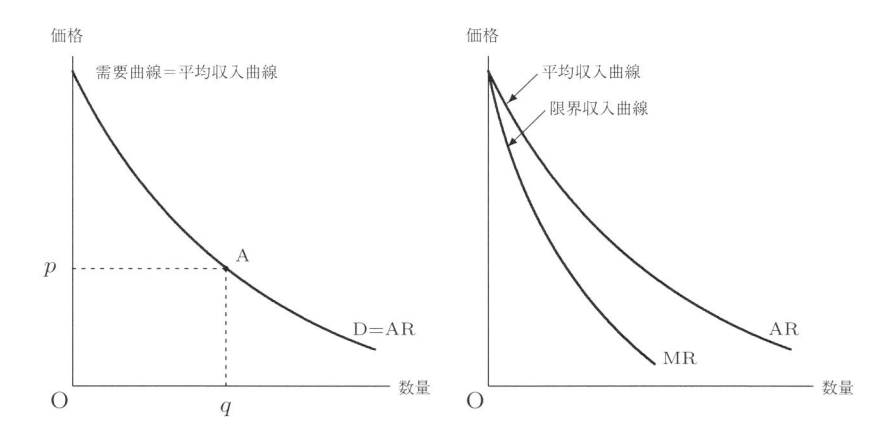

図 7.1：平均収入と限界収入

産者は過去の経験から，「どの価格でどれだけの販売ができたか」を知っていると考えられる。すなわち，独占的な生産者は彼が販売する財への需要曲線を知っていると想定することができる。このとき，独占者は販売量を決定すれば販売価格がいくらになるかがわかり，販売量と販売価格の両者をあらかじめ決定することができる。

AR と MR　図 7.1 の左側には需要曲線が描かれている。需要曲線は価格から数量への関係で，点 A は価格が p であるときに，消費者が q だけの財を購入しようとすることを示している。「独占者が需要曲線あるいは需要関数を知っている」という想定は，需要曲線を逆の方向で見ることになる。すなわち，

> 財を q だけ販売するときに，財 1 単位につき p 円の価格を付けることができ，p 円が 1 単位当たりの収入である

ということになる。つまり，需要曲線は，それを知っている販売者にとって，財 1 単位当たりの収入を表す**平均収入**曲線 (AR 曲線，Average Revenue curve) となる。その意味で，図 7.1 の左の図には「需要曲線=平均収入曲線，D=AR」と書かれているのである。

平均収入は数量に依存すると考えることができるので，それを $AR(q)$ と

関数のかたちで書く。生産量を Δq だけ増やしたときに，平均収入の増加分が ΔAR であるとする。つまり，

$$AR(q+\Delta q) = AR(q) + \Delta AR$$

とする。また q だけ生産するときの収入は $AR(q) \times q$ で，図 7.1 の左側にある四角形 pAqO の面積となる。次に，企業の収入の増加分 ΔR を一歩一歩計算してみよう。

$$\begin{aligned}\Delta R &= (q+\Delta q) \times AR(q+\Delta q) - q \times AR(q) \\ &= (q+\Delta q) \times (AR(q) + \Delta AR) - q \times AR(q) \\ &= \Delta q \times AR(q) + q \times \Delta AR + \Delta q \times \Delta AR\end{aligned}$$

上の式の第 3 項 $\Delta q \times \Delta AR$ は，増加分 × 増加分であり，きわめて小さいので，無視をすることができる。すると，

$$\frac{\Delta R}{\Delta q} = AR(q) + q\frac{\Delta AR}{\Delta q} \tag{7.1}$$

符号　　　{+}　　　　{−}

に至る。Δq が十分に小さいとき，(7.1) 式の左辺を**限界収入** (marginal revenue) と呼び，MR と書く。(7.1) 式をみると，限界収入 MR は生産量 q によって変動する。つまり，MR は q の関数となっている。その意味で，$MR(q)$ と関数のかたちで書く。限界収入 (7.1) 式の右辺第 1 項は平均収入であるから正値である。$\Delta AR/\Delta q$ の符号が負である（需要曲線＝平均収入曲線 が右下がりである）ことから，(7.1) 式の右辺第 2 項は負値となる。したがって，

$$MR(q) < AR(q)$$

である。q がゼロに近いときには，(7.1) 式の右辺第 2 項がゼロに近くなるので，q がゼロのときには $MR = AR$ が成立するであろう。つまり，図 7.1 に描かれているように，MR 曲線は AR 曲線の下方に位置し，生産量がゼロのときには AR 曲線と一致することになる。

独占企業の利潤最大化　独占企業の利潤の最大化を考えよう。この独占企業

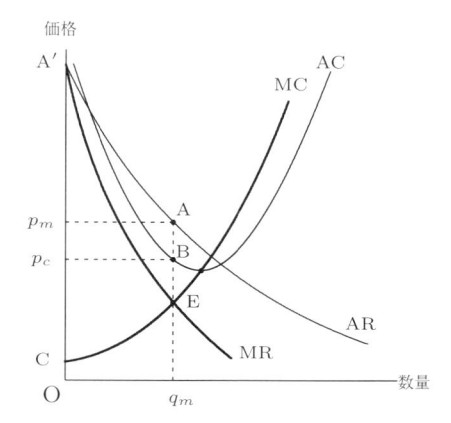

図 **7.2**：独占企業の利潤最大化

の費用関数を $C(q)$，平均費用関数を $AC(q)$，限界費用関数を $MC(q)$ とする。すると

　　　利潤：$q \times AR(q) - C(q)$　を最大化する

ということになる。ある生産水準 q において，

(i)　$MR(q) > MC(q)$ であれば，q の増加が利潤をより増加させる
(ii)　$MR(q) < MC(q)$ であれば，q の減少が利潤をより増加させる

ことがわかる。したがって，利潤を最大化しているならば，

$$MR(q) = MC(q) \qquad (7.2)$$

が成立することになる。第 II 部で学んだ生産者の行動では「価格と限界費用が等しいこと」が利潤最大化の条件であったが，独占者のケースでは「限界収入と限界費用が等しいこと」が条件である。(7.2)式は，図 7.2 の MC 曲線と MR 曲線の交点 E の生産水準 q_m において成立している。

このように，独占企業の生産量が q_m と決まるとき，価格は平均収入によって，

$$p_m = AR(q_m)$$

と設定されることになる．平均収入曲線上の価格 p_m が財の販売価格となる．p_m は**独占価格** (monopolistic price) と呼ばれる．したがって，(7.1)式と(7.2)式によって，

$$p_m = MC(q_m) - q_m \frac{\Delta AR}{\Delta q} \tag{7.3}$$

となる．競争的な場合には MC が価格と一致するということに加えて，AR曲線が右下がりであることから (7.3)式の右辺第2項 ($\Delta AR/\Delta q$) がマイナスである．したがって，独占価格は次のような性質を持つ．

独占価格の性質：独占価格 p_m は競争的な価格 MC よりも高く設定される．

この独占企業の行動の説明において，注意をすべきことが二点ある．一つは，この分析が部分均衡によっているという点である．すなわち，ある独占者が販売している財の市場だけに注目していることである．もう一つは，第II部で考察したような"供給関数"が得られるわけではなく，独占者はピンポイントで1組の販売価格と販売量 (p_m, q_m) を決定するという点である．しかも，点 A は需要曲線（平均収入曲線）上にあるので，需要と供給の一致も成立しているのである．

図 7.2 を利用して，独占企業の利潤がどうなるかを考えてみよう．いま，q_m だけを生産するときの平均費用を p_c とする．独占価格 p_m から平均費用 p_c を引いたもの $p_m - p_c$ は財1単位当たりの利潤である．それは，図7.2 の線分 AB の長さで表現される．そうすると，$(p_m - p_c) \times q_m$ つまり，四角形 $\mathrm{AB}p_c p_m$ の面積がこの独占企業の利潤である．

総余剰 以上で示された独占者の行動から，それがどのような効果を効率性に及ぼすのかについて，総余剰をみることによって考察しよう．

まず，次の二つの事実

需要曲線と平均収入曲線（AR 曲線）は同一のものである
従来の供給曲線と限界費用曲線（MC 曲線）とが一致する

に着目する．消費者余剰は価格を表す横軸の平行線，数量を表す縦軸の平行

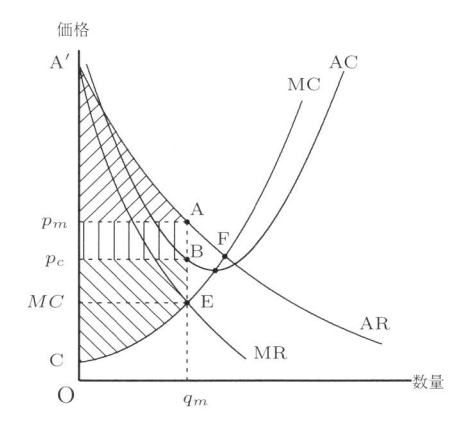

図 7.3：独占企業と余剰

線そして需要曲線で囲まれる面積で表された。また，生産者余剰は同様に，価格，数量と供給曲線で囲まれる面積で表現される。したがって，

消費者余剰 = 図 7.3 の図形 $A'Ap_m$ の面積
生産者余剰 = 図 7.3 の図形 $p_m AEC$ の面積

となる。

　一方，この現在考察している企業が価格受容者として競争的に行動すれば，需要と供給は点 F で一致する。したがってそのときの総余剰は図 7.3 の図形 $A'FC$ の面積で表現される。比較すると，独占によって，図形 AFE の面積の余剰が減少することになる。この減少した余剰の大きさが独占による効率性における損失を表現する。

　独占者の生産者余剰のうちで，図 7.3 の $p_m ABp_c$ の面積（縦方向の線が引かれている部分）は独占者の利潤であった。その下の部分図形 $p_c Bq_m O$ の面積は総費用である。図形 $CEq_m O$ の面積は可変費用を表現するので，図形 $p_c BEC$ の面積（右下がりの斜線が引かれている部分）は固定費用の大きさに対応する。

ラーナーの独占度　ある財をある独占企業が販売しているとき，その企業がどの程度独占的に行動しているかを考えよう。これに対して「1 企業が独占

しているから，独占度は 100 % ではないか」という意見もあろう。この意見は，ある産業に複数の企業があるとき，その産業がどの程度に独占的となっているのかを考える指標（集中度という）からみれば，もっともである。しかし，ここで考えているのは，ある独占企業の独占のありようを価格からその程度を測ってみようというのである。次の事実

> 競争的な場合には，価格は限界費用と一致する
> 独占であれば，価格は平均収入と一致する

を考慮すると，平均収入と限界費用との差が小さければ，独占企業であっても「独占の程度」は小さい，と考えることができる。つまり，

$$\frac{p_m - MC}{p_m}$$

によって独占の程度を考えることができる。これを発案者の名前を冠して**ラーナーの独占度** (Lerner index of monopoly power) という。

AR 曲線や MR 曲線がどのようであっても，図 7.3 から見ると，独占価格 p_m は AC 曲線上で決まるので，限界費用 MC よりも高くなる。したがって，ラーナーの独占度は正値で 1 より小さい数となる。

ラーナーの独占度の意味を考えるために，図 7.3 をはるかに簡略化して図 7.4 を描く。その簡略化は，MC 曲線が横軸に平行な直線になると想定することである。図 7.4 では，AC 曲線は右下がりで MC 曲線に漸近する曲線となるが，省略している。直前の議論を図 7.4 で繰り返してみよう。図 7.4 の左の図の点 E が限界収入曲線と限界費用曲線の交点であり，この点で生産量 q_m が決まり，対応する AR 曲線上の点 A で価格 p_m が決まるということになる。

いま，この財の市場で需要曲線が変化し，需要曲線がより弾力的になり，図 7.4 の左から右の図に変化したとする。その結果，右の図において p_m と MC との差はずいぶん小さくなっている。すなわち，独占価格は競争的な価格 (MC) に近づき，その結果，ラーナーの独占度は小さくなる。図 7.4 から示されたことは，

> **独占企業であっても，需要曲線の違いによって競争的な価格に近い価格が設定される場合がある**

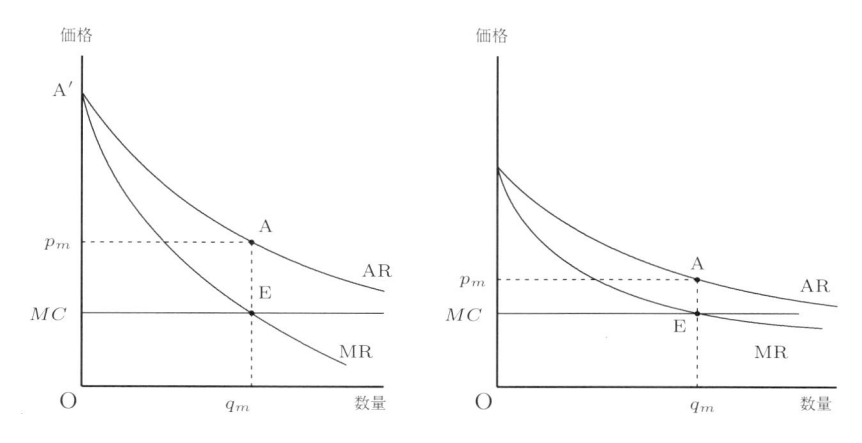

図 7.4：需要曲線の弾力性の違い（**MC** が一定の場合）

ということである。したがって，独占企業についてラーナーの独占度を考える十分な意味がある。

ここで (7.1) 式を変形してみよう。独占企業は平均収入を価格 p_m と考えているから，$AR = p_m$ と考えることができる。q_m から Δq だけ増加させたときの価格の変化を $\Delta p(= \Delta AR)$ とする。このとき，独占企業が利潤最大化をしているときの限界収入は (7.1) 式により

$$MR = p_m + q_m \frac{\Delta p}{\Delta q}$$

である。このとき，限界収入と限界費用 MC とが一致しているから，

$$MC = p_m + q_m \frac{\Delta p}{\Delta q}$$

である。よって，一歩一歩の変形をしてみると，

$$p_m - MC = -q_m \frac{\Delta p}{\Delta q} \quad \text{よって} \quad \frac{p_m - MC}{p_m} = \frac{1}{-\dfrac{p_m}{q_m}\dfrac{\Delta q}{\Delta p}}$$

となる。最後の式の右辺は大変複雑に見えるが，この分母は，第 I 部で学んだ需要の価格弾力性にほかならない。独占企業が販売する量と設定する価格における価格弾力性を ε_d と書けば，ラーナーの独占度は需要の価格弾力性の逆数となる。つまり，

コラム 16：独占禁止法

多くの国において，過度な独占を禁止する法律「競争法」や「独占禁止法」が準備されている。これらの法律が適用された顕著な例を 2 つ紹介しよう。

欧州委員会は 2004 年に，米国のマイクロソフト社が競争を減殺しているとして，4 億 9720 万ユーロの制裁金の支払いを命じた。他の機器との相互運用のための情報の開示が不十分であり，相互運用のための十分な情報開示を求めた。さらに，映像・音楽の再生ソフト (Media Player) の抱き合わせ販売（濫用的抱き合わせ）も問題だとした。欧州裁判所は，2007 年に欧州委員会の決定を支持し，マイクロソフト社も欧州委員会の決定に従うことを決めた。

次に，2009 年に米国のインテルが不当な取引を行ったとして，欧州委員会がインテルに対して 10 億 6000 万ユーロの制裁金を命じたことがある。欧州委員会よれば，インテルは主要なコンピュータメーカーに働きかけ，インテルから CPU（中央演算処理装置）を購入することに対して利益供与を行い，同時に，他社製の CPU を搭載した製品を販売しないことや，発売延期を求めた。さらに，小売業者に対しては利益供与によりインテルの CPU を搭載したコンピュータのみを販売するよう誘導したという。インテルは決定内容については必ずしも同意しないが，制裁措置を受け入れる意向を発表している。

インテルにしてもマイクロソフトにしても，1960 年後半から 70 年代半ばに設立され，目を見張る魅力的な製品を供給し，市場を席巻した企業である。ビル・ゲイツ，ロバート・ロイスそしてゴードン・ムーアというイノベーターによって両社は創業・推進され，新しい市場を創出したのである。両社が市場を席巻していく途上で，上述のような事件が様々に存在している。

星正彦著『独占禁止法の域外適用：欧米における競争法の域外適用理論の進展と日本におけるその受容と新展開に関する一考察』(http://hdl.handle.net/10086/19081) に多くの事例が紹介されている。本コラムにおいても参考にした。

$$\frac{p_m - MC}{p_m} = \frac{1}{\varepsilon_d} \tag{7.4}$$

となる。

独占企業がある財を販売するとき，その財の需要の価格弾力性が高い場合には，独占価格は競争的な価格に近くなるということである。第6章の表6.1に日本のいろいろな財への需要の価格弾力性のリストを示した。それによると，家事家具用品，教養娯楽，理美容サービス，理美容品（最後の2つは「諸雑費」に含まれる）の弾力性は高い。これらにおいて，独占があったとしても，その独占度は大きくないと予想できよう。一方，食料品，健康医療，光熱水道の価格弾力性は低いので，この産業における独占企業は独占度が高い価格を設定することになろう。

3　複占企業の行動

ここでは説明をわかりやすくするため，寡占状態の最も単純な形態（企業数が最小）である，複占を例にとって市場均衡を理解していこう。

企業の数が2であるとする。このように企業数が小さい場合，どの企業も他企業の販売量や価格を観測できる。そのため需要曲線すなわち平均収入曲線（AR曲線）を知って行動すると考えることは妥当であろう。

それに加えて，ある企業が自身の販売計画を立てるには相手企業のことを考える必要がある。なぜなら，ある企業が独占企業のように，限界費用と限界収入とを一致させるように生産量と価格を設定しても，他の企業の生産計画もあるから，それらは実現するとは限らないのである。したがって，

相手企業の行動をどのように自身の計画に取り込むか

が重大なポイントである。

クールノー・ナッシュ均衡　複占市場において，2つの企業が同程度の生産規模を持っている場合を考えよう。このとき，1つの企業が価格を決定し，他の企業がそれに追随するということは考えられない。むしろ，お互いに相手企業の生産量を予想し，それに応じて自身の生産量を決めることが妥当するであろう。このような場合が**クールノー・ナッシュ均衡** (Cournot＝Nash equilibrium) である。

ある財の市場が 2 つの企業による複占となっているとする。2 つの企業に番号を付けて，企業 1，企業 2 とする。企業 1, 2 の費用関数は同一で q を生産量とするとき，$C(q)$ と表されるとする。同程度の規模を持っている 2 つの企業では，費用関数が大きく異なることはなく，この想定は妥当だろう。さらに，独占の場合と同じように，2 つの企業は平均収入 $AR(q)$ を知っていると仮定する。クールノー・ナッシュ均衡では企業は次のように，相手企業の行動を織り込んで行動すると考える。つまり，

(a) 企業 1 は企業 2 の生産量 q_2 を与件として利潤を最大化するように自己の生産量 $\tilde{q}_1$ を決定する。

(b) 第 2 企業は第 1 企業の生産量 q_1 を与件として利潤を最大化するように自己の生産量 $\tilde{q}_2$ を決定する。

である。(a), (b) はともに，「相手企業の販売量を予想して，それに反応して自身の販売量を決めよう」というものである。図式的に書けば，

企業 1：$q_2 \longmapsto$（利潤の最大化）$\longrightarrow \tilde{q}_1$
企業 2：$q_1 \longmapsto$（利潤の最大化）$\longrightarrow \tilde{q}_2$

のようになっている。これらは現実の企業の販売計画においてもある種の説明力を持つであろうが，しかし，

その予想は当たるとは限らない，つまり，$q_1 = \tilde{q}_1$，$q_2 = \tilde{q}_2$ が成立するとは限らない

という点がある。複占産業のように，企業数が 2 であり 1 つの企業が相手企業の行動を十分観測できる場合には，予想の修正は速やかにできると考えられる。そこで，(a), (b) の行動を維持しつつも，予想が修正されることを通じ，その結果として，

(c) 2 企業がある特定の (q_1^*, q_2^*) を与件として (a), (b) にある生産量を決定したとき，それらは (q_1^*, q_2^*) と一致する

という特別な生産量の組 (q_1^*, q_2^*) が得られ，この産業の販売量が決まる。しかも，2 つの企業はともに，需要曲線を知っているので，$AR(q_1^* + q_2^*)$ の価

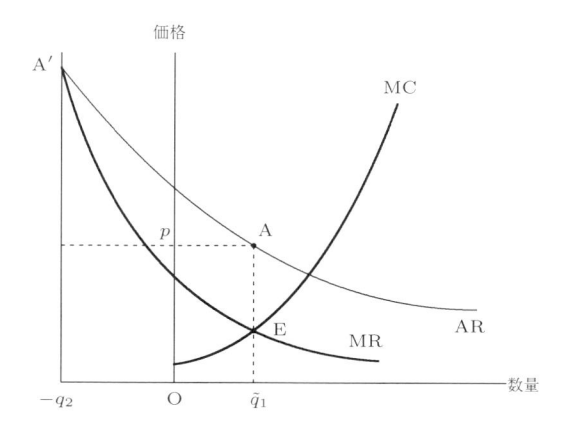

図 7.5：複占企業の利潤最大化

格となることを知っており，需要と総販売量 $q_1^* + q_2^*$ とを一致させることができる。このような生産量の組において，需要と供給が一致し市場が均衡している。この均衡をクールノー・ナッシュ均衡と呼ぶ。

(a) を考察しよう。企業 1 は企業 2 の生産量 q_2 を与件として，

利潤　$AR(q_1 + q_2) \times q_1 - C(q_1)$　を q_1 を選択して最大化する

ように行動をする。これは，独占の節でみたものと同じように，$MC(q_1)$ を企業 1 の限界費用関数とすると，

(i)　$MR(q_1 + q_2) > MC(q_1)$ なら q_1 を増加させると利潤が増加する

(ii)　$MR(q_1 + q_2) < MC(q_1)$ なら q_1 を減少させると利潤が増加する

が成立するので，企業 1 は

$$MR(q_1 + q_2) = MC(q_1) \qquad (7.5)$$

が成立するように，$\tilde{q}_1$ を決めることになる。(7.5) 式を図解すれば，上の図 7.5 のようになる。図には，平均費用曲線は必ずしも必要でないので省略されている。企業 2 の生産水準は q_2 と与えられているので，図 7.5 では平均収入曲線 AR と限界収入曲線 MR を横軸の $-q_2$ 水準の点 A′ から描いている。点 E で MR 曲線と MC 曲線が交わるので，この点で企業 1 の生産量 $\tilde{q}_1$

が決定される。そのときの価格は AR 曲線上の点 A の表す価格 p に決まる。

これまで企業 1 が予想している q_2 は一定と扱ってきた。ここで，異なる q_2' が予想されたとするなら，同一の議論を展開することができて，企業 1 は生産量 $\tilde{q}_1'$ を決定するだろう。また，異なる q_2'' が予想されたとするなら，同一の議論を繰り返すことができて，企業 1 は生産量 $\tilde{q}_1''$ を決定するだろう。つまり，

$\quad\quad q_2$ に対しては $\quad\longrightarrow\quad \tilde{q}_1$ を

$\quad\quad q_2'$ に対しては $\quad\longrightarrow\quad \tilde{q}_1'$ を

$\quad\quad q_2''$ に対しては $\quad\longrightarrow\quad \tilde{q}_1''$ を

$\quad\quad\quad\quad\vdots\quad\quad\quad\quad\quad\quad\quad\vdots$

のように，「企業 2 の生産量が与えられると，企業 1 の生産量が決まる」という関係がある。これは関数関係が存在することを意味している。それを $f_1(q_2)$ と書き，**反応関数** (response function) と呼ぶ。

図 7.5 から $q_2 < q_2'$ とすれば，q_2' に対応する A' の位置が現在の位置よりもっと左に移り，AR 曲線と MR 曲線が左に平行移動され，点 E も左に移動する。したがって，$f_1(q_2) > f_1(q_2')$ ということになる。つまり，

（性質 1）　反応関数 $f_1(q_2)$ は q_2 について減少的である

ことがわかる。

企業 2 の生産量がどのような水準であるときに企業 1 の生産量がゼロになるであろうか。図 7.5 の MR 曲線を左方に平行移動して価格軸上で MC 曲線と交わるような企業 2 の生産水準 $\bar{q}_2$ が求めるものである。その状況が図 7.6 に描かれている。横軸が $-\bar{q}_2$ の水準から描かれた $\overline{\mathrm{MR}}$ と書かれている限界収入曲線である。

次に，企業 2 の生産量がゼロのときには，企業 1 の生産量が最大になり，それは図 7.6 にある $\bar{q}_1$ である。ただし，図 7.6 では，他のいろいろな曲線は省略されている。このようにして，q_2 が $\bar{q}_2$ より小さな正値である場合に，企業 1 はそれに反応して，生産量を決定できるのである。

企業 2 も企業 1 と同じように行動するので，これまでの作業を繰り返すと企業 2 の反応関数 $f_2(q_1)$ が得られる。しかも，限界収入曲線や限界費用曲

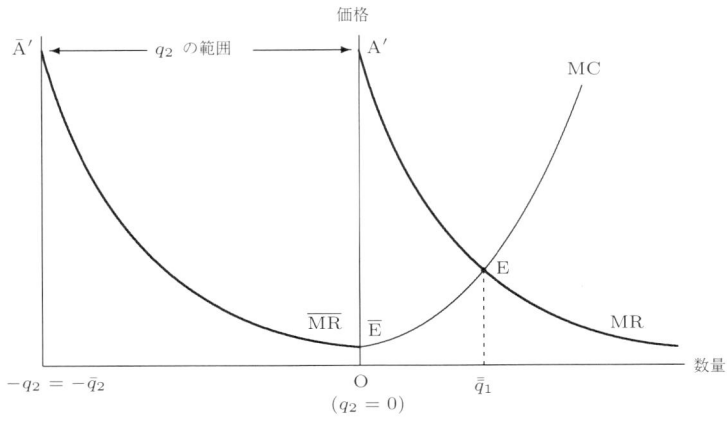

図 7.6：反応関数の導出

線は企業 1 のものと同じとしたので，

(性質 2)　　反応関数 $f_2(q_1)$ は $f_1(q_2)$ と関数として同じ，つまり，
　　　　$f_2(q) = f_1(q)$ がどの水準の q についても成立する

ことがわかる。ここで，企業 1 の場合と同様に，$f_2(\bar{q}_1) = 0$, $f_2(0) = \bar{\bar{q}}_2$ とすると，$\bar{\bar{q}}_2 = \bar{q}_2$ とは限らない。もちろん，$\bar{\bar{q}}_1 = \bar{q}_1$ も必ずしも成立しない。これは MR 曲線を減少的で下に凸の曲線に，MC 曲線を増加的で下に凸の図形に描いているためである。図 7.6 では，$\bar{q}_1 > \bar{\bar{q}}_1$ となっている。

以上によって，条件 (a), (b) は企業 1 と企業 2 の反応関数 $f_1(q_2)$ と $f_2(q_1)$ によって表されることになった。次のステップは条件 (c) を考察することである。条件 (c) を反応関数によって言い換えると，

$$q_1 = f_1(q_2), \quad q_2 = f_2(q_1) \tag{7.6}$$

ということになる。最初の等式は，企業 1 の行動 $f_1(q_2)$ が，あらかじめ企業 2 が予想している企業 1 の生産量 q_1 と一致することである。2 番目の等式も同様である。

図 7.7 に 2 企業の反応関数が描かれ，その交点 E が (7.6) 式を満たす (q_1^*, q_2^*) である。この生産量の組がクールノー・ナッシュ均衡である。(性質 2) により，図 7.7 の 2 つの反応関数は図では 45 度線に対して線対称になる

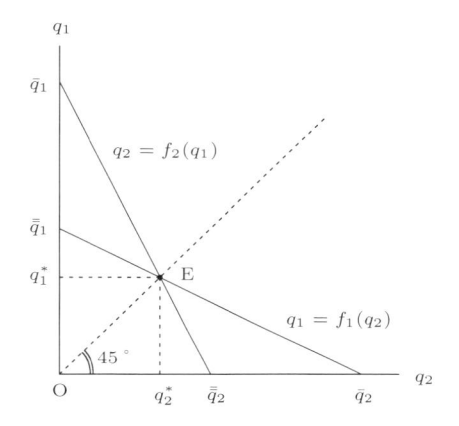

図 **7.7**：クールノー・ナッシュ均衡

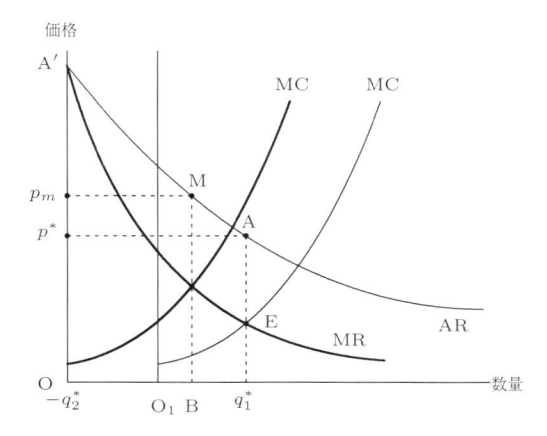

図 **7.8**：独占と複占（クールノー・ナッシュ）の比較

ので，$q_1^* = q_2^*$ が成立する。

以上によって，クールノー・ナッシュ均衡が得られたが，それと独占によるものとを比較してみよう。もちろん，両ケースにおいて費用関数は同一であるとする。

図 7.8 に独占価格とクールノー・ナッシュ均衡の価格の両者が描かれている。独占は原点を O とする図で描かれ，2 本の MC 曲線のうち左のものが独占企業のものである。独占企業は MR と MC 曲線が一致するように生産

量を決定する。よって，独占価格は p_m である。

一方，複占では，原点を O_1 として，企業1の行動が描かれている。均衡の企業2の生産量 q_2^* に対して，企業1が q_1^* を選択する様子が描かれている。その結果，クールノー・ナッシュ均衡の価格は p^* になり，$p_m > p^*$ であり，同時に，点 E での限界費用 MC と比べて $p^* > MC$ が成立している。つまり，

独占とクールノー・ナッシュ均衡：クールノー・ナッシュ均衡の価格は独占価格よりも低く，競争的な価格 MC よりも高い．

である。

ベルトラン均衡 これまでのクールノー・ナッシュ均衡では，複占市場において2企業が生産量を競ったが，これに対して，「価格を競う」ほうが現実的であるという意見もある。ここでは価格競争による複占市場を考察してみよう。そこで得られる均衡をその発案者の名前にちなんで**ベルトラン均衡** (Bertrand Equilibrium) と呼ぶ。「需要曲線を企業が知っている」というこれまでの仮定はここでも採用される。費用関数については，より簡単にして，$C(q) = c \times q$ とする。c は正の一定値で，平均費用であると同時に限界費用でもある。また，平均収入 $AR(q)$ に代えて需要関数 $D(p)$ を用いる。

企業1の行動に注目する。企業1は相手企業の価格を p_2 と予想しているとする。また，価格はマイナスの数にはならないと考えよう。そのとき，企業1の生産量は，p_1 の値に応じて，

$$\begin{cases} \text{(i)} & D(p_1) & p_1 < p_2 \text{ のとき} \\ \text{(ii)} & D(p_1)/2 & p_1 = p_2 \text{ のとき} \\ \text{(iii)} & 0 & p_1 > p_2 \text{ のとき} \end{cases}$$

と変動することになる。これは，(i) 企業1の設定する価格が企業2のそれよりも低い場合には，市場のすべてを奪うことができ，(ii) 企業1と2の価格が同じならば，同じ規模を持つ2つの企業は市場を等分する，(iii) 企業1の設定する価格が企業2のそれよりも高ければ，市場がすべて奪われる，ということである。したがって，企業1の利潤は

$$\begin{cases} \text{(i)} & p_1 D(p_1) - cD(p_1) & p_1 < p_2 \text{ のとき} \\ \text{(ii)} & \{p_1 D(p_1) - cD_1(p_1)\}/2 & p_1 = p_2 \text{ のとき} \\ \text{(iii)} & 0 & p_1 > p_2 \text{ のとき} \end{cases}$$

となる。企業1だけでなく，企業2の状況も同じに表現できる。繰り返しを避けるため，企業2の利潤は書かずに済ませる。そこで，各企業は次のように価格を設定すると想定する。

　　　企業1：$p_2 \longmapsto$（利潤の最大化）$\longrightarrow \tilde{p}_1$
　　　企業2：$p_1 \longmapsto$（利潤の最大化）$\longrightarrow \tilde{p}_2$

ある特別の (p_1^*, p_2^*) が上式の左側に与えられたときに，上式の企業1，2の設定する右側にある価格が (p_1^*, p_2^*) と一致するとき，ベルトラン均衡であるという。

以下，消去法によってベルトラン均衡の可能性を探っていく。

ケース1：企業1が価格をゼロに設定したとしよう。

このとき，需要は大きな量になり，企業1は競争に負けることはない。したがって，企業1の利潤は生産費用がかかる分だけマイナスである。企業2が設定する価格が正でもゼロでも企業1の利潤がマイナスであることは変わらない。一方，価格を正値に設定して企業2に市場をすべて奪われたとしても，生産水準はゼロとなるので利潤はゼロである（こちらのほうが大きい！）。したがって，企業1は価格をゼロに設定することはない。これは企業2についても同じである。したがって，ベルトラン均衡においては，

　　　$p_1^* > 0, p_2^* > 0$

である。

ケース2：企業1が $p_2 > 0$ を予想し，この p_2 について $p_2 D(p_2) - cD(p_2) > 0$ であったとする。

企業1が $\tilde{p}_1$ を p_2 よりわずかに低く設定すれば，企業1が正の利潤のすべてを獲得できる。その $\tilde{p}_1$ に対しては，企業2はそれよりわずかに低い価格 $\tilde{p}_2(< \tilde{p}_1 < p_2)$ を設定すれば，企業2がすべての利潤を獲得するであろう。したがって，この場合はベルトラン均衡ではない。企業2についても同じである。

したがって，ベルトラン均衡では，$p_2^* D(p_2^*) - cD(p_2^*) = 0$, $p_1^* D(p_1^*) - cD(p_1^*) = 0$ である。よって，

$$p_1^* = p_2^* = c$$

が成立する。

以上の考察から，

ベルトラン均衡の性質：ベルトラン均衡では価格は平均費用（＝限界費用）に一致する

が得られる。

注意すべきことは，クールノー・ナッシュ均衡やベルトラン均衡において，2つの企業の費用関数が異なれば，均衡はこの節で紹介したものとは異なるものになるということである。

シュタッケルベルク均衡 以上で学んできた複占の理論において，2つの企業は同じ能力を持っていた。「同じ能力であること」を同一の費用関数で表現してきたのである。これらが違ったらどうなるであろうか。

1つの巨大な企業と1つの小さな企業とが複占を形成している市場を考えてみよう。このような場合，小さな企業が巨大な相手企業に追随して生産量を決めることが発生する。つまり，大きな企業の生産量を与件として受け取り，それに基づいて自身の生産量を決めるのである。この意味で，**追随者** (follower)であるといわれる。そして，大きな企業は「小さな企業が追随すること」を前提にして，行動することができる。このような企業を**先導者** (leader) と呼ぶ。このように，先導者と追随者から成る市場における均衡を**シュタッケルベルク均衡** (Stackelberg equilibrium) という。

いま，企業1を追随者，企業2を先導者とする。まず，企業2の生産量 q_2 に対して，企業1は企業2の生産量を与件として，生産量を決める。これはクールノー・ナッシュ均衡における企業1の反応関数 $f_1(q_2)$ によって与えられる。

先導者である企業2が q_2 を決めるときには，企業1の反応関数 $f_1(\cdot)$ を

コラム 17：競争と独占：アクセルとブレーキ

　競争と独占は反意語であることに異論はないだろう。経済学においては，競争的な市場が独占的な市場に比べてパフォーマンスがよいことが指摘されている。

　ここで思考実験をしてみよう。完璧に競争的な市場経済を念頭に置けば，そこではあらゆる独占的要素は排除されている。そのような場合，新たな新製品の開発やイノベーションは起こるだろうか。もし発生したとしても，速やかに市場全体に伝播し，創業者のメリットはほとんど存在しない。このような経済では，新製品や発明をするよりは誰かがそれらをやってくれるのを待つほうがよいことになる。

　一方，完全に独占的な経済でも新製品や技術進歩は発生するであろうか。すでに，市場が独占されているのであるから，そのようなインセンティブは小さいであろう。結果として，完全に競争的あるいは完全に独占的な市場では，「市場の活力」というべきものは，必ずしも発生しないのである。どちらにおいても，米国のアップル，マイクロソフトやインテルにおいて典型的にみられたような，巨大なビジネスチャンスが生まれ，イノベーションが継続して発生することはないだろう。

　そこで，競争的な市場にちょっとしたアクセル，特許とか知的財産権のような，ある種の独占を許す装置を組み込んでみる。これがあれば，新開発の商品から生じる利益は開発者にもたらされる。それがわかれば，多くの意欲ある起業者が新しいアイデアを持って市場に現れるであろう。これが継続すれば，経済はダイナミックに発展する。

　しかし，その結果，市場を独占状態に陥らせる可能性もある。独占状態では，再び経済のダイナミズムは失われるであろう。そこで逆に，ブレーキとなる装置，つまり独占禁止法あるいは競争法という，独占を排除する装置を導入する。これが機能すれば，経済は自律的な市場の活力を享受できることになる。

　市場経済においても「車のアクセルを安心して踏むには，ブレーキが不可欠だ」というフレーズが的を射ているのである。

知っているものとする。これが，企業 2 を先導者と呼ぶ理由である。企業 2 は反応関数を勘案して生産量を決める。財の価格を p とし，企業 2 の生産量を q_2 とすれば，先導者の利潤は

$$p \times q_2 - C(q_2) = AR(f_1(q_2) + q_2) \times q_2 - C(q_2)$$

で与えられる。先導者の企業 2 は上で定義された利潤を最大にするように，q_2 を決定する。

この先導者の行動を詳解するために少し準備をしよう。先導者が q_2 から $q_2 + \Delta q_2$ に生産を増加（$\Delta q_2 < 0$ なら減少）させたときに，

(i) 追随者の生産量が $f_1(q_2)$ から $f_1(q_2) + \Delta q_1$ に，
(ii) 総供給が $f_1(q_2) + q_2$ から，$f_1(q_2) + q_2 + \Delta q$ に，
(iii) 平均収入が $AR(f_1(q_2) + q_2)$ から $AR(f_1(q_2) + q_2) + \Delta AR$ に，
(iv) 企業 2 の収入が $AR(f_1(q_2) + q_2) \times q_2$ から $AR(f_1(q_2) + q_2) \times q_2 + \Delta R$ に，
(v) 企業 2 の費用が $C(q_2)$ から $C(q_2) + \Delta C$ に

変化したとする。すると，

$$\begin{aligned} \Delta R &= [AR(f_1(q_2) + q_2) + \Delta AR] \times (q_2 + \Delta q_2) - AR(f_1(q_2) + q_2) \times q_2 \\ &= AR(f_1(q_2) + q_2) \times \Delta q_2 + \Delta AR \times q_2 + \Delta AR \times \Delta q_2 \end{aligned}$$

となる。この等式の最後の $\Delta AR \times \Delta q_2$ は増加分 × 増加分となっており，きわめて小さいので，無視をすることができる。したがって，

$$\frac{\Delta R}{\Delta q_2} = AR(f_1(q_2) + q_2) + \frac{\Delta AR}{\Delta q_2} \times q_2$$

となる。さらに，ΔAR は，$\Delta q = \Delta q_1 + \Delta q_2$ に注意をすると，

$$\begin{aligned} \frac{\Delta AR}{\Delta q_2} &= \frac{\Delta AR}{\Delta q} \times \frac{\Delta q}{\Delta q_2} \\ &= \frac{\Delta AR}{\Delta q} \times \frac{\Delta q_1 + \Delta q_2}{\Delta q_2} \\ &= \frac{\Delta AR}{\Delta q} \times \left(\frac{\Delta q_1}{\Delta q_2} + 1 \right) \end{aligned}$$

である．したがって，企業 2 の限界収入 $\Delta R/\Delta q_2$ は

$$\frac{\Delta R}{\Delta q_2} = AR(f_1(q_2) + q_2) + \frac{\Delta AR}{\Delta q} \times \left(\frac{\Delta q_1}{\Delta q_2} + 1\right) \times q_2$$

$$= AR + \frac{\Delta AR}{\Delta q} \times \left(\frac{\Delta q_1}{\Delta q_2} + 1\right) \times q_2$$

$$= \left(AR + \frac{\Delta AR}{\Delta q} \times q_2\right) + \frac{\Delta AR}{\Delta q} \times \frac{\Delta q_1}{\Delta q_2} \times q_2$$

となる．

一方，Δq_2 による費用の変動は限界費用 $\Delta C/\Delta q_2 = MC$ によって表される．そこで，$MC > \Delta R/\Delta q_2$ であれば，コストの増加率のほうが収入の増加率より大きいので，先導者は q_2 を減少させたほうが利潤が上昇する．また，$MC < \Delta R/\Delta q_2$ であれば，コストの増加率のほうが収入の増加率より小さいので，先導者は q_2 を増加させたほうが利潤が上昇する．したがって，先導者の利潤は，

$$\left(AR + \frac{\Delta AR}{\Delta q} \times q_2\right) + \frac{\Delta AR}{\Delta q} \times \frac{\Delta q_1}{\Delta q_2} \times q_2 = MC$$

のときに最大になる．$AR = p$ に注意をして，これを書き換えると，

$$p = \left(MC - \frac{\Delta AR}{\Delta q} \times q_2\right) - \frac{\Delta AR}{\Delta q} \times \frac{\Delta q_1}{\Delta q_2} \times q_2$$

のかたちとなる．そこで，第 2 節の独占価格 (7.3) 式を見ると，上の式の右辺第 1 項は「企業 2 が独占者として行動したときの価格」になっている．また，AR 曲線が右下がりであること（$\Delta AR/\Delta q < 0$），反応関数 $f_1(q_2)$ も右下がりであること（$\Delta q_1/\Delta q_2 < 0$）から，右辺第 2 項は正の値である．したがって，次のことがわかる．

シュタッケルベルク均衡の性質 1：シュタッケルベルク均衡においては，価格は独占価格よりも低い．

次のわれわれの関心は，シュタッケルベルク均衡における企業 1 と企業 2 の生産量における特徴をみることである．

さて，そのための準備として，シュタッケルベルク均衡における企業 2 の先導者としての行動を一時離れて，企業 2 の利潤について考察してみる．

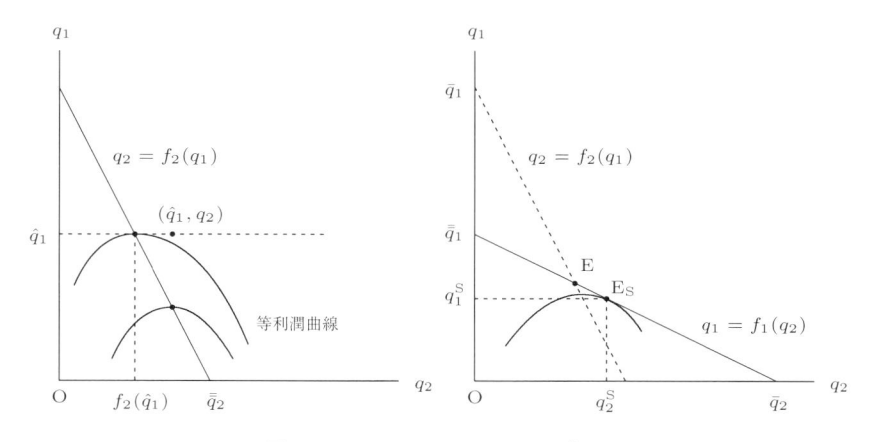

図 7.9：シュタッケルベルク均衡

　企業 2 の利潤は $AR(q_1 + q_2) \times q_2 - C(q_2)$ である．上で，「先導者としての行動を一時離れて」と書いているのは，企業 1 の生産量を $q_1 = f_1(q_2)$ に制約しないということである．そこで，企業 2 の利潤がある一定値であるような (q_1, q_2) の組はどのような曲線を描くだろうか．この曲線を**等利潤曲線**という．

　そのために，図 7.9 の左の図を見てみよう．クールノー・ナッシュ均衡で学んだ企業 2 の反応関数 $f_2(q_1)$ 上の 1 つの点 $(\hat{q}_1, f_2(\hat{q}_1))$ を選ぶ．

　いま，$q_2 > f_2(\hat{q}_1)$ の生産水準 q_2 について $(\hat{q}_1, q_2)$ での企業 2 の利潤は，$(\hat{q}_1, f_2(\hat{q}_1))$ でのそれよりも低い．なぜなら，企業 1 の生産量が $\hat{q}_1$ のときに，企業 2 の最大利潤をもたらす生産量は $f_2(\hat{q}_1)$ であったからである．

　この企業 2 の生産水準 q_2 を維持して，企業 2 の利潤を $(\hat{q}_1, f_2(\hat{q}_1))$ でのものに保つためには，企業 1 の生産水準を下げて，平均収入を上げる必要がある．したがって，企業 2 の等利潤曲線は $f_2(\hat{q}_1)$ より大きい q_2 では，$\hat{q}_1$ の下方にある．

　同様に，企業 2 の等利潤曲線は $f_2(\hat{q}_1)$ より小さい q_2 でも，$\hat{q}_1$ の下方にある．このようにして，企業 2 の等利潤曲線で，$(\hat{q}_1, f_2(\hat{q}_1))$ を通るものは，点 $(\hat{q}_1, f_2(\hat{q}_1))$ でピークとなる曲線を描く．

　同じ操作をして，他の点を通る等利潤曲線も数多く描くことができる．図 7.9 の左側にはその下方にも 1 本の等利潤曲線が描かれている．下に位置す

る等利潤曲線は上にあるものに比べて，企業1の生産水準は低い。そのため，下に位置する等利潤曲線の利潤は上のものよりも大きい。

　ここで，クールノー・ナッシュ均衡で用いた反応関数の図を用いて，シュタッケルベルク均衡における先導者である企業2の生産水準を求めてみよう。図7.9の右図をみてみよう。企業2は企業1の反応関数を知っている。したがって，企業2は企業1の反応関数のグラフ上の点の中から利潤の最も高いものを選ぶことができる。企業2の利潤を最も高くする生産量は，利潤曲線のうちで企業1の反応関数のグラフと接する点での生産水準である。その接点が E_S として描かれている。その結果，企業1と企業2の生産量はそれぞれ q_1^S, q_2^S となり，クールノー・ナッシュ均衡の生産量 E よりも，先導者の生産量が大きくなる。すなわち，

シュタッケルベルク均衡の性質2：シュタッケルベルク均衡においては，先導者の生産量はクールノー・ナッシュ均衡のときの生産量よりも大きい。

が得られる。

　注意すべきこととしては，クールノー・ナッシュ均衡での2つの企業はともに追随者の行動をしていたということがある。

第 IV 部

不確実性と情報の経済学

第 8 章

不確実性下の経済行動

　不確実な世界では，1 つの行動を取ると，結果がただ 1 つに確定せず，複数の可能性のうちの 1 つが起こる。

　本章では不確実性のもとでの経済行動を「くじ」として表し，「くじ」の効用の測り方について考案し，「期待効用定理」について学ぶ。さらに，「期待効用」を使って，「個人の危険に対する態度」と「リスク・プレミアム」を定義する。

　すべての個人の特徴が同じであると仮定して，完全競争的な保険市場の機能について考案する。この仮定が満たされないケースは，第 9 章で考察する。

1 確実な世界と不確実な世界

これまでは，以下のことを前提として議論を進めてきた。

(1) 消費者も生産者も，現在から将来にかけてどのような財・サービスが市場で販売されているかをすべて知っている。
(2) 消費者は現在から将来にかけての自分の好みを把握している。
(3) 企業は，現在から将来にかけてどのような生産技術が利用可能なのかが完全にわかっている。

(1) から (3) までの条件を満たす経済環境を**確実な世界**と呼ぼう。確実な世界では，ある会社の株式を購入すれば，その株式の収益率（購入した株式1円当たりの収益）は事前に確定しているが，**不確実な世界**においては，株式の収益率は事前に確定しているわけではない。好景気のときは株式の収益率が高いが，不景気のときは低くなる傾向がある。しかし，いつ好景気（あるいは不景気）になるか確定していないため，同じ株を同じ額だけ購入しても，収益が高い場合もあり得るし，低い場合もあり得る。

一般的に言えば，確実な世界では，一つの行動を取ると，一つの結果が確定するのに対して，不確実な世界では一つの行動から生じ得る結果は何通りかある。図 8.1 の場合，100 万円株式投資をすると，確率 1/2 で 200 万円の収益が得られるが，確率 1/2 で収益が 0 となる状況を示している。コラム 18 で，確率論の基本的な概念を紹介しているので参照されたい。

2 経済における様々な危険

経済における不確実性を生み出す要因を危険（リスク）と呼ぶ。リスクを個別リスクと全体的リスクに分類できる。

個別リスク (idiosyncratic risk) とは，1 人の消費者あるいは 1 つの企業にのみ影響するリスクのことである。たとえば，特定の個人の事故や病気のリスクや特定の企業の事故に関係するリスクは個別リスクである。

全体的リスク (aggregate risk) とは，経済主体全員に影響するリスクのこ

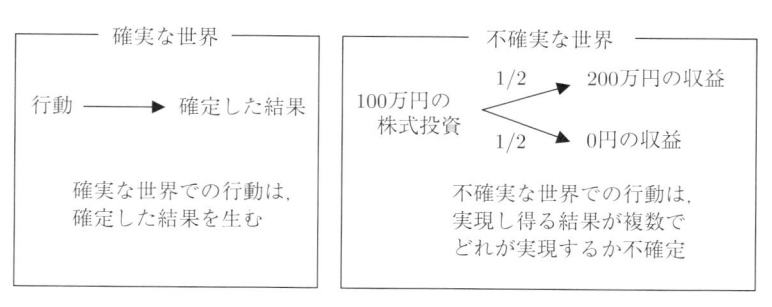

```
┌─── 確実な世界 ───────┐    ┌─── 不確実な世界 ──────────┐
│                      │    │            1/2   200万円の収益│
│ 行動 ──→ 確定した結果 │    │ 100万円の ──<              │
│                      │    │ 株式投資   1/2   0円の収益  │
│ 確実な世界での行動は, │    │ 不確実な世界での行動は,     │
│ 確定した結果を生む    │    │ 実現し得る結果が複数で       │
│                      │    │ どれが実現するか不確定       │
└──────────────────────┘    └────────────────────────────┘
```

図 8.1：確実な世界と不確実な世界

とである。たとえば大規模地震は全体的リスクの例である。2011年3月11日に起きた東日本大震災によって，2万人弱の人々が亡くなるか，あるいは行方不明となった。政府によれば，損壊した資本設備は16兆円〜25兆円と試算されるという。この震災により約8万人が失業したものとみられている。半年後の同年9月11日現在も，まだ8万人以上の避難者がいた。自動車や電気製品の部品メーカーの工場の損壊により，日本のみならずアメリカをはじめとする海外の自動車メーカーの生産活動に影響が及んだ。景気も全体的リスクである。日本経済の景気が悪くなると，全国民にその悪影響が及ぶからである。

3 危険の下での選択：くじの効用

本節では危険の下での選択を議論する。再び図8.1を参照されたい。100万円株式投資すると，確率1/2で200万円の収益が得られ，確率1/2で0円の収益が得られるということは，確率1/2で200万円の賞金が当たり，確率1/2でハズレが出るくじ (lottery) を100万円で購入するという行動と同じことである。100万円を別の株式に投資するという行動は，別のくじ（賞金の額が200万円と異なるか，あるいは賞金が当たる確率が異なる）と見なすことができる。このように，危険の下での様々な行動を，異なるくじとして定式化することができる。

そこで問題となるのが，数あるくじの中でどのくじを選ぶか，ということである。ミクロ経済学の標準的な答えは，個人は効用の期待値を最大にするようなくじを選ぶ，ということである。

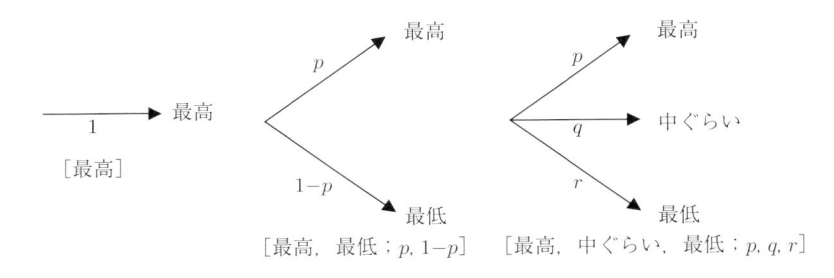

図 8.2：くじ

「くじの効用」とは何か。「くじの効用」をどのようにして測るのか。なぜ個人は「くじの効用」の期待値を最大にするのか。以下の説明で，これらの疑問に答える。

上で述べたように，危険の下での行動を「くじ」として表すことができる。「くじ」は，どのような賞金が，どれだけの確率で当たるかを定めることで定義される。以下では，簡単化のため，可能な結果（賞金）は，「最高（100万円）」，「中ぐらい（50万円）」，「最低（0円）」の3通りしかないと仮定する。しかし，それぞれの賞金の当たる確率としていろいろな値を考えることで，様々な「くじ」を表現することができる。確実に賞金「最高」「中ぐらい」「最低」を得られるくじをそれぞれ [最高] [中ぐらい] [最低] で表す。これらのくじの中では，くじ [最高] が一番好まれ，くじ [中ぐらい] が二番目に好まれ，くじ [最低] は三番目に好まれるだろう。賞金のペア「最高」「最低」に対して，「最高」が確率 p，「最低」が確率 $1-p$ で得られるくじを [最高, 最低 ; p, $1-p$] で表す。他の賞金のペアに対しても，同様な形式のくじを定義できる。賞金「最高」「中ぐらい」「最低」をそれぞれ確率 p, q, r で得られるくじを

[最高, 中ぐらい, 最低 ; p, q, r]

で表す。ここで，p, q, r は非負の実数で $p+q+r=1$ である。以上のくじを図式化したものが図 8.2 である。

次に，くじの**複合** (compounding) について定義する。確率 α でくじ L が得られ，確率 $1-\alpha$ でくじ L' が得られるようなくじのことを**複合くじ** (compound lottery) という。この複合くじを [α, $1-\alpha$; L, L'] で表す。$L = [p,$

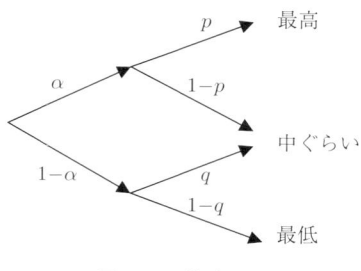

```
                    p
               ────────▶ 最高
          α  ▲
          ────▶●
              │ 1−p
              ────────▶ 中ぐらい
        ●
          ────▶●
          1−α  │ q
              ────────▶
              │ 1−q
              ────────▶ 最低
```

図 8.3 : 複合くじ

$1-p$；最高，中ぐらい$]$，$L' = [q, 1-q$；中ぐらい，最低$]$ の場合の複合くじを図式化したのが図 8.3 である．複合くじは，くじを 2 回続けて引くという試行を数学的に表現したものである．1 回目の試行は，硬貨を投げると表か裏のいずれかが出る試行を表していると考えることにしよう．ただし，ここでの硬貨は「ゆがみ」があるため，α は $1/2$ とは限らないものとする．

複合くじを普通のくじに変換する操作を，**複合くじの単純化**という．図 8.3 を用いて説明しよう．

ある賞金が得られる確率を求めるには，その賞金に到達するまでの道（矢印の「終点」と別の矢印の「始点」をつないだもの）に書かれた確率をすべて掛け合わせた数を合計すればよい．「最高」に到達する道は 1 本しかなく，その道沿いに確率 α と確率 p が書かれているので，

$$\text{「最高」が当たる確率} = \alpha \times p$$

となる．

「中ぐらい」に到達する道は 2 本ある．最初に上に行く確率が α で，その次に確率 $1-p$ で下に行く道と，最初に下に行く確率が $1-\alpha$ で，その次に確率 q で下に行く道である．よって，

$$\text{「中ぐらい」が当たる確率} = \alpha \times (1-p) + (1-\alpha) \times q$$

となる．「最低」に到達する道は 1 本しかなく，その道沿いに確率 $1-\alpha$，確率 $1-q$ が書かれているので，

$$\text{「最低」が当たる確率} = (1-\alpha) \times (1-q)$$

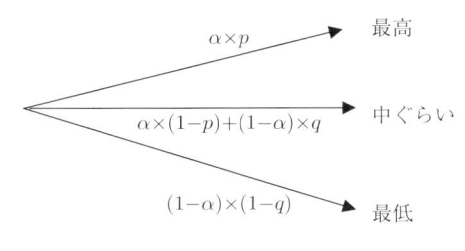

```
            α×p
         ────────────▶ 最高
       ╱
      ╱  α×(1−p)+(1−α)×q
     ●──────────────────▶ 中ぐらい
      ╲
       ╲  (1−α)×(1−q)
         ────────────▶ 最低
```

図 8.4：複合くじの単純化

である．

　もしも，ある個人が賞金と賞金が当たる確率以外の要素には無頓着であれば，図 8.3 の複合くじと図 8.4 のくじは無差別となる．本書では，任意の複合くじがその単純化くじと無差別であることを仮定する．

くじの「効用」の測定法　くじの「効用」を測定する方法について説明する．くじ［最高］は，最高の賞金額を確実に得られるというくじであった．このくじの効用 u（最高）を 1 と定める．

$$u(最高) = 1$$

　くじ［最低］は，最低の賞金額を確実に得られるというくじであった．このくじの効用 u（最低）を 0 と定める．

$$u(最低) = 0$$

　くじ［中ぐらい］の効用をどのように定めるかが，最も重要なポイントである．そのために，以下のことを仮定しよう．

【連続性】くじ［中ぐらい］とくじ［最高，最低；$p, 1-p$］が無差別になるような確率 p が存在する．

　【連続性】の意味について考えるため，「最高」が当たる確率 p を，$p=1$ から始めて $p=0$ まで連続的に下げていくことにする．$p=1$ のときのくじ［最高，最低；$p, 1-p$］は，くじ［最高］と実質的に同じであるから，くじ［中ぐらい］より好ましい．$p=0$ のときのくじ［最高，最低；$p, 1-p$］は，くじ［最低］と実質的に同じであるから，くじ［中ぐらい］のほうがより好ま

コラム 18：確率論の諸概念

　繰り返して行うことができて，結果が偶然に影響されて起こるような「実験」を試行 (trial) という．硬貨を投げることが試行の例である．硬貨投げの場合，起こり得る結果は「硬貨の表が出る」と「硬貨の裏が出る」の 2 つである．試行の性質に応じて，「試行から生じる結果の起こりやすさの程度」を数値で表したものが確率 (probability) である．歪みのない硬貨を投げるという試行を行ったとき，硬貨の表が出る確率と裏が出る確率は，それぞれ 1/2 と定めるのが普通である．

　確率は，それぞれが非負であり全部を合計すると 1 になるように定めるのが普通である．ある試行をしたときに，生じ得る結果が全部で m 個あるとき，生じ得る結果に相異なる数値 $x_1, \ldots, x_m$ を付けて表すことにより，確率変数 (random variable) が 1 つ定まる．つまり，関数の概念を使って試行を数学的に表現したものが確率変数である．ある試行から決まる確率変数を X で表す．各 x_i に対して，関数 X が値 x_i をとる確率 p_i が定められているとき，確率変数 X の期待値（または平均値）を

$$EX = p_1 x_1 + \cdots + p_m x_m$$

で表す．また，確率変数の分散と標準偏差はそれぞれ以下のように定義される．

$$VX = p_1(x_1 - EX)^2 + \cdots + p_m(x_m - EX)^2$$
$$\sigma_X = \sqrt{VX}$$

　分散は確率変数のとる値が平均値のまわりでどの程度バラついているかを示す数値である．リスクを数学的に表すために分散，あるいは標準偏差が使用される．

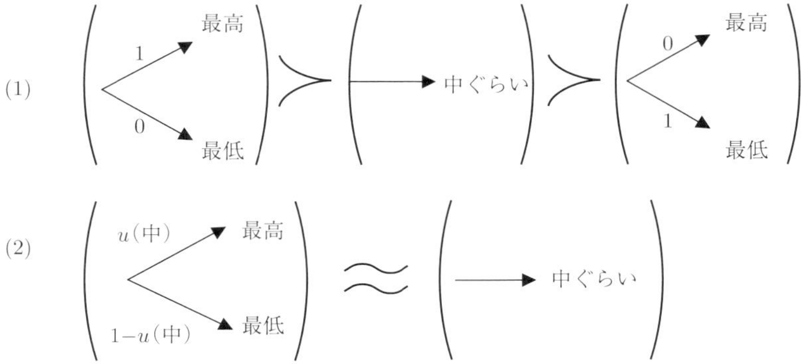

(1) $\left(\begin{array}{c}\text{最高}\\ \nearrow\\ {}_1\\ {}_0\\ \searrow\\ \text{最低}\end{array}\right) \succ \left(\longrightarrow \text{中ぐらい}\right) \succ \left(\begin{array}{c}\text{最高}\\ \nearrow\\ {}_0\\ {}_1\\ \searrow\\ \text{最低}\end{array}\right)$

(2) $\left(\begin{array}{c}u(\text{中})\nearrow \text{最高}\\ \\ 1-u(\text{中})\searrow \text{最低}\end{array}\right) \approx \left(\longrightarrow \text{中ぐらい}\right)$

図 8.5：くじの「効用」の定義

しい。p を連続的に下げていく過程のどこかで，くじ [最高, 最低; $p, 1-p$] とくじ [中ぐらい] が無差別になるような確率 p が見つかるというのが【連続性】の意味である。【連続性】における確率 p を u（中）と書くことにする。

　くじ L がくじ L' よりも好ましいときに，$L \succ L'$ と書くことにする。くじ L がくじ L' と無差別であるとは，「L と L' がその個人にとってまったく同等と見なせる」ということなので，くじ L とくじ L' が無差別なときに，等号 (=) に似た記号 $\approx$ を使って，$L \approx L'$ と書くことにする。前の段落の議論を図式化したのが図 8.5 である。

【連続性】を満たさない個人について　「最高」が当たる確率 p がほとんど 1 に近くても，1 に等しくない限り，確実に「中ぐらい」を得るほうが，くじ [最高, 最低; $p, 1-p$] を好ましいと感じる個人は，【連続性】を満たさない。しかし，「最高」が当たらない確率 $1-p$ が 1 兆分の 1 のときにも，「中ぐらい」を確実に得るほうが好ましいと思うほど，確実性にこだわるというのもいささか極端な態度なように思われる。本書では，【連続性】を前提に議論を進めてゆく。

　最後に，独立性 (independence) と呼ばれる条件を導入する。くじ L, L', L'' と $0 < \alpha < 1$ を満たす数 α が与えられたとする。独立性とは，以下のことを要請する条件である。

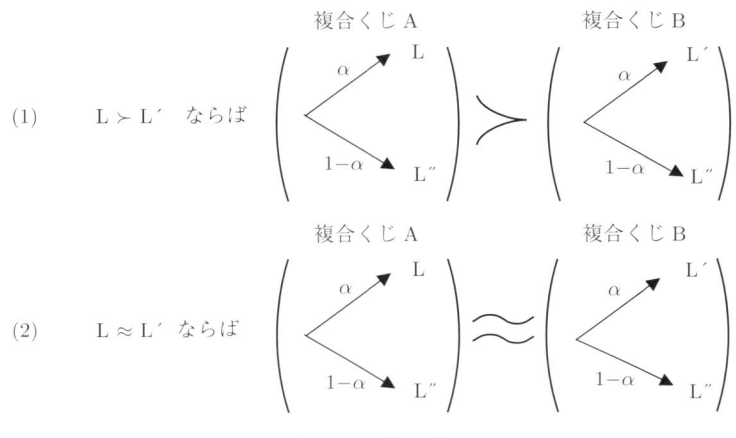

(1)　　L ≻ L′ ならば　　$\left(\begin{array}{c}\text{複合くじ A} \\ \alpha \nearrow L \\ {}_{1-\alpha}\searrow L'' \end{array}\right) \succ \left(\begin{array}{c}\text{複合くじ B} \\ \alpha \nearrow L' \\ {}_{1-\alpha}\searrow L'' \end{array}\right)$

(2)　　L ≈ L′ ならば　　$\left(\begin{array}{c}\text{複合くじ A} \\ \alpha \nearrow L \\ {}_{1-\alpha}\searrow L'' \end{array}\right) \approx \left(\begin{array}{c}\text{複合くじ B} \\ \alpha \nearrow L' \\ {}_{1-\alpha}\searrow L'' \end{array}\right)$

図 8.6：独立性

独立性：もしもくじ L がくじ L' と少なくとも同程度好ましいのであれば，複合くじ $[\alpha, 1-\alpha; L, L'']$ は複合くじ $[\alpha, 1-\alpha; L', L'']$ と少なくとも同程度好ましい。逆に，複合くじ $[\alpha, 1-\alpha; L, L'']$ は複合くじ $[\alpha, 1-\alpha; L', L'']$ と少なくとも同程度好ましいのであれば，くじ L がくじ L' と少なくとも同程度好ましい。

　独立性の意味を理解するには，複合くじの図式を利用するのが便利である。図 8.6 を参照されたい。記号を簡単にするため，複合くじ $[\alpha, 1-\alpha; L, L'']$ を複合くじ A と呼び，複合くじ $[\alpha, 1-\alpha; L', L'']$ を複合くじ B と呼ぶ。複合くじ A は，硬貨を投げて表が出たらくじ L が当たり，裏が出たらくじ L'' が当たるようなくじである。これが 2 本の矢印を使って図式化されている。東北方向の矢印が「表」に，南東方向の矢印が「裏」に対応する。これに対して，複合くじ B は，硬貨を投げて表が出たらくじ L' が当たり，裏が出たらくじ L'' が当たるようなくじである。

　まず，くじ L がくじ L' よりも好ましいケース $(L \succ L')$ について考える。複合くじ A と複合くじ B の唯一の違いは，表が出たときの賞品の内容であって，複合くじ A のほうが，より好ましい賞品がもらえるのだから，複合くじ A が複合くじ B より好ましいはずである。くじ L がくじ L' と同程度好ましいケース $(L \approx L')$ では，同様の理由から複合くじ A が複合くじ B と無差別

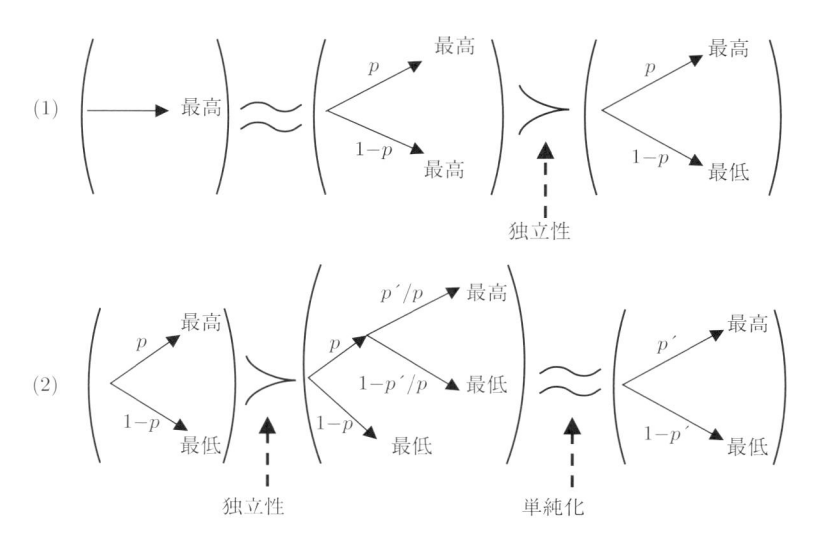

図 8.7：大当たりの確率は高いほうがよい

であるはずである。以上が，独立性の意味である。以下では，独立性を前提に話を進める。

大当たりの確率は高いほうがよい　独立性を満たす個人は，「最高」が当たる確率が高いくじを好む。より具体的に説明しよう。

2つのくじ [最高, 最低; $p, 1-p$]，[最高, 最低; $p', 1-p'$]，ただし $p > p'$，のうち，「最高」の当たる確率が高い [最高, 最低; $p, 1-p$] のほうが好まれる。図 8.7 を参照されたい。くじ [最高] は，くじ [最高, 最高; $p, 1-p$] と実質的に同じである。くじ [最高] はくじ [最低] より好ましいから，独立性よりくじ [最高, 最高; $p, 1-p$] のほうが，[最高, 最低; $p, 1-p$] より好ましい。以上の議論を図式化したのが図 8.7(1) である。

くじ [最高, 最低; $p, 1-p$] における賞品「最高」をくじ $L =$ [最高, 最低; $p'/p, 1-p'/p$] に置き換えた複合くじ $[L,$ 最低 : $p, 1-p]$ とくじ [最高, 最低; $p, 1-p$] のどちらがより好ましいだろうか。図 8.7(1) より，[最高] のほうが [最高, 最低; $p'/p, 1-p'/p$] より好ましいから，独立性より，複合くじ $[L,$ 最低 : $p, 1-p]$ よりもくじ [最高, 最低; $p, 1-p$] がより好ましい。複合くじ $[L,$ 最低 : $p, 1-p]$ を単純化すると，くじ [最高, 最

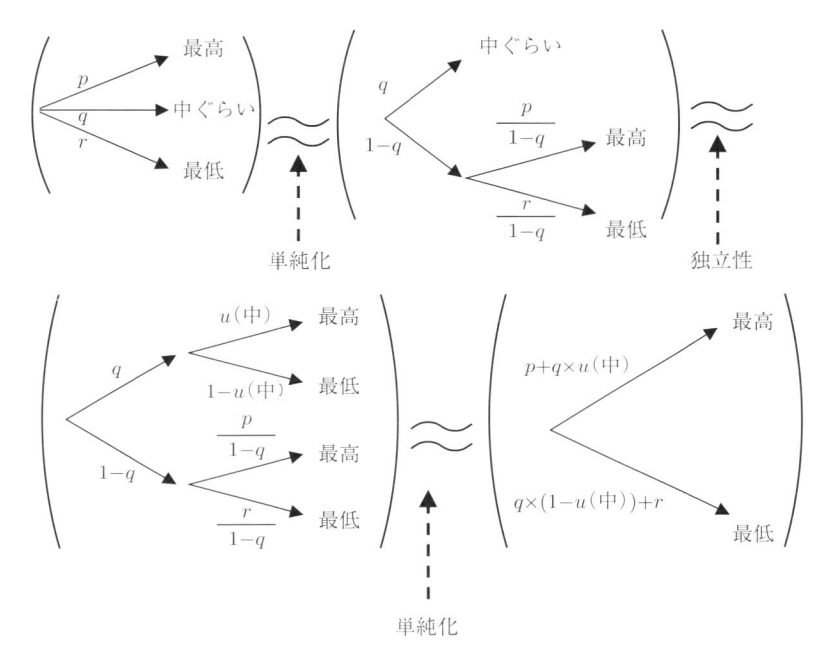

図 8.8：くじの効用の測り方

低；$p\prime, 1-p\prime$] を得る。よって，くじ [最高，最低；$p, 1-p$] のほうがくじ [最高，最低；$p', 1-p'$] より好ましい。以上の議論を図式化したのが，図 8.7(2) である。

くじの効用の測り方の続き　くじ [最高，中ぐらい，最低；p, q, r] の効用をどのようにして測るかを考えよう。p, q, r はそれぞれ，「最高」「中ぐらい」「最低」が当たる確率を表す。図 8.8 は，くじ [最高，中ぐらい，最低；p, q, r] を，独立性と単純化を援用して，それと無差別なくじ

$$[最高，最低；p + q \times u(中), q \times (1 - u(中)) + r]$$

に変換するプロセスを明示したものである。

u（最高）$= 1$, u（最低）$= 0$ であったから，

$$p + q \times u(中) = p \times u(最高) + q \times u(中) + r \times u(最低)$$

と書くことができる。右辺はくじの賞品から得られる効用の期待値(期待効用)と解釈できる。賞品が「最高」と「最低」の2つしかないくじの場合,「最高」が当たる確率が高ければ高いほどよいことは, すでに図 8.7 で見た通りである。図 8.7 および図 8.8 より, 以下の結果を得る。

> **期待効用定理**:個人が, 2 つのくじ $L = [$最高, 中ぐらい, 最低; $p, q, r]$ と $L' = [$最高, 中ぐらい, 最低; $p', q', r']$ を比較するとき, くじの期待効用に関して不等式
>
> $$p \times u(最高) + q \times u(中) + r \times u(最低) >$$
> $$p' \times u(最高) + q' \times u(中) + r' \times u(最低)$$
>
> が成り立つとき, かつそのときのみ, L を L' より好ましく思う。

$u(\ )$ を**フォン・ノイマン=モルゲンシュテルン効用関数**(以下, NM 効用関数と記す)と呼ぶ。NM 効用関数 $u(\ )$ を賞品の効用を表す関数と見なすことにする。

効用の原点と単位の決め方に関する注意 くじ[最高]の効用 u(最高)を 1 に定め, くじ[最低]の効用 u(最低)を 0 に定めたが, この決め方は本質的ではない。

$$u(最低) < u(最高)$$

を満たす数であれば何でもよい。その代わり u(中)の定義が以下のように変更される。[中ぐらい]$\approx$[最高, 最低; $p, 1-p$]を満たす確率 p をとり, u(中)を,

$$p = \frac{u(中) - u(最低)}{u(最高) - u(最低)}$$

となるように定義すればよい。くじの効用の測り方で, 原点(u(最低))と効用の単位(u(最高)$- u$(最低))は自由に選べるのである。

賞品の数と NM 効用関数に関する注意 以上の議論では, 賞品が「最高」「中ぐらい」「最低」の水準の賞金のみから成るものと仮定したが, 期待効用定理

は，可能な賞品が無限個ある場合でも成立することが知られている。詳しくは，意思決定理論に関する専門書を参照されたい。以下では，NM 効用関数 $u(\ )$ は，非負の実数全体に対して定義されているものとする。

4 危険に対する態度

公正な賭け (fair bet) あるいは**公正なギャンブル**とは，賭けから得られる賞金の期待値が，賭けに参加するために支払う参加料にちょうど等しいような賭けのことである。たとえば，1/2 の確率で 10 万円の賞金が得られるが，1/2 の確率で賞金が 0 円得られるような賭けから得られる賞金の期待値は，

$$(1/2) \times 10 + (1/2) \times 0 = 5\,(万円)$$

であるから，この賭けが公正ならば，参加料は 5 万円である。

ある個人が**危険回避的** (risk averse) であるとは，くじの期待値に等しい賞金を確実にもらえるほうが，くじを引くよりも好ましいと思う人のことである。より具体的には，確率 p で賞金 y_1 を，確率 $1-p$ で賞金 y_2 を得られるくじよりもこのくじの賞金の期待値 $Ey = py_1 + (1-p)y_2$ が確実に得られるくじを選好する個人は「危険回避的」であるといえる。すなわち，以下の不等式が，すべてのくじに対して成立するような個人は危険回避的である。

$$u(Ey) \geqq pu(y_1) + (1-p)u(y_2)$$

これに対して，すべてのくじに対して

$$u(Ey) = pu(y_1) + (1-p)u(y_2)$$

が成立するような個人は**危険中立的** (risk neutral) であるという。危険中立的な個人にとっては，くじのリスクの大きさとは無関係に，くじの期待値がより大きければ大きいほどより好ましい。図 8.9 を参照されたい。

大企業のほうが下請け企業よりも同じリスクから被る影響が相対的に小さい。このため，大企業のような主体は危険中立的で，その下請け企業は危険回避的であると想定するのが標準的である。

危険回避的な個人は公正なギャンブルをしない。公正なギャンブルをしな

コラム 19：住宅ローンの証券化

　伝統的な金融システムでは，銀行が住宅ローンを貸し付け，借り手が全額返済するまでローンを資産として保有していた。銀行が住宅ローンを資産として保有し続けるということは，貸し倒れリスク（借り手がローンを返済できなくなるリスク）は銀行が負担することを意味する。そのため，銀行は借り手の返済能力を十分調査した上で貸付を行っていた。

　ところが，2000 年代初めにアメリカの金融システムに大きな変化が生じた。住宅ローンなどの資産の証券化が進展したのである。証券化 (securitization) とは，ある特定の資産の保有者が特別目的会社（special purpose company，以下 SPC と呼ぶ）と呼ばれる会社に資産を譲渡し，SPC がその特定資産を担保とした債券（資産担保債券，asset backed security, ABS）を発行する仕組みのことである。SPC とは証券化のために設立された会社のことである。アメリカでは大手の投資銀行（ゴールドマン・サックス，メリルリンチ，モルガンスタンレー，シティグループなど）が SPC を設立する。ちなみに，投資銀行の本業は，顧客（大企業）の資金調達を支援し，財務戦略を助言することである。

　以下では，住宅ローン債権の証券化の仕組みを紹介する。ある銀行（以下○×銀行と呼ぶ）が貸し付けた住宅ローンを全部まとめて SPC に譲渡する。この時点で○×銀行の住宅ローンの貸し倒れリスクが消滅する。そして，住宅ローンの借り手の返済能力は相互に独立していると想定してよいのなら，多数の小口の住宅ローンを一括する（プールする）と住宅ローン全体に大数の法則が作用するものと考えられる。

　SPC は住宅ローンを担保にして発行した債券（mortgage backed security，以下 MBS）を売却して得た資金を，住宅ローンを譲渡した○×銀行に代金として支払う。MBS の主要な買い手は機関投資家（年金基金，生命保険会社，損害保険会社，信託銀行，銀行，投資銀行，ヘッジファンドなど）である。MBS の利子の支払いの元手は，住宅ローンの契約から生じる利子の支払いである。

> MBS 自身も保有者にとっては資産であるから，資産を証券化する制度的枠組みが一旦確立すれば，MBS の証券化，「MBS の証券」の証券化，…という無限の証券化のプロセスが進行することが可能となる。
>
> 問題をさらに複雑にするのは，発行する MBS が何種類かあり，担保となる住宅ローンの契約から生まれる現金が配分される優先順位に応じて，MBS が分類されることである。格付け会社は，優先順位の高い MBS に AAA という最も高い格付けを与えた。（MBS の利子支払いがなされる確率が最も高いという評価が AAA である。）
>
> 以上の金融システムの下で，支払い能力のない低所得の人々にも住宅ローンが事実上無審査で貸し出されることがアメリカ議会で合法化され，やがてアメリカの住宅バブルの発生・崩壊，世界規模での金融危機を迎えることとなる。

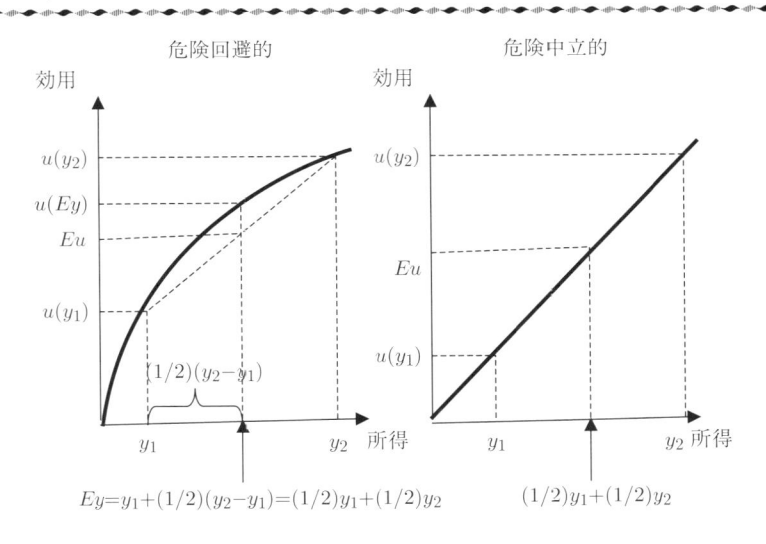

図 8.9：危険に対する態度

いほうが，公正なギャンブルをするときより期待効用が大きいからである。図 8.10 を参照されたい。

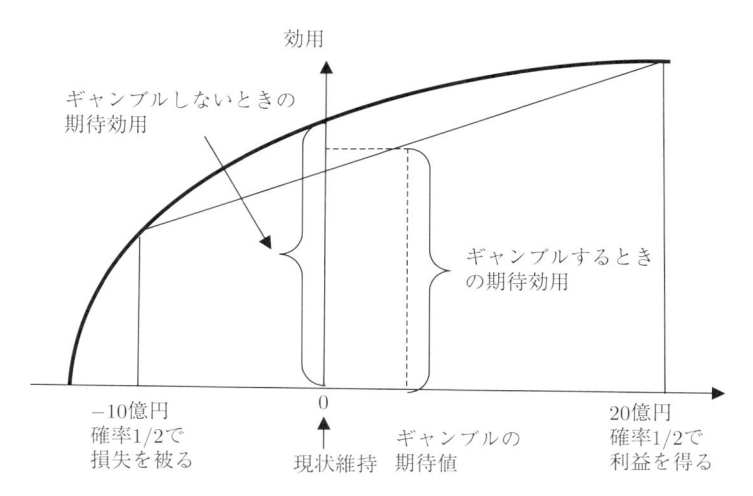

図の説明: 効用曲線。横軸に所得、縦軸に効用。−10億円（確率1/2で損失を被る）、0（現状維持）、ギャンブルの期待値、20億円（確率1/2で利益を得る）が示されている。ギャンブルしないときの期待効用と、ギャンブルするときの期待効用が比較されている。

図 8.10：危険回避的な個人は公正なギャンブルをしない

5 リスク・プレミアム

状態 1 のとき確率 p で所得 y_1 が得られ，状態 2 のとき確率 $1-p$ で所得 y_2 が得られるようなくじが与えられたとき，NM 効用関数 $u(\ )$ を持つ個人の**確実性等価** (certainty equivalent) を，以下の式を満たす所得水準 CE として定義する．

$$u(CE) = pu(y_1) + (1-p)u(y_2)$$

CE は（アルファベット 2 文字が使われているが）一つの数値を表す記号であることに注意されたい．明らかに，

$$u(CE) = pu(CE) + (1-p)u(CE)$$

だから，確実性等価とは，与えられたくじと等しい期待効用を与える確実な所得水準のことである．危険回避的な個人の確実性等価は，一般に正の数となることが図 8.11 よりわかる．ただしこの図では $p = 1/3$ である．

リスク・プレミアム (risk premium) とは，以下の式を満たす数 RP のことである．

$$RP = py_1 + (1-p)y_2 - CE$$

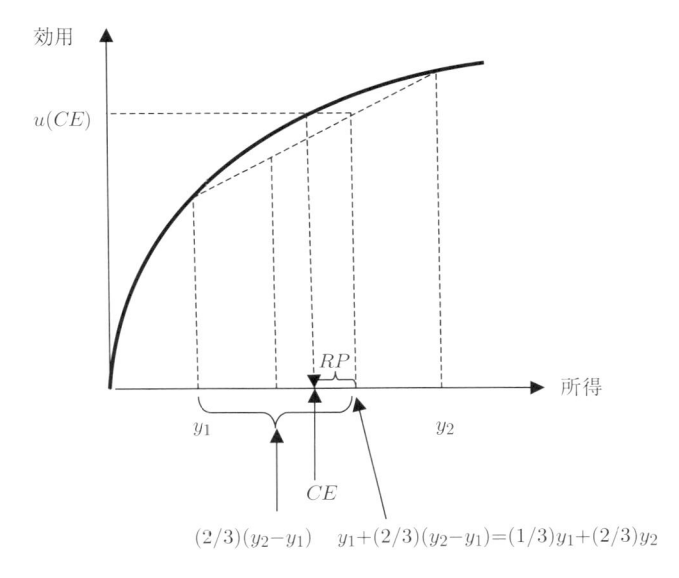

図 8.11：リスク・プレミアム

リスク・プレミアムは，確実な所得の代わりにリスクを含むくじを選ぶことに対する割増金（プレミアム）と見なすことができる．危険回避的な個人のリスク・プレミアムは，一般に正となることが図 8.11 よりわかる．

NM 効用関数が $u(y) = \sqrt{y}$ で与えられるときのリスク・プレミアムを求めてみよう．定義によって，

$$\sqrt{CE} = p\sqrt{y_1} + (1-p)\sqrt{y_2}$$

両辺を二乗すると，

$$CE = p^2 y_1 + 2p(1-p)\sqrt{y_1 y_2} + (1-p)^2 y_2$$

よって，

$$\begin{aligned}RP &= py_1 + (1-p)y_2 - CE \\ &= p(1-p)y_1 + (1-p)\{1-(1-p)\}y_2 - 2p(1-p)\sqrt{y_1 y_2} \\ &= 2p(1-p)\left(\frac{y_1+y_2}{2} - \sqrt{y_1 y_2}\right)\end{aligned}$$

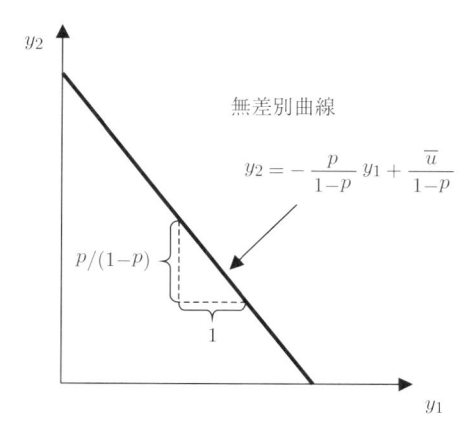

図 8.12：危険中立的な経済主体の無差別曲線

相異なる非負の実数 y_1 と y_2 に対して相加平均 $(y_1 + y_2)/2$ と相乗平均 $\sqrt{y_1 y_2}$ に関する不等式

$$\frac{y_1 + y_2}{2} > \sqrt{y_1 y_2}$$

より，たしかにリスク・プレミアムは正である。

期待効用仮説と無差別曲線の形状　ある経済主体が危険中立的であるとしよう。彼の無差別曲線は

$$py_1 + (1-p)y_2 = \bar{u}$$

によって決まる。ここで $\bar{u}$ は，一定の期待効用を表す定数である。この方程式を書き換えると

$$y_2 = -\frac{p}{1-p}y_1 + \frac{a}{1-p}$$

すなわち，傾きが $-p/(1-p)$ の直線となる（図 8.12）。

今度は危険回避的な個人の無差別曲線の形状を調べよう。彼の無差別曲線は方程式

$$pu(y_1) + (1-p)u(y_2) = \bar{u}$$

によって決まる。ここで $\bar{u}$ は，一定の期待効用を表す定数である。この無差別曲線上の異なる 2 点 (y_1', y_2'), (y_1'', y_2'') をとる。定義によって，

$$pu(y_1') + (1-p)u(y_2') = \bar{u}$$
$$pu(y_1'') + (1-p)u(y_2'') = \bar{u}$$

上の 2 点の中点 $((y_1' + y_1'')/2, (y_2' + y_2'')/2)$ に対して，

$$u((y_1' + y_1'')/2) > (1/2)u(y_1') + (1/2)u(y_1'')$$
$$u((y_2' + y_2'')/2) > (1/2)u(y_2') + (1/2)u(y_2'')$$

よって，

$$pu((y_1' + y_1'')/2) + (1-p)u((y_1' + y_1'')/2)$$
$$> p\{(1/2)u(y_1') + (1/2)u(y_1'')\} + (1-p)\{(1/2)u(y_2') + (1/2)u(y_2'')\}$$
$$= (1/2)\{pu(y_1') + (1-p)u(y_2')\} + (1/2)\{pu(y_2') + (1-p)u(y_2'')\}$$
$$= (1/2)\bar{u} + (1/2)\bar{u} = \bar{u}$$

このようにして，無差別曲線上の任意の 2 点の中点はより高い期待効用を与える。よって，危険回避的な個人の無差別曲線は原点に対して凸の形状を持つ。図 8.13 は以上の議論を要約するものである。

危険回避的な個人の限界代替率について調べよう。45 度線上では，危険回避的な個人の限界代替率に必ず $p/(1-p)$ となる。期待効用 $\bar{u}$ に対応する無差別曲線と 45 度線の交点を (y, y) とする。この点を通り傾きが $-p/(1-p)$ の直線は，

$$py_1 + (1-p)y_2 = y$$

で表される。図 8.14 を用いつつ議論を進めよう。この直線上の点で (y, y) と異なる点を 1 つとり，それを (y_1, y_2) で表す。(y_1, y_2) は，確率 p で賞金 y_1 が当たり，確率 $1-p$ で賞金 y_2 の当たるくじを表す。このくじの期待値は y であるから，危険回避の定義から，

$$u(y) = u(py_1 + (1-p)y_2) > pu(y_1) + (1-p)u(y_2)$$

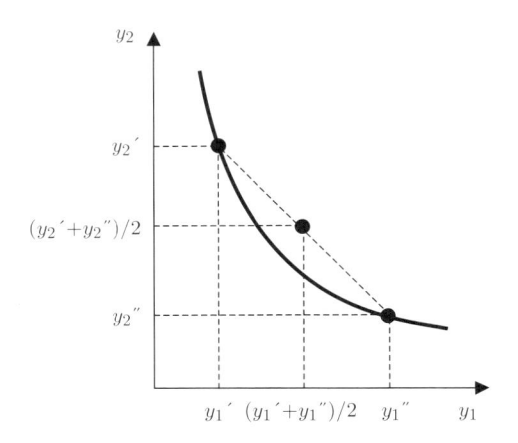

図 8.13：危険回避的な個人の無差別曲線

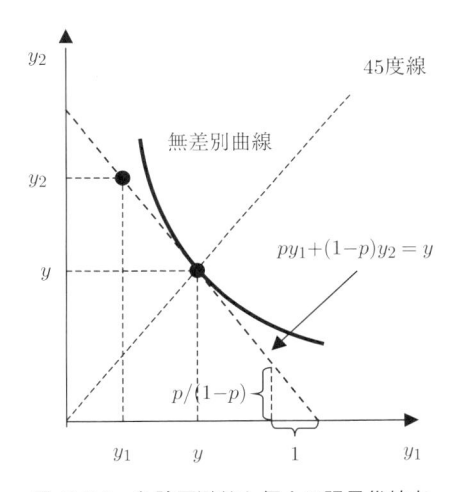

図 8.14：危険回避的な個人の限界代替率

となり，賞金 y が確実に当たるくじ (y, y) がくじ (y_1, y_2) より高い期待効用を与える。よって，(y, y) を通る無差別曲線は交点 (y, y) を除き直線 $py_1 + (1-p)y_2 = y$ より上側にある。したがって無差別曲線は (y, y) において直線 $py_1 + (1-p)y_2 = y$ と接する。かくて，無差別曲線の (y, y) における傾きが $-p/(1-p)$ に等しい。図 8.14 は以上の議論を要約している。

保険 資産額 W^0 と NM 効用関数 $u(W)$ を持つ個人を考える。彼は自家用車を運転する。彼が交通事故に遭ったときに被る損害額を D とする。D は損害を意味する英単語 damage にちなんだ記号である。各個人が交通事故に遭う確率は同じで，それを p で表す。自動車保険に加入しないとき期待効用は

$$pu(W^0 - D) + (1-p)u(W^0)$$

である。個人は危険回避的とする。

自動車保険の料金は，保険金 1 円当たり q 円とする。つまり自動車事故に遭ったときに保険金 C 円を受け取れる保険に加入するには $q \times C$ 円の料金を支払わねばならない。C は保険の補償範囲を意味する coverage にちなんだ記号である。この自動車保険に加入すると期待効用は

$$pu(W^0 - D + C - q \times C) + (1-p)u(W^0 - q \times C)$$

である。

個人が加入する自動車保険の保険金 C を決定するには，個人の予算線を調べる必要がある。

$$W_1 = W^0 - D + C - q \times C \qquad (*)$$
$$W_2 = W^0 - q \times C \qquad (**)$$

W_1 は事故が起きたときの資産額を表し，W_2 は事故が起こらなかったときの資産額を表す。

$(*)$ と $(**)$ から C を消去すると，以下のような予算線が導出できる。

$$q \times W_1 + (1-q) \times W_2 = W^0 - q \times D$$

ただし，W_1 の変域は $W^0 - D \leq W_1 \leq W^0/q - D$ である。逆に，この予算線上の点 (W_1, W_2) が与えられれば，公式 $(*)$ あるいは $(**)$ より対応する保険金 C を算出することができる。かくて，予算線上の点 (W_1, W_2) を保険契約と見なしてさしつかえない。

資産の減少のリスクを完全に消すような保険のことを**完全な保険** (full insurance) という。すなわち，保険金 C が $W_1 = W_2$ を満たすとき保険は完全であるという。

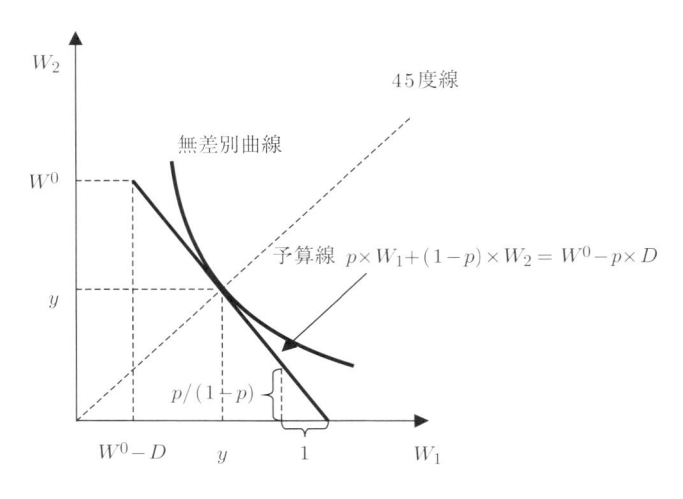

図 8.15：完全保険定理

完全保険定理：保険料 q が事故確率 p に等しければ，危険回避的な個人は完全な保険を購入する。このとき保険金 C は，自動車事故による損害額 D に等しい。

完全保険定理は，保険料が事故確率に等しいときには無差別曲線の傾きが 45 度線上では $-p/(1-p)$ に等しいという性質からただちに導かれる。図 8.15 を見てほしい。自動車保険の補償額の計算は予算制約にもとづく。すなわち，予算制約に条件 $W_1 = W_2 = y$ を代入すれば，

$$y = W^0 - qD$$

が得られる。$q = p$ を代入すると，

$$y = W^0 - pD$$

で，補償額は

$$C = D$$

となる。

競争的保険市場の均衡　競争的な保険市場における保険会社の行動について

考える。保険金1円当たりの保険料を q 円とすると，保険金 C 円の保険契約から得られる利潤の期待値は

$$q \times C - p \times C = (q-p) \times C$$

である。ここで，保険金の支払い以外の費用はゼロと仮定していることに注意されたい。利潤の期待値がゼロとなるような保険のことを**公正な保険** (fair insurance) という。

保険会社の自由参入および自由退出を仮定すれば，均衡において保険料 q は事故確率 p に等しくなることを示そう。もしも保険料が事故確率よりも高ければ，期待利潤は正となる。これは，保険会社の参入を促し，やがて期待利潤は減少するであろう。もしも保険料が事故確率よりも低ければ，期待利潤は負となる。これは，保険会社の退出を招き，やがて期待利潤は増加するであろう。つまり，競争均衡においては保険料は事故確率に等しくなければならない。したがって，競争均衡において保険は公正である。

自動車を運転する個人全員の特徴（資産額，効用関数，および自動車事故に遭う確率）がすべて同じと仮定すると，完全保険定理により，競争均衡においてすべての個人が同じ完全保険を購入する。

弱大数法則と保険　個人の数を n とする。各個人が1年間自動車を運転するという「試行」に対する可能な結果は「交通事故に遭う」と「交通事故に遭わない」の2通りである。自動車を運転する個人が交通事故に遭うリスクは個別リスクであるから，これらの試行は互いに独立していると仮定してよい。そうすると，n が十分大きければ，コラム20（弱大数の法則）で示したように，1年の間に自動車事故に遭う人数の割合が p に十分近い確率は1に近い。言い換えれば，自動車事故に遭う人数は，ほぼ $p \times n$ である。保険会社が支払う保険料は，ほぼ $p \times n \times D$ である。保険会社が，事故確率よりほんのわずか低い保険料金を設定すれば，保険会社は正の利潤を確保することができ，個人は完全に近い保険を購入することができる。

競争的保険市場の均衡の効率性　自動車を運転する個人全員の特徴（資産額，効用関数，および自動車事故に遭う確率）がすべて同じと仮定すると，保険市場における競争的均衡が効率的である。すなわち，図8.15における (y,y)

コラム20：なぜ保険がビジネスとして成立するのか
　　　　　：弱大数の法則

　2003年の自動車保有台数は6812万9000台で，盗難件数は6万2673台であった。

$$62,673 \div 68,129,000 \cong 0.0009$$

だから，自動車1000台につき1台が盗難に遭っていることになる。以上のデータにもとづいて自動車が盗難に遭う確率を推理してみよう。そのためには，スイス生まれのヤコブ・ベルヌーイ（以下ヤコブ）が1713年に出版した『推論術(Ars Conjectandi)』で「主要提案」と呼んだ数学的結果が有用になる。

　第一に，相異なる自動車が盗難に遭う事象は相互に独立である。すなわち，ある自動車が盗難に遭う確率は別の自動車が盗難に遭うか否かと無関係に決まる。第二に，ヤコブに従って，自動車が盗難に遭う確率は同一と仮定し，それをpで表そう。$q = 1 - p$と置く。自動車保有台数をnとし，Sを盗難に遭った自動車の台数とする。ε（エプシロン）を任意の正数としよう。このとき，「ヤコブの主要提案」は以下のことを主張する。ヤコブの主要提案：$|S/n - p| < \varepsilon$となる確率は，$1 - pq/(n\varepsilon^2)$以上である。

　「任意」とは，「読者以外の誰かが勝手に選んだ」というニュアンスで，数学では「非常に小さな正数」を表す記号である。したがって，$|S/n - p| < \varepsilon$は，「盗難車数の割合と自動車の盗難の確率との差が非常に小さい」という事象を表す。

　自動車盗難保険のデータを念頭に置いて$n = 7,000,000$, $p = 0.001$, $q = 0.999$と置いてみる。そして$\varepsilon = 0.001$とする。「ヤコブの主要提案」によれば，実際に盗難に遭った自動車の割合と自動車盗難確率との乖離が$\varepsilon = 0.001$より小さい確率は，

$$1 - pq/(n\varepsilon^2) = 0.99986$$

である。よって，実際に盗難に遭った自動車の割合を自動車の盗難確率と見なしてさしつかえない。

今日では，「ヤコブの主要提案」は弱大数の法則 (weak law of large numbers) として知られている。大数は「たいすう」と読む。弱大数の法則の証明については参考文献を参照されたい。

自動車が盗難に遭ったときに保険会社が支払う保険金を 100 万円としよう。このとき，登録自動車 1 台当たりに支払われる保険金の期待値は，ほぼ $100 \times 0.001 = 0.1$（万円）となる。保険料が年間 5 万円，自動車 1 台当たりの諸経費を年間 3 万円とする，自動車 1 台当たりの利潤の期待値は，ほぼ $5 - 0.1 - 3 = 1.9$（万円）である。

よりも高い期待効用を与える保険契約 (W_1, W_2) は実行不可能である。この理由を以下で説明する。

図 8.15 が示すように，(y, y) は，予算制約

$$p \times W_1 + (1-p) \times W_2 = W^0 - p \times D$$

の下で期待効用を最大にしている。したがって，もしも

$$pu(W_1) + (1-p)u(W_2) > pu(y) + (1-p)u(y)$$

ならば，保険契約 (W_1, W_2) は予算制約を満たさない。すなわち，

$$p \times W_1 + (1-p) \times W_2 > W^0 - p \times D$$

両辺に個人の数 n を掛けると，

$$np \times W_1 + (n - np) \times W_2 > nW^0 - np \times D$$

を得る。コラム 20（弱大数法則）にも示したように，事故を起こしたのは（ほぼ）np 人だから，保険契約 (W_1, W_2) を実行するには，$np \times W_1 + (n - np) \times W_2$ だけの資産を必要とする。これは，事故が起こった後の経済の全資産 $nW^0 - np \times D$ を上回る。よって，契約 (W_1, W_2) は実行不可能である。

このように，すべての個人の効用関数，事故確率などの特徴がまったく同じ

場合，保険市場における競争的均衡は効率的である。しかし，第9章でみるように，個人の事故確率が異なり，自分の事故確率を自分しか知らない状況においては，保険市場に様々な問題が発生する。第一に，保険市場の均衡が存在しない可能性が生ずる。第二に，保険市場の均衡が存在するときに，均衡が効率的でないかもしれない。

条件付き財と厚生経済学の基本定理　まず条件付き財の概念を厳密に定義しよう。**条件付き財** (contingent good) とは，ある事象が起こることを条件として，明確な物質的特徴を持ったもの（財）を，特定の場所と時間において引き渡すことを約束することが明記された証書のことである。定義のポイントは「将来のある時点で特定の事象が起きた場合に限って財の引き渡しがなされる」ということである。

これまでに学んだ厚生経済学の基本定理における「財」を「条件付き財」と読み替えることで，以下の定理が成立する。

> **厚生経済学の基本定理**：ある経済において，財の物質的特徴が K 個，場所が L 個，経済が存続する期間が M 期，将来起こり得る事象の数が N 個あるとする。このとき，$K \times L \times M \times N$ 個の条件付き財市場が存在すれば，この経済の競争的均衡における配分はパレート最適である。

ありとあらゆる条件付き財が存在する環境で，多数の買い手と多数の売り手が取引を行えば，誰かの期待効用を犠牲にせずには別の個人の期待効用を増加させられないという意味で効率的な資源配分が達成されるというのが厚生経済学の定理のメッセージである。問題は，厚生経済学の基本定理の意義をどう理解すべきかである。

ありとあらゆる条件付き財が存在するとき，市場が**完備している** (complete) という。市場が完備していないときには，完全競争均衡における資源配分はパレート効率的とは限らない。将来起こり得る事象が無数にあるのに対して現実の市場は有限個しかないから，市場は明らかに完備していない。現実の市場が不完備である以上，厚生経済学の基本定理を根拠に市場経済の性能が社会主義経済のそれよりも優れていることを主張することはできない。

厚生経済学の基本定理は，市場機構が有効に機能する理想的な経済環境を

明確に述べているという意味で，きわめて規範的な意義を持っている。しかし，厚生経済学の基本定理が，「市場にすべてを任せれば何もかもうまくいく」とかいう類の「市場原理主義」のイデオロギーを数学的に表現したものでないことは以上の説明から明らかであろう。

コラム21：株式会社の誕生

　1602年に設立されたオランダ東インド会社が世界最初の株式会社である。同社は，オランダ各州のインドとの貿易を行う商社の合併により設立された。これに尽力したのが，ネーデルラント連邦共和国議会の指導者ヨーハン・ファン・オルデンバンネフェルトとオランダ総督オラニエ公マウリッツである。ちなみにネーデルラントとは「海より低い土地」のことである。本社はアムステルダムにあり，「17人会」と呼ばれる重役会があり，同社の地方支部の監督に当たった。

　オランダ東インド会社の主な目的はアジアの高級香辛料（ナツメグ，クローブ，メース）の購入であった。同社の設立当初に650万ギルダー（現在の金額でおよそ80億円）が出資され，商船の購入，船員の雇用，銀と香辛料の購入などに充てられた。

　同じ時期に設立されたイギリス東インド会社の初期の資本金は，オランダ東インド会社のそれの10分の1に満たなかった。イギリス東インド会社は航海のたびに出資者を募り，航海で購入した香辛料を販売し資本金を出資者に返還した直後に同社を解散したのに対して，オランダ東インド会社の資本金が恒久的なもので，利益は事業拡大のために使われた。資本市場の未発達なイギリスでは利子率が10%であったのに対し，アムステルダムの資本市場では4%の利子率で資金を借り入れることができた。

　「海より低い土地」で農地を開発するために，堤防や風車（動力の供給源）の建設や干拓事業が行われた。必要な資金は，教会や市議会が融資した。こうした経済活動がオランダの金融システムの発達を促した。そして17世紀初頭においてオランダのアムステルダムは国際金融の中心地となったのである。都市貴族（レヘンテンと呼ばれる），商人，富裕な農民たちはバルト海や

スパイス諸島に向かう貿易船の株を細分化して持った。たとえば，ある中産階級市民が数十隻の商船の株をそれぞれ 16 分の 1 とか 32 分の 1 とかに分割して持っていたことが裁判所の記録として残されている。リスク分散の実例である。

オランダ東インド会社は高級香辛料の独占を目指してスパイス諸島でイギリスインド会社と武力衝突した。同社員はこの過程で多数の地元民を虐殺した。オランダに限らず，当時のヨーロッパの商船はすべて武装されていた。航海中に遭遇する海賊からの防衛および取引先での安全保障のため，軍備はほとんど不可欠であったからである。とはいえ，アジアの地元民の目からはヨーロッパ人の一連の活動が侵略行為と映ったことは否めない。

オランダ東インド会社はスパイス諸島を制圧し，高級香辛料を独占的に販売することに成功し，17 世紀半ばに最盛期を迎える。しかし，有能な社員を持続的に確保することの困難さ，イギリスやフランスの国力の進展やヨーロッパの人々の嗜好の変化などの要因により，オランダ東インド会社は 1799 年に解散した。

第 9 章

情報の経済学

　本章では，経済主体がお互いに相異なる私的情報を持つ経済（非対称情報の経済）を考案する。

　非対称情報の下での保険市場には，均衡が存在しないことがある。そして，均衡が存在したとしてもパレート非効率となることがある。

　次に自分の持つ情報を相手に伝えるためにシグナル（信号）を送ることについて考案する。

　最後に依頼人と代理人の関係について考案する。

1 情報の非対称性

われわれを取り巻く環境，およびわれわれ自身に関連する様々な知識の集まりを，**情報**と呼ぶ。情報は，政府などの公共機関が提供する**公的情報** (public information) と，情報を知っているのが特定の個人に限られるような**私的情報** (private information) に分類される。公的情報の例は，政府や日本銀行のホームページに公表されている各種の政府統計（国民経済計算，国際収支，消費者物価指数，家計調査，資金循環統計など）である。

消費者の私的情報の例としては以下のものが挙げられる。

(1) 消費者自身の財・サービスに関する好み（どの財をどれだけ強く好むか）
(2) 消費者が所有している財の特徴に関する情報（労働サービスが高い生産性を持っているかどうか）
(3) 消費者が所有している財・サービスをどのように使用するかについての情報（一生懸命働くか否か）
(4) 消費者が保有している資産に関する情報（どの資産をどれだけ保有しているか）

なお，**資産**とは，それを取得することで一定期間にわたって収益の流れ（キャッシュフロー）を生むと予想される財のことである。例としては，土地や家屋のような**実物資産** (real asset) や株式・債券のような**金融資産** (financial asset) に分類される。

企業の私的情報の例としては以下のものが挙げられる。

(1) 企業が所有する生産技術についての情報（どの財をどのように生産するか）
(2) 企業が生産・販売する財・サービスの特徴に関する情報（品質が優れているか否か）
(3) 企業が保有している資産に関する情報（どの資産をどれだけ保有しているか）

消費者や企業はお互いに相異なる私的情報を保有しているものと考えてよいだろう。このように相異なる情報が経済主体間で分有されているとき，**情報が非対称な状況**であるという。本章では，情報の非対称性の持つ経済学的意味に焦点を当てる。

情報が非対称な状況の例1：レモンの市場　英語圏の人々の間では，酸っぱさは不快感を伴うものとされている。英語圏の人々であろうがなかろうが，レモンの鋭い酸味を知らない人はいないだろう。この味覚ゆえに，アメリカでは，失敗と見なされる事柄や，しかるべき標準を満たしていない不良品や使い勝手の悪いものなど，敗北感，失望感，ストレスなどの負の感情をもよおす事物を「レモン」と総称する。欠陥のある中古車は「レモン」の典型的な例である。

ジョージ・アカロフはマサチューセッツ工科大学の大学院生のときに，なぜ中古車市場に「レモン」が多く出回っているのかという問題を考察した。彼が着目したのは，中古車の買い手は中古車が「レモン」かどうか知らないが，中古車の売り手は中古車が「レモン」かどうかを知っているという「事実」である。アカロフは，中古車市場で「レモン」が売買されるメカニズムを明らかにした業績により，2002年にノーベル経済学賞を受賞した。

本章では，保険市場において「レモン」が売買されることを，ロスチャイルド＝スティグリッツのモデルに従って紹介する。ジョセフ・スティグリッツも情報の非対称性の経済分析の貢献により，2002年にノーベル経済学賞を受賞した。

情報が非対称な状況の例2：労働市場　本書の読者の多くは，近い将来に新卒者として就職活動を行うことだろう。そして，自分がいかに有能かを企業にアピールして雇ってもらおうとするだろう。人気企業の就職担当者は，殺到する求職者たちの中から，企業の業績を伸ばしてくれそうな優秀な人材を1人でも多く確保したいと思っている。しかし，書類審査や面接などを行う時点では，企業側は求職者たちの労働スキルの質に関して十分な知識を持っていないのに対し，求職者たちは自分の労働スキルのレベルを把握していると考えられる。大したスキルもなく，また勤勉に働くことの意義をよく理解し実践するだけの勤労倫理を持ち合わせていない人でも，自分がいかに有能で

> ## コラム22：アメリカの中古車市場
>
> アメリカの中古車市場には自動車修理業者などの「プロ」の買い手がいて、彼らは中古車の質を短時間にかなり正確に診断する。たとえば、一見して車体にキズのない自動車でも、彼らは車体を修理した形跡があることをたちどころに見抜く。そして、その自動車に事故歴があることを正しく指摘し、買い叩こうとする。
>
> 他方、一般人が中古車を売る場合、彼らの中古車に関する知識は乏しい。自動車の機械工でもない限り、中古車の内装、車体構造、エンジン、トランスミッションなどを子細に点検しない（あるいは、点検するだけの知識がない）。これは、アカロフの想定とまったく逆のケースである。中古車の「プロ」の買い手のほうが、売り手より圧倒的に情報を持っているのである。
>
> 中古車の売り手も買い手も一般人の場合はどうか。一般人の買い手は中古車のテスト・ドライブをして、レモンかどうかを診断するが、ドライブ時間はせいぜい 10 分程度である。一般人の売り手のほうも、一般人の買い手と同様に自動車の仕組みに疎いが、自分の自動車を運転した経験の分だけ自分の自動車に関して多くの情報を持っている。一般人同士が中古車を売買する状況が、アカロフの中古市場モデルに対応するものと思われる。

あるかをアピールするだろう。一方、労働のスキル、勤労倫理ともに申し分のない人であっても、そのことが疑いようのない事実であることを証明する手段はない。このように、労働市場では労働サービスの売り手のほうが、労働サービスの質について買い手より多くの情報を持っている。

　マイケル・スペンスはハーバード大学の大学院生だったとき、学歴が労働市場で果たす役割について考察した。企業側は、高学歴を得るには一定の勉強時間という「犠牲」と、勉強するスキルあるいは能力（論理的思考能力や記憶力）の高さを必要とすることを理解している。それゆえ、企業側は履歴書に高学歴を記入した人を有能な人材と見なすだろう。このように学歴の高さは、求職者が自分の能力の高さを間接的に「証明」することを意図して企

業側に送ったシグナル（信号）と見なすことができる。シグナルとしての学歴の役割を明らかにした業績によりスペンスは，2002年にノーベル経済学賞を受賞した。本章では，スペンスの業績のエッセンスを紹介する。

情報が非対称な状況の例3：保険市場　自動車を運転するときには，その人の持つ本来の性分が出るものらしい。普段は温厚な某経済学者が，運転した途端に「気の荒い暴走族」に豹変して高速道路を爆走したというエピソードを同乗者から聞いたことがある。運転する本人の気分はよくても，同乗する人はたまったものではない。自動車を運転中に考え事をすることがいかに危険かわかってはいるのだが，ついつい考え事をしてしまう人も自動車の運転手として不適格である。

このように危険な運転をしがちな性格の人を，Hタイプと呼ぼう。Hタイプはハイ・リスク・タイプを略した言い方である。これに対して，いつでもどこでも安全運転を心掛け実行する人をLタイプと呼ぶ。Lタイプはロー・リスク・タイプを略した言い方である。

Hタイプは，やがて自動車事故を起こすことを予期して自動車保険に加入しようとするだろう。保険会社の立場からみれば，Hタイプには保険に加入してもらいたくないが，保険会社はHタイプとLタイプを区別することができない。本章では，ロスチャイルド＝スティグリッツによる保険市場の分析を紹介する。

2　逆選択とは

逆選択 (adverse selection) とは，市場において取引される財・サービスの品質あるいは属性に関して，売り手と買い手の間で情報の非対称性が存在するときに，何らかの基準からみて望ましくない資源配分をもたらすことである。財・サービスの品質に関する情報を持たない人々にとっては，財・サービスの品質が見えないために，逆選択を生み出す環境を**隠された情報** (hidden information) とも呼ぶ。逆選択現象の起こる典型的な市場について表9.1にまとめた。

保険市場における逆選択　自動車を運転する個人の特徴には，注意深く運転

表 9.1：逆選択の事例

市場	財・サービスの隠された属性	逆選択現象
中古車	中古車の品質＝売り手の私的情報	質の悪い中古車のみが販売される
生命保険	健康状態＝買い手（保険加入者）の私的情報	健康状態のよくない人のみが保険に加入する
資金市場	返済能力＝買い手（借り手）の私的情報	返済能力の低い人のみが資金を借りる

する L タイプと，注意深く運転しない H タイプの 2 種類があるものとしよう。L は自動車事故に遭うリスクが低いタイプ（ロウ・リスク・タイプ）を示す。H は自動車事故に遭うリスクの高いタイプ（ハイ・リスク・タイプ）を示す。保険会社の観点からは，同じ保険契約を結ぶのであれば，H タイプでなく L タイプの個人と保険契約を結んだほうが，より多くの期待利潤を得られる。自動車事故の補償額が少なくて済むからである。

しかし，個人のタイプは本人のみが知っている私的情報だから，保険会社は個人のタイプを観察することができない。保険契約を結ぶ前の時点で，一方の当事者（保険加入を考慮中の個人）の持つ情報（個人のタイプ）を他の当事者（保険会社）が持たないことから生ずる問題を逆選択という。

同一の資産額 W^0 と NM 効用関数 $u(W)$ を持つ多数の個人から成る経済を考える。彼らはみな自家用車を運転する。各個人が交通事故に遭うときに被る損害額を D とする。タイプ L とタイプ H の個人が交通事故に遭う確率をそれぞれ p_L, p_H で表す。もちろん $p_H > p_L$ と仮定する。自動車保険に加入しないときの L タイプと H タイプの個人の期待効用は，それぞれ

$$p_L u(W^0 - D) + (1 - p_L) u(W^0), \quad p_H u(W^0 - D) + (1 - p_H) u(W^0)$$

である。各個人は危険回避的とする。H タイプの人数を n_H 人，L タイプの人数を n_L 人とする。n_H も n_L も非常に大きな数と仮定する。このとき，第 8 章のコラム 20 で紹介した弱大数法則より，交通事故に遭う人数は H タイプの人が $p_H \times n_H$ 人，L タイプの人が $p_L \times n_H$ 人である。

ベンチマークとしての完全情報均衡 保険市場における均衡の分析を行う前に，保険会社が個人のタイプを区別することができるケースをみてみよう。

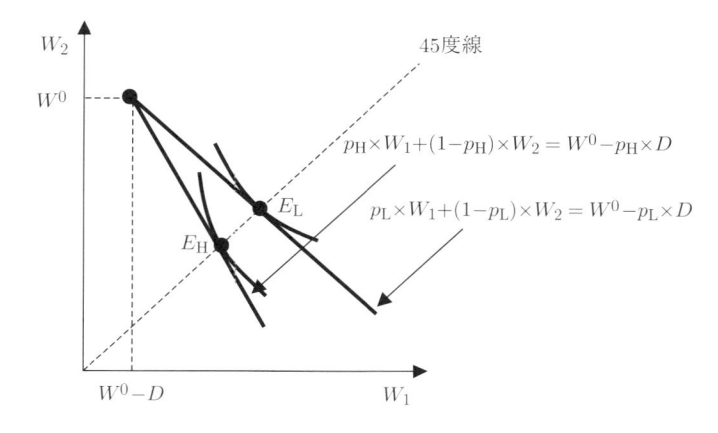

図 9.1：保険市場における完全情報均衡

このケースの分析結果を参照基準（ベンチマーク）として，保険会社が個人のタイプを区別することができないケースを考察する。

保険会社が個人のタイプを区別することができるケースでは，保険会社はタイプごとに保険契約を設計し，個人のタイプに応じて保険を販売することができる。保険会社が個人のタイプを区別することができるケースにおける均衡を**完全情報均衡** (full information equilibrium) という。

図 9.1 を参照されたい。保険会社が個人のタイプを観察することができる場合は，L タイプの個人向けに，保険料が p_L の保険を販売し，H タイプ向けに保険料が p_H の保険を販売し，各タイプの個人が完全保険を購入するのが，完全情報均衡である。

完全情報均衡では，各タイプの個人は事故確率に等しい保険料の完全保険を購入するので，第 8 章の完全保険定理の議論から，各保険会社の期待利得はゼロとなる。しかし，なぜ完全情報均衡では，各タイプ用の保険契約が 1 種類しか販売されないのであろうか。議論のアイデアは図 9.2 に示されている。議論の詳細は初読のときはスキップしてよい。

第 8 章で，保険契約を事故が起きたときの資産 W_1 と事故が起こらなかったときの資産 W_2 の組 (W_1, W_2) で表示することができることを学んだことを思い出そう。保険会社が H タイプに 2 種類の契約 (W_1, W_2) と (W_1', W_2') を提示したものと仮定しよう。均衡では，この 2 つの契約は H タイプの個人

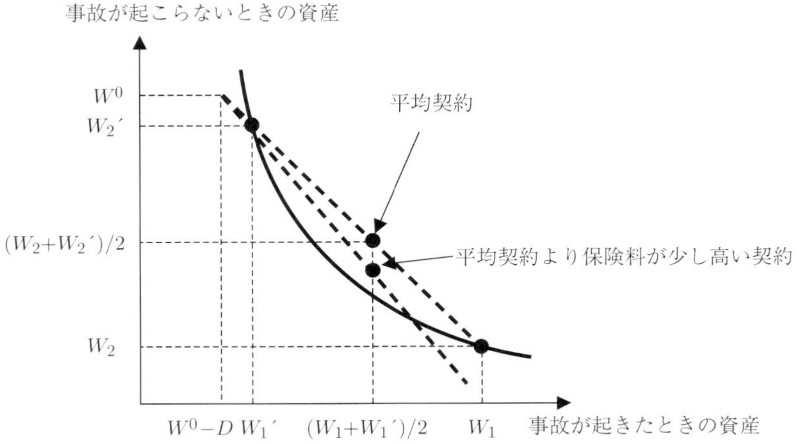

事故が起こらないときの資産軸に、W^0、W_2'、$(W_2+W_2')/2$、W_2 の水準が示され、事故が起きたときの資産軸に W^0-D、W_1'、$(W_1+W_1')/2$、W_1 が示されている。無差別曲線上に2点（(W_1,W_2) と (W_1',W_2')）があり、それらを結ぶ直線の中点が「平均契約」、さらにその少し上方に「平均契約より保険料が少し高い契約」が示されている。

図 9.2：完全情報均衡ではタイプごとに 1 種類の契約が提示される

に同じ期待効用をもたらすはずである。低い期待効用をもたらす契約を H タイプは選ばないからである。したがって，(W_1, W_2) と (W_1', W_2') は同じ無差別曲線上にある。

次に，均衡ではこの 2 つの契約から得られる期待利潤は同じはずである。保険会社が低い期待利潤を生む契約を H タイプに提示することは，利潤最大化仮説と矛盾するからである。つまり，契約 (W_1, W_2) と (W_1', W_2') から得られる期待利潤は等しい。

ところで，上記の契約の平均を考える。$((W_1 + W_1')/2, (W_2 + W_2')/2)$。これを「平均契約」と呼ぼう。「平均契約」は明らかに上記の契約と同じ期待利潤を生む。さらに，「平均契約」は，上記の契約より高い期待効用をもたらす。なぜなら，(W_1, W_2) と (W_1', W_2') は同じ無差別曲線上にあり，H タイプは危険回避的だからである。

保険会社は，「平均契約」と同じ保険金だが保険料が少しだけ高い契約で (W_1, W_2) と (W_1', W_2') よりは高い期待効用をもたらす保険契約を設計することができる。これは，(W_1, W_2) と (W_1', W_2') が均衡における契約であるという前提と矛盾する。ゆえに，完全情報均衡ではタイプごとの契約は 1 種類しかない。以上の議論が図 9.2 に要約されている。

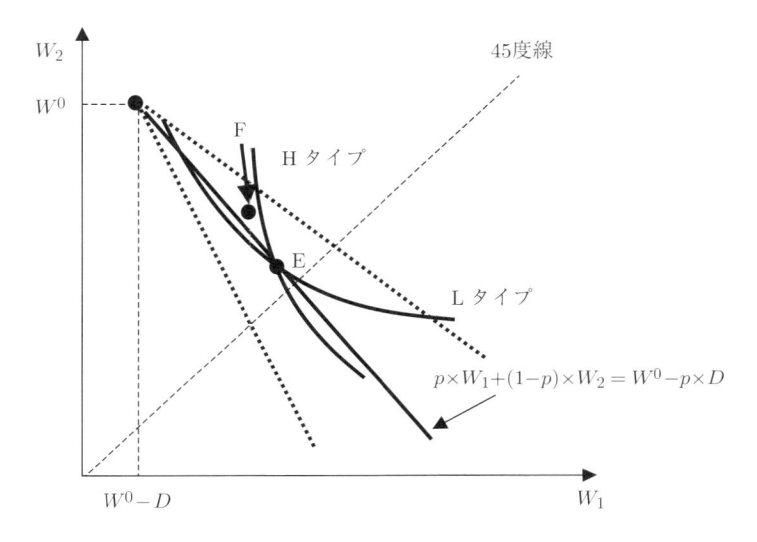

図 9.3：保険市場における一括均衡の非存在

一括均衡の非存在 完全情報均衡は，情報の非対称性を無視して求めた市場均衡であった．本節では情報の非対称性の制約を考慮した場合の市場均衡について考察する．均衡概念としては，2種類のものが考えられる．第一は，すべての個人が同じ保険を購入する均衡で**一括均衡** (pooling equilibrium) と呼ばれる．第二に，異なるタイプの個人が異なる保険を購入する均衡で，**分離均衡** (separating equilibrium) と呼ばれる．

最初に，一括均衡が存在しないことを示そう．図 9.3 を参照されたい．H タイプの個人の人数が全体に占める割合を λ とすると，無作為に抽出した個人が交通事故に遭う確率 p は，次のように表せる．

$$p = \lambda p_H + (1-\lambda) p_L$$

図 9.3 に示した実線は，すべての個人に対して一律に保険料 p 円で保険を販売したときに達成される条件付き資産額の組み合わせ (W_1, W_2) の全体を表す．実線上の各点に対して，保険会社の利潤の期待値がゼロとなることは前章で学んだ．この実線上のどの点も一括均衡になり得ないことを示そう．点 E における L タイプの限界代替率は H タイプの限界代替率より小さい．このとき，正の期待利潤を生み，かつ L タイプの個人の期待効用が点 E より

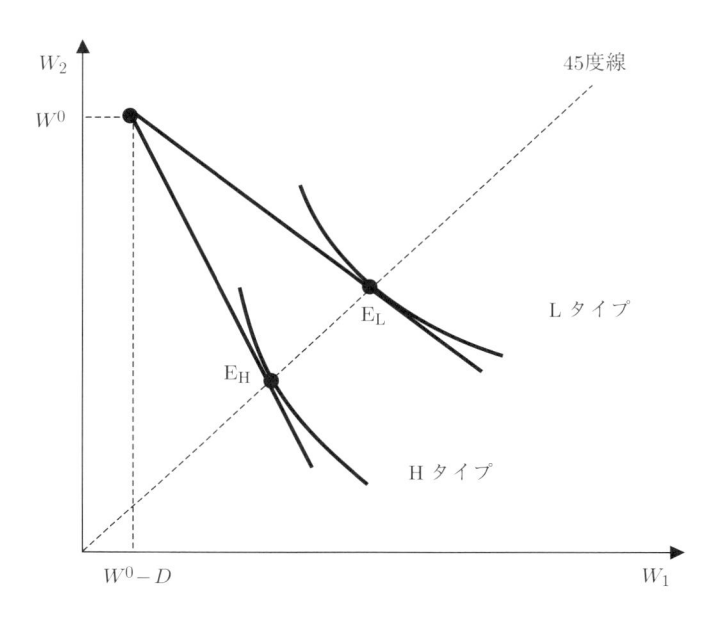

図 9.4：(E_H, E_L) は分離均衡でない

も大きくなるように，点 E に十分近い点 F を選ぶことができる．実際，F は実線より上側にあるので，F の期待利得は正である．また，E を通る L タイプの無差別曲線の上側にあるから，F のほうが E より大きな期待効用を与える．よって，点 E が一括均衡ではない．

分離均衡を探す　次に，分離均衡を探そう．まず手始めに，(E_H, E_L) が分離均衡であるか否かを調べよう．図 9.4 を参照されたい．点 E_H と点 E_L は，それぞれ H タイプ向けの保険契約と L タイプ向けの保険契約である．どの個人も L タイプ向けの保険 E_L に加入したほうが H タイプ向けの保険 E_H よりも高い期待効用を得られる．保険会社が個人のタイプを観察することができない場合には，H タイプの個人が「自分は L タイプだ」と嘘をついても，保険会社は嘘を見抜けない．よって，H タイプが自分のタイプを偽って申告するインセンティブを持つ．かくて，(E_H, E_L) は分離均衡ではない．

完全情報均衡の修正　(E_H, E_L) が分離均衡にならなかった原因は，H タイ

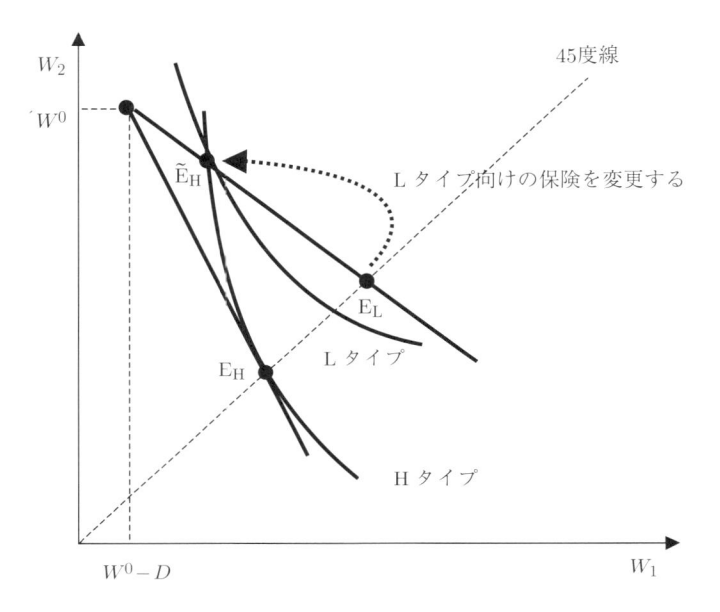

図 9.5：完全情報均衡の修正

プが自分のタイプを偽るインセンティブを持つことであった。そこで，H タイプが L タイプと偽るインセンティブを持たないようにする必要がある。それには，L タイプと偽って L タイプ向けの保険に加入しても期待効用が増加しないように，L タイプ向けの保険を変更すればよい。そしてなおかつ，L タイプ向けの保険からの期待利潤がゼロとなるようにするには，点 E_L を点 $\widetilde{E}_L$ に変更すればよい。H タイプにとって点 $\widetilde{E}_L$ は点 E_H と無差別であるから，H タイプが自分のタイプを偽るインセンティブはない（図 9.5）。

分離均衡の非存在 それでは，$(E_H, \widetilde{E}_L)$ は分離均衡であろうか。図 9.6 は，その答がノーとなる状況を描いている。H タイプは E_H より E を選好し，L タイプは $\widetilde{E}_L$ より E を選好する。点 E は，方程式 $p \times W_1 + (1-p) \times W_2 = W^0 - p \times D$ 上にあるから，すべての個人が点 E に対応する保険に加入することにより，期待利潤はゼロとなる。かくて，$(E_H, \widetilde{E}_L)$ は分離均衡でないことが証明された。図 9.6 からわかるように，p が p_L に近いとき，すなわち H タイプの割合が非常に低いとき，分離均衡が存在しなくなる。

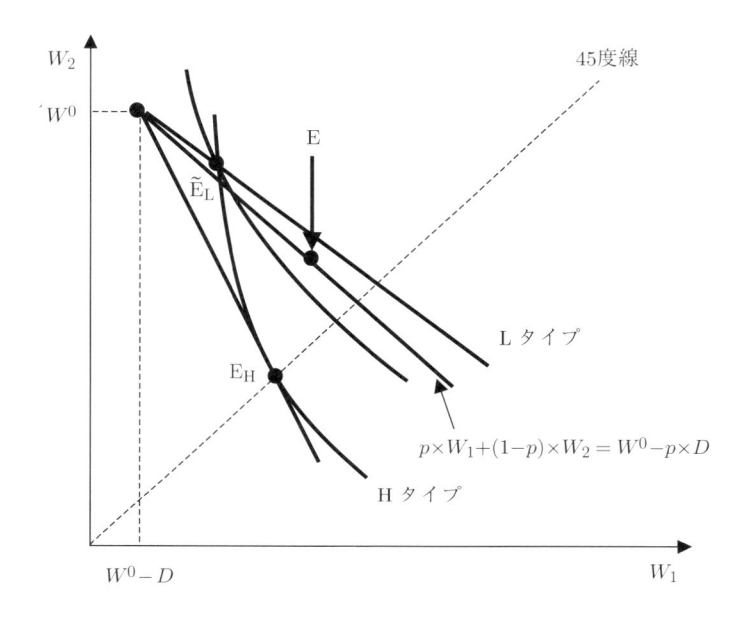

266　第 IV 部　不確実性と情報の経済学

図 **9.6**：分離均衡の非存在

分離均衡の非効率性　Hタイプの割合が高いときには $(E_H, \widetilde{E}_L)$ は分離均衡となる。この状況を図 9.7 に描いている。しかし分離均衡 $(E_H, \widetilde{E}_L)$ は非効率である。これを示すため，図 9.7 の E'_H と E'_L に注目しよう。図で E'_H は H タイプ向けに，E'_L は L タイプ向けに設計されている。H タイプは E_H よりも E'_H を，E_L よりも E'_H を好む。なぜなら，E_H と E'_L は E'_H を通る無差別曲線の下側にあるからである。よって，H タイプが L タイプのふりをして E'_L を選ぶインセンティブはない。L タイプは $\widetilde{E}_L$ と E'_H よりも E'_L を好む。なぜなら，$\widetilde{E}_L$ と E'_H は E'_L を通る無差別曲線（図 9.7 には描かれていない）よりも下側にあるからである。

さらに，E'_L の期待利潤は正である。なぜなら，E'_L の真上の点 A は，E'_L より保険料が低く保険金は E'_L と同じで期待利潤がゼロとなる保険契約を表しているからである。E'_H は B より保険料が低く，保険金は B と同じである。B の期待利潤がゼロだから，E'_H の期待利潤はマイナスとなる。もしも，

$$n_L \times (E'_L \text{ の期待利潤}) \geq -n_H \times (E'_H \text{ の期待利潤}) \qquad (*)$$

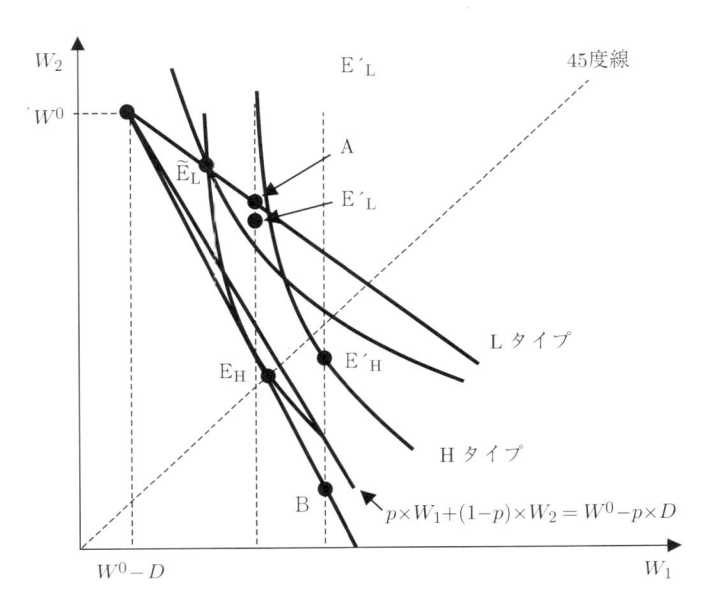

図 9.7 : 分離均衡の非効率性

であれば，政府が L タイプ向けの保険で得た利潤 $n_L \times$ (E'_L の期待利潤) で，H タイプ向けの保険から生ずる損失 $-n_H \times$ (E'_H の期待利潤) を補填することができて，なおかつ分離均衡 $(E_H, \widetilde{E}_L)$ よりも高い期待効用をすべての個人に保証することができる。よって，分離均衡 $(E_H, \widetilde{E}_L)$ は非効率である。

なお，上の不等式 $(*)$ は，比率 n_H/n_L が十分ゼロに近いのであれば成り立つ。これは，損失を生む保険に加入する H タイプの割合が，正の利潤を生む保険に加入する L タイプの割合に比べて小さいことを要請するものであるから，直観的に理解しやすい条件である。

3　シグナリング・モデル

労働者の生産性は企業の利潤に大きな影響を及ぼす。高い生産性を持つ労働者が多く雇用されていれば，より高い利潤が見込まれる一方，生産性の低い労働者をたくさん抱える企業の利潤は低いことが予想される。企業は生産性の高い労働者を雇用したい。しかし問題は「労働者の生産性は当人のみが

知っている私的情報であるということ」である。

　生産性の高い労働者を H タイプと呼び，生産性の低い労働者を L タイプと呼ぼう。労働者のタイプは企業にとって観察不可能であるが，労働者の教育水準は卒業証書によって観察可能である。特に，多くの企業は労働者が特定の大学を卒業しているかどうかで，労働者の生産性の高低を判断する。自分が H タイプであることを企業に信じさせることを意図して，労働者は高学歴という企業に観察可能なシグナルを送る。しかし，労働者全員が大学卒業を選択すると，学歴のシグナルとしての機能が損なわれる。H タイプのみが大学を卒業することを選択するような環境はどのようなものかを以下で考える。

　H タイプが大学を卒業するための費用を C_H 円とし，L タイプが大学を卒業する費用 C_L は C_H より高いものとする。企業は大卒者に高額のサラリー W_H を支払い，非大卒者により低額のサラリー W_L を支払うものとする。このとき，H タイプが大学卒業を選択するための十分条件は，H タイプにとっての大卒の純便益 $W_H - C_H$ が H タイプにとっての非大卒の純便益を上回ることである。すなわち

$$W_H - C_H > W_L - 0 \qquad [\mathrm{i}]$$

である。一方，L タイプが非大卒を選択するための十分条件は，L タイプにとっての大卒の純便益 $W_H - C_H$ が L タイプにとっての非大卒の純便益を上回ることである。すなわち

$$W_L - 0 > W_H - C_L \qquad [\mathrm{ii}]$$

である。この 2 つの不等式が同時に満たされるには，

$$C_L > W_H - W_L > C_H \qquad [\mathrm{iii}]$$

が満たされることが必要かつ十分である。[ii] 式のような環境では，シグナルとしての学歴が，シグナルの送り手の意図通りに機能する。すなわち，H タイプ全員が大卒を選び，企業はそのシグナルを見て，大卒者に高給を支払う。L タイプは大卒よりは非大卒の学歴を選ぶほうが純便益が大きいので，非大卒を選択し，企業は彼らに低い給料を支払う。

4 現代の株式会社とエージェンシー問題

　商法では，会社とは「商行為を為すを業とする目的を以て設立された社団」と定義される。ここで「社団」とは一定の目的（会社の場合は，「商行為を為す」こと）のために人々が集まって結成した団体のことである。

　社団の構成員を**社員**という。日常用語としては，「社員」という言葉は，「会社勤めをする人」ないし「従業員」という意味で使われているが，法学用語としては違った意味で使用されていることに注意されたい。

　現在の会社法では，会社は合名会社，合資会社，株式会社のことを指す。株式会社は，起業するのに必要な資金を集める（調達する）ために，出資金と引き換えに将来時点で生じた利潤の一部（配当）を支払うことを約束した証書（株式）を販売する。株式の所有者を株主という。株主は株式会社の構成員であって「社員」である。株式会社の意思決定会議を株主総会という。株主は株式の数に応じて株主総会の議決権を持つ。議決権とは，会議に参加して議論や決定に加わる権利のことである。株主総会において取締役会のメンバーが選出される。取締役会が代表取締役を任命する。また取締役会は，会社の業務に関する日々の意思決定を執り行う。

　株式を保有していても，つねに配当が得られるとは限らない。株式会社が十分な利潤を上げない場合，配当は得られない。株式会社が他人ないし他の法人に対して支払い義務を負っているにもかかわらず，その義務を果たす見込みがない状態になったとき，その株式会社は裁判所により破産宣告を受ける。この場合，株主が出資した金が戻ってくる可能性はなくなるが，会社が支払えない負債部分を株主が（個人資産を処分するなどして）支払う義務はない。このように，会社の債務に対して出資者の負う責任が出資金を限度とすることを有限責任 (limited liability) という。

　会社法からみると，株主が会社の所有者であることはすでに述べた通りである。しかし，日本の典型的な大企業の株主は1万人を超える。1万人を超える株主全員が出席できるような株主総会を開催するには，日本武道館のような大きな会場を確保する必要があるが，（会社によほどのことが起こらない限り）株主のほとんどが株主総会を欠席する。彼ら一人ひとりの持ち株比率はほとんどゼロに等しいため，議決権がないからである。このように，「株式

が多数の株主に分有されている」のが、現代の株式会社の特徴の一つである。

現代の株式会社のもう一つの特徴は、「所有と経営の分離」である。すなわち、会社の所有者が多数の株主であるのに対して、会社を経営するのは比較的少数の人々から成る取締役会であり、したがって株主集団と取締役集団は一致しない。

株主にとっては、「株式価値が可能な限り高くなること」が望ましいことは言うまでもないが、代表取締役が株主と同じ利害関係を持っているかは決して明らかではない。大企業の典型的株主はその会社の経営に関する専門的知識を持っていない。そのため、代表取締役が株価最大化のためにどの程度努力しているのかを調査するために多大の費用がかかるのに対し、保有する株式はごくわずかであるため、調査から得られる便益は監視費用と比べてはるかに小さい。かくて、この株主は代表取締役の行動を監視しようとはしないだろう。

自分でできない仕事を他の人に依頼するとき、仕事を依頼する人を**依頼人** (principal) といい、依頼された仕事を行う人を**代理人** (agent) という。会社の所有者である株主が会社の日々の実務を経営者に依頼することから、株主と経営者の関係は**依頼人・代理人関係**の例と見なせる。依頼人たる株主は、株価最大化を望むが、代理人 (agent) たる経営者は株主が自分の行動を監視しないことをいいことに、株主の利益を犠牲にして自己利益の増進を図る可能性がある。依頼人・代理人関係から生ずる問題をエージェンシー問題という。

5 エージンシー理論：完全情報のケース

まず最初に依頼人と代理人が保有している情報に差がないケース（完全情報ケース）を扱い、次に依頼人と代理人の持つ情報の差異を考慮するという手順でエージェンシー問題を分析していく。この手法によって、情報の非対称性が果たす役割を明らかにしていく。

本章で単に「企業」という場合、それはある特定の株式会社を指し、その企業の「代表株主」のことを依頼人と呼ぶことにする。株主は企業の所有者であるが、労働者ではない。また、「代理人」とは企業に就職することを考慮中の個人を指す。

簡単化のため、代理人に支払う賃金以外の費用はゼロであると仮定する。

このとき，利潤を π，代理人に支払う賃金を w で表すと利潤は

$$\pi = R - w \tag{9.1}$$

と表すことができる。依頼人の努力水準 e（e は努力を意味する英単語 effort にちなんだ記号である）は労働時間で測られるものとしよう。すなわち本章では，労働時間と努力を同一視する。依頼人の効用は利潤のみに依存するものとしよう。利潤が増加すれば依頼人の効用が増加すると仮定する。

代理人の努力水準 e と企業の売上 R の関係が次のように表されるものと仮定する。

$$R = \alpha e \tag{9.2}$$

ここで α（アルファと読む）は正の定数である。α は努力の限界価値生産力である。すなわち，α は努力（労働時間）1 単位の増加によって生ずる収入の増加分を意味する。

依頼人が代理人に提示する契約とは，代理人の給与 w と企業の売上 R の間の関係を完全に特定化した文書である。契約がなされるためには，依頼人と代理人の両者が契約書の内容に合意する必要がある。単純化のため，以下の形式の契約のみに考察を限定する。

$$w = \beta R + F \tag{9.3}$$

ここで β（ベータと読む）は正の定数，F は定数である。依頼人は企業の利潤を最大にするように β と F を設定するものとする。(9.3) 式の意味は理解しやすい。代理人の業績は企業の収入 R によって測られるものとする。そうすると，(9.3) 式は代理人に支払われる給与 w は，代理人の業績に比例する部分 βR と代理人の業績とは無関係に決まる部分 F から成ることを意味する。β を**歩合** (commission rate) といい，F を固定給という。

ここで，F が正の定数と述べられていないことに注意されたい。われわれは後で，依頼人は F が負になるような契約書を作成することを示す。つまり，代理人は依頼人に $-F$ だけお金を支払い，売上のうちの $\beta \times 100(\%)$ を報酬として受け取る。残りの売上は依頼人のものとなる。依頼人を「マクドナルド」の本社の代表株主，代理人を「マクドナルド」に**フランチャイズ**料

コラム 23：フランチャイズ契約

特定の財・サービスの独占的販売権を持つ企業（親企業あるいはフランチャイザーという）が，加盟店（フランチャイジーという）に対して所定の地域における独占的販売権を付与し，加盟店がフランチャイズ料を支払う契約をフランチャイズ契約という。フランチャイジーは生産・販売・経営に関するノウハウが事細かに指定されたマニュアルの厳守を義務づけられる。フランチャイジーは自己資金で経営を行わねばならない。

フランチャイジーの側からみて，フランチャイズ契約の最大のメリットは，フランチャイザーの財・サービスの持つブランドの魅力である。たとえば，消費者は「世界のどのマクドナルドに行っても同じビッグマックを食べられる。店員のサービスも（言語の違いを除いて）同じである」と信じている。消費者のマクドナルド製品に対するこのような信頼を裏切らないことが，マクドナルド本社にとっての生命線である。フランチャイジーにマニュアルを厳守させるのは，マクドナルド・ブランドに対する消費者の信頼を維持するのに必要不可欠だからである。

を $-F$ だけ支払って支店を出すことを考えている個人をイメージされたい。なおフランチャイズ契約についてはコラム23を参照されたい。

以下では，$w = \beta R + F$ を契約書と言わずに**給与表**と呼ぶことにする。代理人にとって利用可能な総時間数を T で表す。余暇 l は T から努力水準 e を差し引いたものである。すなわち，

$$l = T - e$$

である。企業の収入関数 $R = \alpha e$ と給与表 $w = \beta R + F$ および時間制約 $l = T - e$ を結びつけると，以下のような代理人の予算制約式を導き出すことができる。

$$w = -\alpha\beta l + \alpha\beta T + F$$

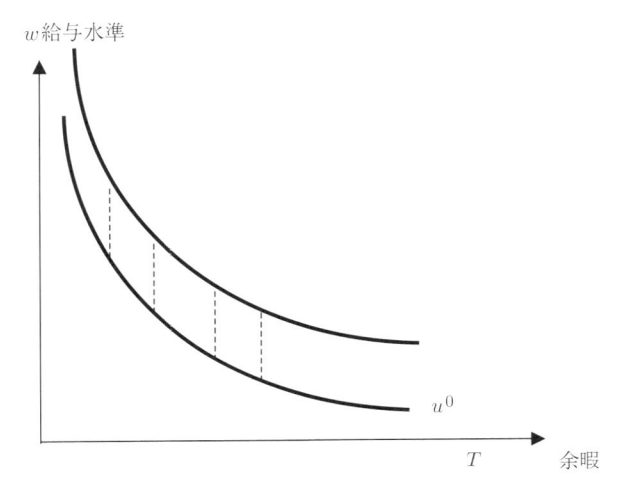

図 9.8: 代理人の無差別曲線

代理人の効用関数を以下のように特定化する。

$$u = l - (b/2)l^2 + w$$

ただし，b は正の定数である。代理人の無差別曲線は，

$$w = -l + (b/2)l^2 + u \quad (u \text{ は定数})$$

と表せる。代理人の無差別曲線の形状は図 9.8 に示されている。1 本の無差別曲線を垂直に平行移動することによってすべての無差別曲線が得られる。依頼人は代理人の効用関数の形状を知っていると仮定する。

代理人が他の企業で働いたときに得られる効用水準を**留保効用** (reservation utility) と呼ぶ。依頼人は代理人の留保効用を知っていると仮定する（完全情報の仮定）。代理人の留保効用を u^0 で表示する。依頼人から提示される給与表によって留保効用を達成できないとき，代理人はこの企業に就職することを拒むであろう。代理人に契約を拒否されないようにするためには，依頼人は留保効用を達成することが可能な給与表を提示せねばならない。給与表が満たすべきこの制約条件を**参加制約** (participation constraint) という。

代理人の予算線を留保効用に対応する無差別曲線と接するように描いてみよう。図 9.9 が，その状況を表している。図 9.9 の予算線の下で，点 (l^*, w^*)

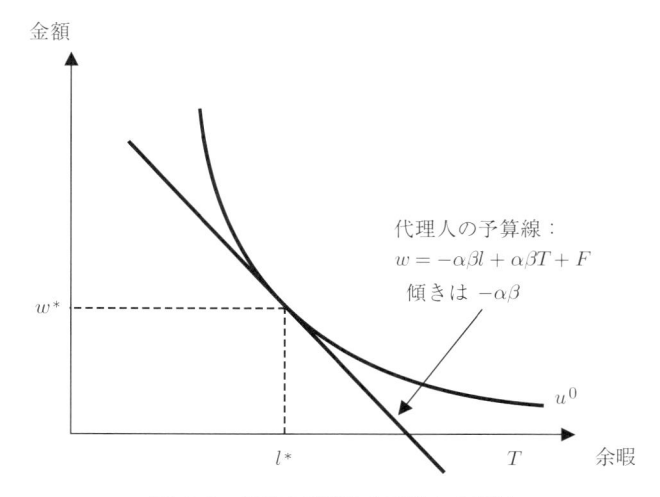

図中ラベル:
金額
代理人の予算線:
$w = -\alpha\beta l + \alpha\beta T + F$
傾きは $-\alpha\beta$
w^*
u^0
l^*　T　余暇

図 9.9：代理人が契約を受諾する状況

において代理人の効用が最大となり，最大の効用水準が留保効用 u^0 に等しい。よって，図 9.9 の予算線に対応する給与表は参加制約を満たす。

図 9.9 の状況において依頼人が獲得する利潤を図示しよう。依頼人の収入 R と代理人の余暇 l との間の関係式 $R = \alpha e = \alpha(T-l)$ を記入したものが図 9.10 である。この図では，$\beta < 1$ が仮定されている。

図 9.10 における利潤は依頼人が獲得できる最高額であろうか。答はノーである。実際 β を 1 まで引き上げることによって利潤を増加させることが可能である。図 9.11 を参照せよ。

図 9.11 の意味を考えよう。$\beta < 1$ の場合，代理人は売上を 1 円増加させるごとに，売上の増加分の一部の β 円しか手に入らないのに対し，$\beta = 1$ の場合には代理人は売上の増加分すべてを手に入れることができる。よって依頼人が β を 1 にまで引き上げることによって，代理人にさらなる努力をするインセンティブ（動機づけ）を与え，利潤を増加させることができたのである。

それでは，歩合を 1 を超えて引き上げたら依頼人の利潤は増加するであろうか。答はノーである。歩合が引き上げられれば代理人はさらに努力し企業の収入は増加するが，代理人への支払いの増加が収入の増加を上回るため，依頼人の利潤は減少するのである。図 9.12 を参照されたい。

以上より，$\beta = 1$ の場合に利潤が最大となることがわかる。つまり，依頼

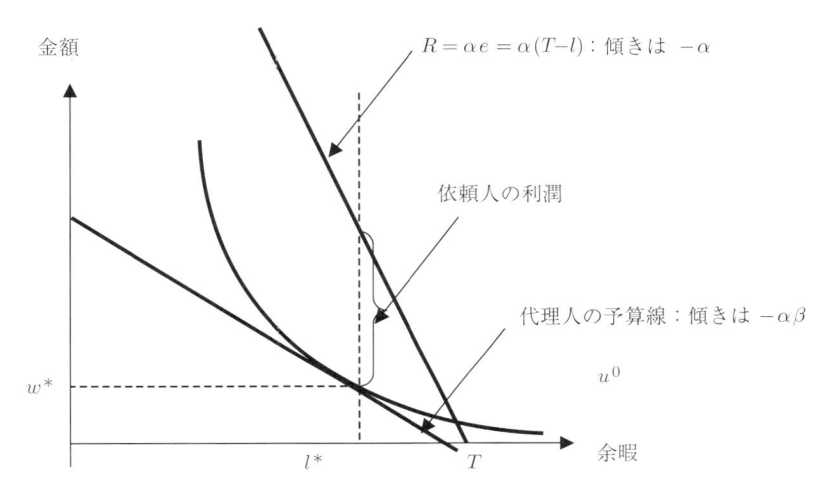

図 9.10：代理人が契約を受諾する状況：$\beta < 1$ のケース

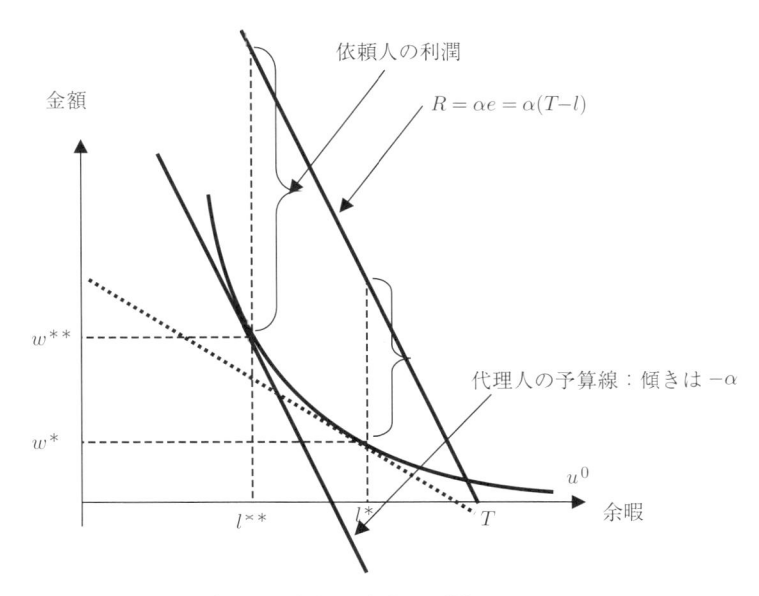

図 9.11：代理人が契約を受諾する状況：$\beta = 1$ のケース

人は代理人に対して報酬として売上の全額を与えるように契約を設計する。
　以上の議論から，β が大きくなればなるほど，代理人の努力するインセン

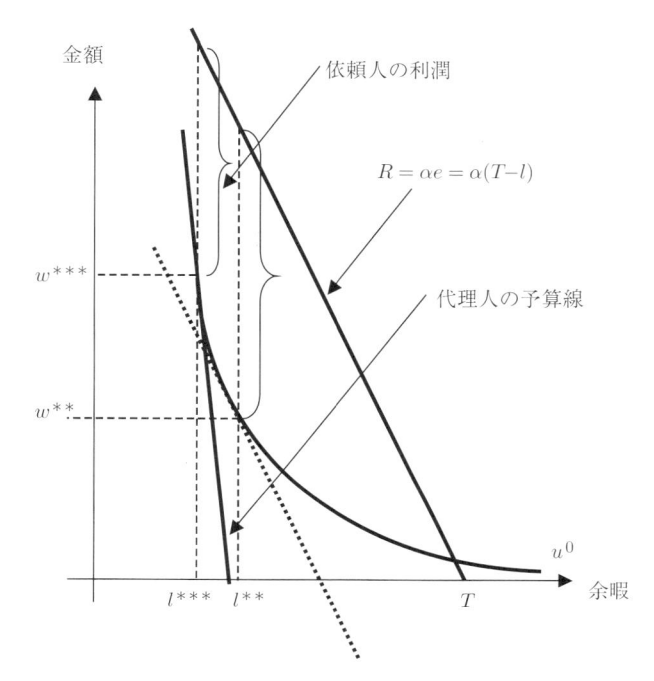

図 9.12：代理人が契約を受諾する：$\beta > 1$ のケース

ティブが高まることがわかった。これに対し，定額給 F は代理人の努力するインセンティブには影響しない。利潤を最大にする給与表は，

$$w^{**} = \alpha(T - l^{**}) + F$$

を満たす。ここで (l^{**}, w^{**}) は，図 9.11 において代理人が選択する余暇と給与の組み合わせである。図 9.11 において依頼人の利潤は正で $\alpha(T - l^{**}) - w^{**}$ に等しい。ところで，

$$\alpha(T - l^{**}) - w^{**} = -F$$

であるから，定額給は負となる。すなわち，代理人は $-F$ だけフランチャイズ料を支払い，留保効用をちょうど達成するだけの努力をするのである。

6 危険とインセンティブ：危険中立的な代理人の場合

本節では，危険の存在がどのように代理人の努力するインセンティブに影響を及ぼすかを考える。企業の収入は代理人の努力以外に偶発的な要因にも依存するものとしよう。具体的には，代理人の努力水準 e と企業の収入 R の関係が次のように表されるものと仮定する。

$$R = \alpha e + X \tag{9.4}$$

ここで α は正の定数，e は代理人の努力水準，X は確率 p で正の値 x_1 をとり，確率 $1-p$ で負の値 $-x_2$（x_2 は正数）をとる確率変数とする。p は好景気になる確率，$1-p$ は不景気になる確率と理解されたい。簡単化のため確率変数の期待値はゼロと仮定する。すなわち，

$$EX = px_1 + (1-p)(-x_2) = 0$$

依頼人は代理人がどれだけ努力するのかを観察できないと仮定する。

前節と同様に

$$w = \beta R + F \tag{9.5}$$

の形式の給与表を考察する。企業の収入 R が代理人の努力以外の偶発的な要因で変動するため，給与 w も確率的に変動する。給与の期待値 Ew は次のようになる。

$$Ew = \beta(\alpha e + EX) + F = \alpha\beta e + F$$

前節と同様に，代理人の効用関数と時間制約を以下のように特定化する。

$$u = l - (1/2)l^2 + w$$
$$l = T - e$$

給与表 (9.5) の下では，代理人の期待効用は，

$$\begin{aligned}Eu &= (T-e) - (1/2)(T-e)^2 + Ew \\ &= (T-e) - (1/2)(T-e)^2 + (\alpha\beta e + F)\end{aligned}$$

となる。代理人の期待効用が，給与の期待値 $\alpha\beta e + F$ には依存するが給与の変動リスク（分散）には依存しないという意味で，代理人は危険中立的である。

代理人の期待効用を最大にする努力水準を求めよう。期待効用 Eu が努力水準 e の二次関数であるから，平方完成のテクニックを使って代理人の期待効用を次のように変形することができる。

$$Eu = -\frac{1}{2}\{e-(\alpha\beta+T-1)\}^2 + \frac{1}{2}(\alpha\beta+T-1)^2 + (T-T^2/2+F) \tag{9.6}$$

(9.6) 式の右辺の第 1 項に注目しよう。$\alpha\beta + T - 1$ が 0 と T の間にあれば，代理人の期待効用を最大にする努力水準の値 e^* は $\alpha\beta + T - 1$ に等しい。そこで，以下のように仮定して計算の手間を省くことにしよう。

$$T > 1 > \alpha$$

このとき，代理人の行動は以下の関数で表される。

$$e^* = \alpha\beta + T - 1 \tag{9.7}$$

留保効用を u^0 と置くと，参加制約は

$$Eu \geq u^0$$

と表せる。依頼人が $Eu > u^0$ となるように契約を設計したと仮定する。このとき依頼人はほんの少しだけ固定給を引き下げることで不等式 $Eu > u^0$ を維持しつつ利潤の期待値を増加させることができる。よって期待利潤が最大化されていれば，参加制約が等式で成り立たねばならない。すなわち，

$$u^0 = Eu = 1(T-e^*) - (1/2)(T-e^*)^2 + Ew \tag{9.8}$$

(9.8) 式に代理人の行動 (9.7) 式を代入すると，給与の期待値が以下のように求められる。

$$Ew = u^0 - 1(1-\alpha\beta) + (1/2)(1-\alpha\beta)^2$$

このようにして利潤の期待値が以下のように求められる。

$$ER - Ew = \alpha(\alpha\beta + T - a) - u^0 + 1(1 - \alpha\beta) - (1/2)(1 - \alpha\beta)^2 \qquad (9.9)$$

依頼人は期待利潤を最大にするように歩合 β を設定する．期待利潤が歩合 β に関する二次関数であることに注目し，再び平方完成によって (9.9) 式を変形すると，

$$ER - Ew = -(\alpha^2/2)(\beta - 1)^2 + \alpha^2/2 - u^0 + \alpha(T - 1) - (1/2) \qquad (9.10)$$

(9.10) 式から明らかなように，歩合 β を 1 に設定することによって期待利潤が最大となる．かくて，代理人の努力水準は以下のようになる．

$$e^* = \alpha + T - 1 \qquad (9.11)$$

固定給 F を決定するには，等式形の参加制約 (9.8) 式に $\beta = 1$ と (9.11) 式を代入すればよい．すなわち，次式のようになる．

$$u^0 = Eu = 1(1 - \alpha) - (1/2)(1 - \alpha)^2 + \alpha(\alpha + T - 1) + F \qquad (9.12)$$

参 考 文 献

会田雄次・中村賢二郎『世界の歴史12　ルネサンス』河出書房新社、1989 年
足立光生『テキストブック　資本市場』東洋経済新報社、2010 年
今井宏『世界の歴史13　絶対君主の時代』河出書房新社、1989 年
池尾和人『現代の金融入門【新版】』ちくま新書、2010 年
岩田規久男・飯田泰之『ゼミナール経済政策入門』日本経済新聞出版社、2006 年
奥野正寛『ミクロ経済学入門』日経文庫、1990 年
小田切宏之『企業経済学（第 2 版）』東洋経済新報社、2010 年
加古敏之「日本における食糧管理制度の展開と米流通」伊東正一編著『危機
　　に瀕する世界のコメ─その 2─世界の学校給食とコメ消費：日米台湾タ
　　イの現状と可能性 ─』（科学研究費補助金報告書）pp.155-183、2006 年
カーネーギー、A.『富の福音』騎虎書房、1999 年
上川孝夫・矢後和彦編『国際金融史』有斐閣、2007 年
コルモゴロフ、A.、I. ジュルベンコ、A. プロホロフ『コルモゴロフの確率論
　　入門』森北出版、2003 年
齊藤誠『金融技術の考え方使い方』有斐閣、2000 年
佐々木宏夫『経済数学入門』日経文庫、2005 年
───『ミクロ経済学入門』新世社、2008 年
末永國紀『近江商人学入門』サンライズ出版、1994 年
武隈慎一『ミクロ経済学　増補版』新世社、1999 年
中村隆英『昭和経済史』岩波書店、1986 年
日本経済新聞社編『商品取引の知識』日経文庫、1991 年
バーンスタイン、W.『華麗なる交易』日本経済新聞出版社、2010 年
林貴志『ミクロ経済学』ミネルヴァ書房、2007 年
ヒックス、J. R.『価値の理論 上・下』安井琢磨・熊谷尚夫訳、岩波文庫、
　　1995 年
廣重勝彦『株式先物入門（第 2 版)』日経文庫、2011 年

星政彦『独占禁止法の域外適用：欧米における競争法の域外適用理論の進展とその需要と新展開に関する一考察』2010 年
　（http//hdl.handle.net/10086/19081）
マクミラン、J.『経営戦略のゲーム理論』伊藤 秀史・林田 修 訳、有斐閣、1995 年
マルキール、B.『ウォール街のランダムウォーカー（第 10 版）』井手正介訳、日本経済新聞出版社、2010 年
森嶋通夫『均衡、安定そして成長』久我清監訳、入谷純・永谷裕昭・浦井憲訳、森嶋通夫著作集 2、岩波書店、2003 年
―――『動学的経済理論』焼田党訳、森嶋通夫著作集 1、岩波書店、2004 年
山崎昭『ミクロ経済学』知泉書館、2006 年

Asano, Seki, and Takshi Fukushima (2006) "Some empirical Evidence on Demand System and optimal Commodity Taxation," *The Japanese Economic Review*, Vol.57, No.1, pp.50-68.
Campbell, Donald (2006) *Incentives*, Cambridge University Press.
Rubinstein, Ariel (2006), *Lecture Notes in Microeconomic Theory*. Princeton University Press.

総務省調査部消費統計課『家計調査年報 貯蓄・負債編』平成 20 年版、総務省統計局
総務省統計研修所『日本の統計 2011』総務省統計局

特許庁ホームページ：http://www.jpo.go.jp/shiryou/index.htm
総務省ホームページ：http://www.sta.go.jp/data/cpi/hitoric.htm
新日鐵ホームページ（2010 年 8 月 28 日検索）
　http://www.nsc.co.jp/
ＪＦＥスチールホームページ（2010 年 8 月 28 日検索）
　http://www.jfe-steel.co.jp/works/east/keihin/process02.html
日本マクドナルド・ホームページ（2010 年 8 月 28 日検索）
　http://www.mcdonalds.co.jp/cserviceinformationq_aspe1.html#question-1/

索　引

ア　行

アカロフ (, G.)　257, 258
アダム・スミス　7
板寄せ方式　162
一物一価の法則　196
一括均衡　263
一般均衡　158
――分析　158
依頼人　270
――・代理人関係　270
インセンティブ　277
ウェーバー, M.　9
売上の最大化　114
エージェンシー問題　269, 270
エージンシー理論　270
エッジワースの箱　175
エンゲル曲線　59
欧州排出量取引制度　200
オークショニア　162, 163
オークショニング　200
オランダ東インド会社　253

カ　行

会社　269
買い手独占　195
外部性　198
外部費用　201
価格機構　164
価格受容者　43, 104, 135, 194
価格消費曲線　61
価格設定者　43
価格弾力性　94
価格弾力的　152
価格非弾力的　151
隠された情報　259
確実性等価　242
確実な世界　228
確率　233

――変数　233
家計　12, 20, 37
――の選択問題　40
貸し倒れリスク　240
寡占　194, 210
価値尺度財　56
カーネギー, A.　103
株式　269
――会社　269
株主　269
貨幣錯覚　56
可変費用　120
間接効用関数　91, 92
完全競争市場　195
完全情報　197
――均衡　261, 264
完全知識の仮定　43
完全な保険　247
完全分配　125
完全保険定理　248
機会費用　39, 129
機関投資家　240
企業　12, 128
――の社会的責任　103
議決権　269
危険　228, 277
――回避的　239
――中立的　239
――――な代理人　277
技術的限界代替率　111
期待効用定理　238
期待効用理論　12
期待値　233
ギッフェン財　66
規模に関して収穫一定　107
規模に関して収穫逓減　133
規模に関して収穫逓増　133, 134
規模に関して収穫不変　107, 132
規模に関する収穫　132
逆選択　259
給与表　272
境界条件　186
供給　5, 12

――関数　　113, 117
　　　――の価格に関するゼロ次同次性
　　　　118
　　　――曲線　　122
　　　――の価格弾力性　　151
　　　――の性質　　118
競争均衡　　181
　　　――の一意性　　187
　　　――の存在　　187
均衡　　6
　　　――価格　　6, 158
　　　――点　　158, 159
　　　――取引量　　6
金本位制　　57
金融資産　　256
クールノー・ナッシュ均衡　　210, 212, 216
グランドファザリング　　200
経済現象　　2
経済主体　　12
経済問題　　2
契約曲線　　181, 183
結合生産　　112
原価　　121
限界効用　　26, 27
　　　――均等の法則　　46, 48
　　　――逓減　　27
限界収入　　203
限界生産性　　107
限界生産力　　107
　　　――逓減　　108
限界代替率　　30, 83, 111
　　　――逓減　　30, 46
　　　――と価格比率　　49
限界費用　　121, 141, 145
　　　――曲線　　122–124
　　　――逓増　　142
限界評価　　82
限界変換率　　113
公共経済学　　201
公共財　　199
厚生経済学の基本定理　　11, 252
厚生経済学の第一命題　　181
厚生経済学の第二命題　　184
公正な賭け　　239
公正なギャンブル　　239
公正な保険　　249

公的情報　　256
恒等式　　51
公平性　　169
効用　　20, 22, 24
　　　――関数　　24
　　　――最大化仮説　　40
　　　――の基数性　　30
　　　――の序数性　　30
効率性　　169, 189
　　　――と公平性のジレンマ　　170
合理的経済人の仮定　　43
個人　　20
固定給　　271
固定費用　　120
個別需要　　70
　　　――関数　　185
　　　――曲線　　82
個別リスク　　228

サ　行

サービス　　13, 14, 128
財　　13, 14, 128
　　　――空間　　23
財政学　　201
裁定取引　　196
先物市場　　9, 195
指し値　　160
36（さぶろく）協定　　41
ザラ場　　160
参加制約　　273
産業組織論　　195
産出　　128
死荷重　　90, 168
シグナリング・モデル　　267
シグナル（信号）　　259, 268
資源　　14, 128
　　　――配分　　169, 176
事後　　42
試行　　233
事後的　　13
資産　　256
　　　――担保債券　　240
死重損失　　90, 168
市場　　2, 4, 9

―が完備している　252
　―機構　164
　―供給　13
　―支配力　194
　―需要　13, 70
　　　―関数　185
　　　―曲線　88
　―の欠陥　193
　―の失敗　193
　―の相互依存関係　199
事前　42
　―的　13
実行可能　177
実質賃金　76
実物資産　256
私的情報　256
私的所有経済　4
私的費用　199
資本　128
社員　269
社会資本　105
弱大数の法則　249, 251
収穫一定的　106
収穫逓減
　―的　106
収穫逓増　108
　―的　106
自由財　14
自由貿易の利益　166
シュタッケルベルク均衡　218
　―の性質1　221
　―の性質2　223
需要　5, 12, 20, 40
　―関数　40, 42, 48
　―曲線　21
　―の価格弾力性　95
　―の交差弾力性　95
　―の所得弾力性　95
　―法則　54, 70
準線形　53, 88
上級財　60
証券化　240
条件付き財　252
消費者　20
　―の選択問題　40
　―物価指数　67

―余剰　82, 84
　　―の意味　87
商品差別化　195
情報　256
　―が非対称　257
　―の経済学　198, 255
　―の非対称性　12, 196, 256
将来市場　9
初期保有　176
食糧管理法　171
食糧法　171
食管赤字　171
所得　32
　―効果　64
　―消費曲線　59
　―の限界効用　93
　―分配　170
人的資本　128
スティグリッツ (, J.)　257
ストック　15, 104
スペンス, M.　258
スミス, A.　7
スルツキー分解　64
生産　100, 101
　―活動　128
　―可能曲線　112
　―可能性フロンティア　112
　―関数　101, 105, 114, 132
　　　―の凹性　132
　―技術の凸性　111
　―計画　129
　―者物価指数　67
　―者余剰　150
　―集合　101, 129, 131
　　　―の凸性　131
　―物　128
　―要素　104, 128
正常財　60
制約領域　136
競り人　162, 163
ゼロ次同次　185
　―性　54, 55
選好　31
　―の凸性　30
全体的リスク　228
先導者　218

総余剰　165, 190, 205
──とパレート効率性　191
──の最大化　166
粗代替財　62
粗代替性　70
粗補完財　62

タ　行

代替関係の優越性　68, 69
代替効果　64
代替財　64
代理人　270
短期　146
──費用関数　147
単調性　29, 46
端点解　49
中間生産物　13
超過供給　159
超過需要　161
超過負担　90, 168
長期　146
貯蓄　35, 74, 77
追随者　218
積立方式　81
定義式　51
動学　15
等産出量曲線　135, 136
投資　104
──銀行　240
等生産量曲線　110
投入　128
等費用線　135
等利潤曲線　222
等量線　109, 110
独占　194
──価格　205
───の性質　205
──企業　201
───の利潤　205
──禁止法　209
特別目的会社　240
独立性　234

ナ　行

内点解の仮定　48
ナイトの不確実性　197
成り行き注文　161
ニクソン・ショック　57
ニュメレール　56
年金　80, 81

ハ　行

パーシェ指数　65
配当　269
配分　169, 176
パレート改善　180
パレート効率性　179
パレート効率的　181
パレート最適　181
反応関数　213
比較静学　188
非完備市場　196
非凸性　195
費用　135
──関数　118, 119
　　───の凸性　141
──曲線　119
──の最小化　114
費用関数　140
費用最小化問題　135
標準偏差　233
歩合　271
フォン・ノイマン＝モルゲンシュテルン効用
　関数　238
不確実な世界　228
不活動の可能性　131
賦課方式　81
不完備　252
複合　230
──くじ　230
　　──の単純化　231
複占　194, 210
──企業　210
負債　35

負の外部性　199
部分均衡　158
────分析　158
プライス・テイカー　104
────の仮定　134
フランチャイザー　272
フランチャイジー　272
フランチャイズ契約　272
フランチャイズ料　271
ブレトンウッズ体制　57
フロー　15, 105
分割可能性の仮定　24
分散　233
分離均衡　263, 264
平均収入曲線　202
平均費用　121, 141
────曲線　123, 124
────の最低点　125
ベルトラン均衡　216
────の性質　218
変換曲線　112, 172
包括的所得　33
方程式　51
包絡線　150
飽和点　29
補完財　64
保険市場　259
保険理論　198

マ　行

マックス・ウェーバー　9
ミード, J. E.　199
見えざる手　6
無差別曲線　27, 28
名目所得　56

ヤ　行

ヤコブの主要提案　250
有限責任　269
要素　104
────価格　128
────需要関数　117

────の価格に関するゼロ次同次性　118
────需要の性質　118
余暇　36
予算制約　20, 32, 34
予算線　34

ラ　行

ラーナーの独占度　206, 207
ラスパイレス指数　65
利潤　134
────最大化仮説　134
────最大化の論理　145
────の最大化　102
リスク　197, 228
────・プレミアム　242
留保効用　273
ルワの恒等式　94
劣等財　60
レモンの市場　257
連関性　66
連続性　46, 232, 234
ロイの恒等式　94
労働　36, 74
────基準法第32条　41
────サービス　128
────市場　257
────の供給　74
　　────関数　74

ワ　行

ワルラス (, L.)　8
────的調整過程　163
────法則　178, 179

ABC

ABS　240
AR　202
CSR　103
EU ETS　200

GDP デフレータ	*67*	SPC	*240*
MBS	*240*	WTP	*83*
MR	*202*		

著者略歴

入谷 純（いりたに・じゅん）
1949年生まれ、大阪学院大学経済学部教授、神戸大学経済学部名誉教授、経済学博士（大阪大学）。
主著に『課税の最適理論』（東洋経済新報社）『財政学入門（第2版）』（日経文庫）、『経済数学』（共著、東洋経済新報社）などがある。

篠塚友一（しのつか・ともいち）
1958年生まれ。80年一橋大学経済学部卒業、90年ロチェスター大学大学院修了（Ph.D.取得）。小樽商科大学教授、筑波大学大学院人文社会科学研究科教授などを歴任。Ph.D. in Economics.
主著に『世代間衡平性の論理と倫理』（共著、東洋経済新報社）ほか。

ミクロ経済学講義

2012年3月19日　1版1刷
2023年4月20日　　　6刷

著　者　　入　谷　　　純
　　　　　篠　塚　友　一

ⓒ Jun Iritani, 2012
　 Tomoichi Shinotsuka,

発行者　　國　分　正　哉
発　行　　株式会社日経BP
　　　　　日本経済新聞出版
発　売　　株式会社日経BPマーケティング
　　　　　〒105-8308　東京都港区虎ノ門4-3-12

印刷・製本・藤原印刷
ISBN978-4-532-13419-8

本書の無断複写・複製（コピー等）は著作権法上の例外を除き、禁じられています。
購入者以外の第三者による電子データ化および電子書籍化は、私的使用を含め一切認められておりません。
本書籍に関するお問い合わせ、ご連絡は下記にて承ります。
https://nkbp.jp/booksQA

国際金融論講義
深尾光洋著
A5判・280頁
定価（本体2400円＋税）

日本の不平等
大竹文雄著
◎第48回日経・経済図書文化賞、第46回エコノミスト賞、
　第27回サントリー学芸賞、第98回日本学士院賞受賞
A5判・324頁
定価（本体3200円＋税）

ジョブ・クリエイション
玄田有史著
◎第45回エコノミスト賞、第27回労働関係図書優秀賞受賞
A5判・384頁
定価（本体3600円＋税）

法と企業行動の経済分析
柳川範之著
◎第50回日経・経済図書文化賞受賞
A5判・400頁
定価（本体3800円＋税）

マクロ金融政策の時系列分析
宮尾龍蔵著
◎第49回日経・経済図書文化賞受賞
A5判・304頁
定価（本体3800円＋税）

資産価格とマクロ経済
齊藤誠著
◎第48回エコノミスト賞受賞
A5判・376頁
定価（本体4000円＋税）

高年齢者雇用のマネジメント
高木朋代著
◎第49回エコノミスト賞、第25回組織学会高宮賞、
　第29回沖永賞、2009年度日本労務学会賞受賞
A5判・528頁
定価（本体4400円＋税）

金融機能と銀行業の経済分析
内田浩史著
A5判・368頁
定価（本体4200円＋税）

金融危機とプルーデンス政策
翁百合著
A5判・416頁
定価（本体4400円＋税）